Good or God?

무엇이 선인가

Good or God? 무엇이 선인가

지은이 | 존 비비어
옮긴이 | 유정희
초판 발행 | 2015. 11. 16
12쇄 발행 | 2024. 2. 1 3 .
등록번호 | 제1988-000080호
등록된 곳 | 서울특별시 용산구 서빙고로65길 38
발행처 | 사단법인 두란노서원
영업부 | 2078-3333 FAX | 080-749-3705
출판부 | 2078-3332

책값은 뒤표지에 있습니다.
ISBN 978-89-531-2391-5 03230

독자의 의견을 기다립니다.
tpress@duranno.com www.duranno.com

두란노서원은 바울 사도가 3차 전도 여행 때 에베소에서 성령 받은 제자들을 따로 세워 하나님의 말씀으로 양육
하던 장소입니다. 사도행전 19장 8 – 20절의 정신에 따라 첫째 목회자를 돕는 사역과 평신도를 훈련시키는 사역,
둘째 세계선교™와 문서선교단행본·잡지 사역, 셋째 예수문화 및 경배와 찬양 사역, 그리고 가정·상담 사역 등을 감
당하고 있습니다. 1980년 12월 22일에 창립된 두란노서원은 주님 오실 때까지 이 사역들을 계속할 것입니다.

Good or God?

무엇이 선인가

존 비비어 지음
유정희 옮김

두란노

추천의 글

성경을 관통하는 역동적인 여행을 하게 하는 책이다. 선한 삶의 의미에 대한 당신의 관점에 도전하며 변화를 일으킬 것이다.
마크 배터슨_ 내셔널커뮤니티교회 리드목사, 《서클 메이커》 저자

분별력에 관한 놀라운 교훈이다. 당신 삶 속에서 진정으로 하나님의 완전한 뜻을 구하도록 도전할 것이다.
조이스 마이어_ 《말을 바꾸면 삶이 바뀐다》 저자

하나님을 향한 사랑으로 전례 없는 일을 행한 사람들의 이야기를 읽으며, 나도 그들 가운데 하나가 되기를 갈망하게 되었다. 이 책은 쉬운 모조품에 만족하지 않고 진심으로 하나님의 최선을 받아들이는 사람들의 마음과 생각 속에서 무슨 일이 일어나는지 이야기해 준다. 만일 당신이 철저하게 하나님을 알고 섬기고자 하는 열망을 갖고 있다면, 이 책을 읽어 보길 권한다.
존 맥스웰_ 《리더가 알아야 할 7가지 키워드》 저자

존 비비어는 존경받는 교사, 지도자, 작가이며, 무엇보다도 함께 하나님나라를 세워 가는 좋은 친구다. 각 사람이 단지 선한 삶이 아니라 하나님이 원하시는 삶을 사는 걸 보고자 하는 그의 열망이 당신의 믿음을 자라게 할 것이며, 예수님이 당신을 위해 예비하신 길로 담대히 걸어 들어가도록 도전할 것이다. 존의 가르침과 그가 하나님께 개인적으로 받은 계시들이 당신에게 새로운 통찰력을 주어, 하나님의 뜻과 당신의 미래를 위한 최선의 계획을 보게 해 줄 것이다.
브라이언 휴스턴_ 힐송교회 담임목사

이 책은 결코 하나님의 최선보다 못한 것에 만족하지 않도록 도전할 것이다. 존 비비어는 우리가 하나님을 찾으면 반드시 찾게 될 것임을 다시 한 번 기억나게 해 준다.
젠센 프랭클린_ 자유교회 담임목사, 《성령으로 배부른 금식》 저자

하나님의 선은 우리를 둘러싼 모든 곳에 있지만, 우리는 참으로 그것을 이해하고 있는가? 존 비비어는 이 책에서 선한 것이 무엇을 의미하는지, 하나님이 그것과 어떤 관련이 있는지를 조사한다. 이 책을 통해 당신은 도전을 받으며 자신을 위한 하나님의 최선을 추구하고, 그것을 다른 사람들과 나누고자 하는 소망이 생길 것이다.
크레이그 그로쉘_ 라이프교회 담임목사, 《영혼의 디톡스》 저자

칠흑 같은 어두움을 밝히는 성냥불처럼, 존 비비어는 명백한 하나님의 임재를 향해 나아가는 길을 비추며, 독자의 마음속에 있는 채울 수 없는 열망에 불을 붙인다. 그 열망은 오로지 하나님과의 친밀한 관계 속에서만 채워질 수 있다.
T. D. 제이크스_ 포터스하우스 담임목사

도전적이다. 명쾌하다. 꼭 필요했던 책이다. 이 책은 사람들이 도덕적으로 순종하는 일상에서 나와 오직 예수님으로부터 오는 흥미진진한 삶으로 들어갈 수 있다는 것을 강조하고 있다.
루이 기글리오_ 패션시티교회 담임목사, 패션 컨퍼런스 설립자

이 책은 당신 뼛속까지 흔들어 놓을 것이다. 평소처럼 살기 원한다면 이 책을 읽을 필요가 없다. 하지만 당신의 관점이 영원히 바뀌길 원한다면 이 메시지를 집어삼킬 듯이 읽어라. 당신 삶이 변화될 것이다!
크리스틴 케인_ The A21 캠페인 설립자

이 책에서 존 비비어는 우리가 알고 있는 하나님의 선하심을 다시 생각해 보고, 우리가 하나님의 기준 대신 우리 자신의 기준에 안주했던 영역을 돌아보도록 도전한다. 예리한 성경적 통찰과 그 자신이 경험했던 연약한 순간을 통해, 존은 독자들에게 세상이 제안하는 가짜 선을 거부하고 하늘에 계신 아버지의 완전한 거룩하심에 다시 그들의 마음을 내어드리도록 격려한다. 하나님의 최선보다 못한 것에 안주하기를 거부하는 모든 예수님의 제자가 읽어야 할 필독서다.
크리스 호지스_ 하이랜즈교회 담임목사

이 책을 우리 아들 아덴 크리스토퍼 비비어에게 바친다.
부지런하고, 강인하고, 다정하며, 지혜로운 크리스토퍼.
나는 고통받는 사람에 대한 너의 민감함에 놀란단다.
아들아, 네가 자랑스럽다. 영원히 사랑한다.

우리 아버지, 우리 주 예수 그리스도, 성령님.
우리를 죄에서 완전히 구원해 주시고,
주님의 자녀로 입양해 주시고,
주님이 사랑하는 이들을 위해 이 메시지를 주셔서 감사합니다.
주님께 모든 영광을 돌려 드립니다.

Contents

プロ

프롤로그

최근에 어느 존경받는 국가 지도자와 전화 통화를 했다. 이야기를 마무리 짓고 전화를 막 끊으려는데, 그가 다급하게 나를 불렀다. "잠깐만요! 실은 목사님한테 꼭 할 말이 있습니다. 목사님은 지난 20년 동안 수많은 책을 써왔지만, 지금 꼭 써야 하는 책이 있어요. 교회를 향한 시기적절하고 예언적인 메시지입니다. 목사님에게 주시는 하늘의 명령이에요."

그가 말을 마쳤을 때 나는 갑작스런 하나님의 임재에 두려움을 느끼며 무릎을 꿇었다. 그리고 그 전화 통화를 한 지 몇 주 만에, 이 책을 써야겠다는 강력한 열정이 내 안에 샘솟았다.

이 책은 하나의 질문에 초점을 맞춘다.

'과연 선한 것으로 충분한가?'

요즘은 "good"(선하다, 좋다)이라는 말과 "God"(하나님)이 거의 같은 뜻으로 쓰이는 듯하다. 우리는 일반적으로 선하다고 인정하는 것이 하나님의 뜻과 일치한다고 믿는다. 너그러움, 겸손, 정의는 선한 것. 이기심, 오만함, 잔인함은 악한 것. 이 둘을 구분하는 건 매우 간단해 보인다. 하지만 그게 전부일까? 선한 것이 그렇게 명백하다면, 왜 히브리서 5장 14절에서는 우리에게 선을 알아보는 분별력이 있어야 한다고 가르치는가?

사도 바울은 "너희는 이 세대를 본받지 말고 오직 마음을 새롭게 함으로 변화를 받아 하나님의 선하시고 기뻐하시고 온전하신 뜻이 무엇인지 분별하도록 하라"(롬 12:2)라고 말한다. 먼저 마음을 새롭게 하지 않으면 우리 삶에 진정으로 선한 것이 무엇인지 분별할 수 없다. 마음을 새롭게 함으로써 오는 변화 없이는, 우리가 그리스도 안에서 누릴 수 있는 놀라운 삶, 하나님이 함께하시는 그 삶을 놓치고 말 것이다.

세상을 만들기도 전에 이미 하나님은 당신의 삶을 위해 한 가지 계획을 구상하셨다. 그것은 목적이 성취되고, 무한히 기쁘고, 큰 만족이 넘쳐흐르는 삶이었다. 당신을 위한 하나님의 뜻과 계획은 완전히 선하다. 하지만 당신이 하나님의 최선을 받아들이지 못하게 방해하는 가짜 선이 있다. 안타깝게도 우리 중 많은 이가 그 가짜 선에 만족했다. 우리는 자기도 모르게, 때로는 알면서도 '선하게 보이는 것'을 추구하느라 하나님을 거부했다.

초대교회 지도자들은 이런 기만에 대해 거듭 경고했다. 실제로 그렇지 않은데도 우리가 진리를 따르고 있다고 믿는 것이다. 예수님은 우리 시대에 기만이 교묘하게 감춰져 있고, 선택받은 사람도 거기에 빠질 수 있다고 경고하셨다. 우리가 이런 경고를 가볍게 넘길 수 있는가? 즉 어떠한 경우에도 기만당할 여지가 없고 본능적으로 선과 악을 분별할 수 있다고 자신하면서 그 경고를 무시할 수 있는가?

좋은 소식은 하나님이 우리에게 그분의 최선을 감추지 않으신다는 것이다. 그분은 우리의 눈을 가리지 않으신다. 찾는 자들은 찾게 될 거라고 약속하셨다. 진리를 찾는 여정에 헌신한다면, 가짜 진리에 속는 일은 없을 것이다. 문제는 이것이다. 진리의 근원을 바라볼 것인가, 아니면 하나님과 그분의 선한 뜻에 대한 피상적인 지식에 만족할 것인가? 이 책을 읽으면서 결코 하나님의 최선보다 못한 것에 만족하지 않겠다는 결심을 확고히 하길 바란다.

책을 본격적으로 읽기 전에 함께 기도하자.

아버지, 예수님의 이름으로 제 눈과 귀와 마음을 열어 주셔서, 제 인생을 향한 주의 뜻을 보고, 듣고, 깨닫게 해 주소서. 성령님, 이 메시지를 읽으면서 예수 그리스도의 길을 깊이 깨달을 수 있도록 가르쳐 주소서. 저의 스승 되시는 주님을 바라봅니다. 이 책의 모든 문장마다 제게 말씀해 주소서. 제 삶이 영원히 변화되게 해 주소서. 예수님의 이름으로 기도합니다. 아멘.

※일러두기

이 책에 실린 성경 말씀은 《성경전서 개역개정판》(대한성서공회 역간)을 기본으로 사용했다. 《메시지 구약 모세오경》, 《메시지 구약 역사서》, 《메시지 구약 시가서》, 《메시지 구약 예언서》, 《메시지 신약》(이상 복있는사람 역간), 《공동번역성서 개정판》, 《성경전서 새번역》(이상 대한성서공회 역간)을 사용할 경우에는 성구마다 "메시지", "공동번역", "새번역"이라고 별도 표기했다. AMP(The Amplified Bible), NASB(New American Standard Bible), NLT(New Living Translation), 뉴킹제임스(New King James Version) 성경일 경우 이 책의 옮긴이가 직접 번역하고 별도 표기했다.

Part 1

선해 보이는
모든 것이
하나님으로부터
온 것일까

01

날마다
선악과 앞에 서 있다

하나님 한 분 외에는
선한 이가 없느니라.
- 막 10:18

선과 악. 우리는 모두 그 차이를 알고 있다. 태어나면서부터 무엇이 옳고 그른지를 본능적으로 다 알고 있지 않았던가. 마음을 따뜻하게 하는 영화, 문학 작품, 다큐멘터리, 텔레비전 프로그램은 인류의 선을 강조한 것들이다. 악이 선을 이기는 이야기가 큰 인기를 끈 적이 과연 있었는지 모르겠다.

우리는 모두 선한 사람이 역경을 헤쳐 나가는 것을 보면서 자랐다. 종종 끝까지 상황이 그들에게 불리하게 돌아가 패배하기 일보 직전까지 갔다가도, 갑자기 우리의 주인공은 돌파구를 찾아 마침내 승리하거나 정의를 이루었다. 우리는 이러한 결말을 당연히 기대하고 박수를 보냈다. 항상 선이 승리하기를 바랐다. 왜냐하면 결국 하나님은 선한 편에 서시기 때문이다. 그런데 정말 그런가?

우주의 모든 것은 하나님의 본성과 일치하는 만큼 선하고
그렇지 못할 때는 악하다.
- A. W. 토저

최근에 텔레비전 프로그램 제작사들이 변신을 다루는 리얼리티 프로그램을 선보이며 유행을 일으켰다. 그 감동은 생활고에 시달리는 가족의 집을 고쳐 주는 것으로 시작됐다. 우리는 텔레비전 앞에 앉아서, 형편이 어려운 사람들을 위해 봉사하는 이들의 기쁨과 관대함을 감탄의 눈으로 바라봤다. 그리고 가난한 가족이 베일에 싸여 있던 자신의 개조된 집의 문을 열고 들어가는 절정의 순간에 깜짝 놀라며 눈물 터뜨릴 것을 기대했다. 그 후에는 비만과 싸우는 소위 '루저'(loser)들이 몸무게를 엄청나게 감량하도록 도와주는 프로그램이 나왔고, 세련된 옷과 헤어스타일과 화장 등으로 변신을 돕는 프로그램도 등장했다.

곧이어 연예인들이 그 유행에 동참했다. 유명한 예술가들이 자신의 목

소리나 댄스 실력을 선보일 기회를 갖지 못했던 사람들을 위해 길을 열어 주었다. 우리는 무명의 지원자들이 하룻밤 사이에 엄청난 스타가 되는 기회를 얻는 걸 지켜보며 응원했다. 얼마나 친절하고, 관대하고, 호의적인가! 선행을 부각시키거나, 무고한 자들을 보호해 주거나, 혹은 약자를 돕기 위해 시간과 노력을 들이는 내용을 담은 프로그램은 점점 더 인기를 끌었다. 경찰이나 현상금 사냥꾼이 악한 범죄자들을 체포하는 리얼리티 프로그램도 있다. 이 또한 사람들이 즐겨 보는 프로그램이 되었다. 즉 오락 프로그램조차 상당한 부분 인류의 선에 초점을 두고 있다.

영업 마케팅 개론 수업에선 어떤 제품이 시장에서 성공하려면 느낌이 좋고, 보기에 좋고, 소리가 좋고, 맛이 좋고, 냄새가 좋아야 한다고 가르친다. 소비자의 감각이나 감정을 더 좋고 행복한 상태로 끌어올려야 하는 것이다. 우리는 좋은 상품이 잘 팔릴 거라는 걸 안다. 누가 나쁜 상품을 사고 싶어 하겠는가? 비뚤어진 사람들만 악한 것을 손에 넣기 원할 것이다.

어떤 사람에 대해 "그는 좋은 사람이야"라는 말을 들으면, 대개 우리는 이 평가를 곧이곧대로 받아들인다. 상처를 잘 받는 사람들도 곧바로 경계를 풀고, 그 '좋다'고 평가받은 사람의 모든 말과 행동을 안전하고 믿을 만한 것으로 여긴다. 하지만 이런 평가가 항상 정확한가?

우리가 옳은 것을 그르다고 하거나 그른 것을 옳다고 하는 망상의 상태에 빠질 수 있을까? 모든 사람이 그 차이를 명백하게 알고 있지 않은가? 우리는 결단코 선을 악이라 하거나 악을 선이라 하는 기만 상태에 빠지지 않을 거라는 말이다. 이게 정말 맞는 말일까?

약 2천 년 전에, 한 부자 청년이 예수 그리스도께 다가갔다. 청년은 정직하고 도덕적으로 청렴한 지도자였다. 간음을 하거나, 살인을 하거나, 거짓말을 하거나, 도둑질을 하거나, 사업상 거래할 때 남을 속인 적도 없었다. 그는 항상 자기 부모님을 존경해 왔다. 모범 시민이었고, 많은 이에게 칭찬받는 사람이었다. 그는 "선한 선생님이여"라는 말로 예수님께 존경심을 표현했다.

청년은 개인적으로 만난 적이 없는 유명 인사와 자신의 공통점을 찾으려 했다. 아마 마음속으로 이렇게 생각했을지 모른다. '내가 그분의 선함을 칭찬하면, 내 질문에 호의적으로 답하게 만들 수 있을 거야.' 하지만 예수님은 청년의 질문에 답하기 전에 먼저 이렇게 반박하셨다. "네가 어찌하여 나를 선하다 일컫느냐 하나님 한 분 외에는 선한 이가 없느니라"(막 10:18).

왜 예수님은 자신을 "선한 선생님"이라고 부른 것을 바로잡으려 하셨을까? 예수님은 선한 분이 아니셨나? 당연히 그분은 선하시다! 그렇다면 왜 이렇게 말씀하신 걸까? 혹시 그 사람이 생각하는 선의 기준과 하나님의 기준이 달랐던 걸까?

만일 우리가 청년의 입장이라면 "선한 선생님"이신 예수님께 인사했을 때 어떤 말을 들었을까? 나는 확실히 대답할 수 있다. 오랫동안 하나님의 자녀로 살아왔고, 성경을 여러 번 통독했고, 한 번에 몇 시간 동안 성경을 공부하며, 매일 기도하고, 심지어 전임 사역을 하면서 몇 권의 베스트셀러를 저술한 나는 부자 청년 관리와 똑같은 대답을 들었을 것이다. "존, 네가 어찌하여 나를 선하다 일컫느냐?"

이것을 어떻게 알 수 있을까? 청년을 대했던 예수님과 비슷하게 성령이 나를 다루셨기 때문이다.

보암직한, 먹음직한, 탐스러운 것들

나는 1990년대 말 컨퍼런스 참석을 위해 스웨덴에 갔다. 비행기는 밤새 날아가서 이른 아침 스톡홀름에 도착했다. 내려서 가방을 찾고 세관을 통과한 후에 나를 초청해 준 스웨덴 분을 만나 따뜻한 환영을 받았다. 그런데 공항 터미널을 나가기 전에, 그에게서 '그해의 뉴스거리'로 꼽힐 만한 사실을 들었다. 어쩌면 향후 10년의 기사 중에서도 가장 충격적인 10대 뉴스에 들 만한 소식이었다.

"목사님, 어젯밤에 너무나 슬픈 일이 일어났어요. 목사님은 비행 중이었으니 아직 모르시죠?"

"무슨 일인데요?" 나는 불안하기도 하고 궁금하기도 했다.

불과 몇 시간 전에 자동차 사고가 났는데, 그 희생자 중 한 명이 세계적으로 사랑받는 유명 인사였다. 그녀가 하는 일마다 세상이 주목했다. 내 아내와 나 역시 자선사업을 벌이는 그녀를 존경했고 잡지와 신문에서 그녀에 관한 기사를 즐겨 읽었다. 한마디로 나는 그녀의 열렬한 팬이었다. 언제든 그녀의 이야기가 뉴스에 나오면 하던 일을 멈추고 집중해서 보곤 했다.

그녀의 사망 소식은 내게 말로 표현할 수 없는 충격이었다. 그녀는 똑똑하고 아름다운 여성 정치가인 데다가, 어린 자녀들을 둔 젊은 엄마였다. 그녀는 자신의 세계적인 영향력을 이용해서, 전쟁으로 피폐해진 나라의 고아들과 지뢰 피해자들을 위해 좋은 일을 많이 했다. 이것만으로도 내 마음을 사로잡기에 충분했으나, 그녀의 매력은 거기서 끝나지 않았다. 그녀는 자신의 팬들을 사랑하고 항상 생각했으며, 진실한 미소나 따뜻하고 개인적인 감사의 말로 대해 주었다.

그런 그녀가 세상을 떠났다는 것이다. '어떻게 그녀가 죽을 수 있어? 어

떻게 이런 일이 있을 수 있냐고!'

나는 호텔에 도착해 내 방으로 들어가자마자 텔레비전부터 켰다. 어느 채널을 틀어도 다 그 사고 이야기 뿐이었다. 하지만 스웨덴어 방송이라 대부분 이해할 수 없어서 CNN과 BBC 뉴스가 나올 때까지 채널을 돌렸다. 뉴스를 틀어 놓고 나는 가방도 풀지 않은 채 침대 끄트머리에 앉았다. 도저히 믿기지가 않았다.

방송에서는 그녀의 집 앞에 모인 수천 명의 애도 인파를 보여 주었다. 다양한 연령의 사람들이 모여 있었고, 카메라는 그들이 눈물을 흘리면서 대문 앞에 꽃을 놓는 모습을 비춰 주었다. 많은 사람이 서로 부둥켜안거나 옹기종기 모여서 함께 기도하고 있었다. 온 세상이 충격에 빠졌다. 그날부터 이후 4일 동안 이 비극은 전 세계 대부분의 신문 1면을 장식했다. 그 사건에 관한 보도, 수사 내용, 가족의 반응, 그리고 장례식 소식이 연일 보도되었다. 국가 원수들, 세계 지도자들, 수백 명의 유명 인사들이 그녀의 추도식에 참여했다. 텔레비전 역사상 가장 많은 사람이 시청한 사건 중 하나였다.

스톡홀름에서의 첫날 나는 호텔 방에서 그렇게 몇 시간 동안 슬퍼했으나, 그 와중에도 곧 있을 저녁예배를 준비해야 했다. 내 마음은 계속 여러 질문들을 헤매고 있었고, 그녀를 죽음에 이르게 한 그 무의미한 사건에 대한 분노가 일어 힘들었다. 하지만 슬픔과 더불어, 한 가지 상충되는 불편한 생각이 자꾸 모습을 드러내려고 했다. 그 생각을 떨쳐 버리려 했으나 그럴 수가 없었다. 몇 시간 동안 나는 감정과 영의 불화를 느끼다가, 마침내 무릎을 꿇고 앉아 기도했다. "아버지, 저는 그녀의 죽음이 너무나 슬픕니다. 하지만 제 마음속에 이렇게 슬퍼하는 게 뭔가 잘못된 거라는 느낌이 동시에 듭니다. 어찌된 일일까요?"

거의 즉시, 나는 마음속 깊은 곳에서 이 음성을 들었다. '요한계시록 18장을 읽어라.' 나는 계시록 18장에 무슨 내용이 있는지 몰랐다. 애석한 말이지만, 그 당시에 계시록을 그렇게 깊이 공부하지 않았기 때문이다. 그래서 급히 성경을 펼쳐서 읽었다. 7절에 이르렀을 때 심장이 두근거리기 시작했다.

> 그가 얼마나 자기를 영화롭게 하였으며 사치하였든지 그만큼
> 고통과 애통함으로 갚아 주라 그가 마음에 말하기를 나는 여왕으로
> 앉은 자요 과부가 아니라 결단코 애통함을 당하지 아니하리라 하니
> 그러므로 하루 동안에 그 재앙들이 이르리니 곧 사망과 애통함과
> 흉년이라 그가 또한 불에 살라지리니 그를 심판하시는 주 하나님은
> 강하신 자이심이라 그와 함께 음행하고 사치하던 땅의 왕들이 그가
> 불타는 연기를 보고 위하여 울고 가슴을 치며(7-9절).

나는 혼란스러웠다. 이 구절에서 묘사하는 여자와 지금 갑작스런 죽음으로 많은 이의 진심 어린 애도의 대상이 된 그녀 사이에 분명 유사한 점들이 있었다. 마치 얼음물 한 양동이가 내 얼굴에 확 끼얹어진 것 같았다. 너무나 놀랐고, 당황스러웠다. 어떻게 이런 성경 구절을 이 자애로운 유명 인사에게 적용할 수 있단 말인가?

중요한 사실은 사도 요한이 이 구절에서 어떤 개인을 가리키며 한 말이 아니라는 것이다. 이 구절은 우리 타락한 세상에 만연한 어떤 정신을 꼬집는 말씀이다. 하지만 현재 상황과 유사한 점이 충분히 있었고, 하나님의 성령이 이 말씀을 통해 내 인식에 한 가지 변화를 일으키셨다. 당신에게도 하나님이 성경의 이야기를 통해 개인적인 경험에 대해 다른 관점으로 말씀하

신 적이 있는가? 그때 내게 일어난 일이 바로 그 경우였다.

예수님이 부자 청년을 다루신 것과 비슷한 방법으로, 성령님은 내가 선을 판단하는 방법에 대해 도전하셨다. 하나님이 내게 보여 주시는 것을 깨닫고 나는 호텔 방에서 큰소리로 항의했다. "하나님, 어떻게 이 구절이 그녀와 관련이 있을 수 있습니까? 그녀는 지뢰 피해자들과 고아들에게 온갖 인도주의적인 자비를 베풀었고……."

'그녀는 권위에 저항하고 간음한 것을 세상에 과시했다'라고 주님은 말씀하셨다. '그녀는 나에게 복종하지 않았다.'

나는 여전히 믿지 못하는 마음으로 다시 항의했다. "하지만 그녀가 인류를 위해 행한 모든 선한 일은요?"

그때 성령이 이렇게 말씀하셨다. '아들아, 하와의 마음이 이끌린 것은 선악을 알게 하는 나무의 악한 면이 아니라 좋은 면이었다.'

내 마음에 분명히 들려온 이 말씀에, 그 자리에 얼어붙은 듯 멍하니 있었다. 몇 분 후에 정신을 차리고 창세기 3장을 펼쳐 내가 들은 내용을 확인해 봤다.

여자가 그 나무를 본즉 먹음직도 하고 보암직도 하고 지혜롭게 할
만큼 탐스럽기도 한 나무인지라 여자가 그 열매를 따먹고(6절).

나는 "먹음직", "보암직", "지혜롭게 할 만큼 탐스럽기도 한"이라는 단어를 보고 입이 떡 벌어졌다. 그때 하나님의 영이 이렇게 말씀하셨다. '나에게 속하지 않은 선도 있다. 그것은 내게 복종하지 않는다.'

선과 악, 겉으로 구별할 수 없다

나는 그 자리에 앉아 내가 듣고 읽은 내용을 잘 생각해 보았다. 하나님의 말씀이 나를 드러내고 바로잡아 주었다. 선에 대한 내 기준은 분명 하나님의 기준과 달랐다. 하나님은 계속해서 내 마음에 말씀하셨다. 대부분의 '선한' 사람들, 특히 그리스도인들은 성적인 음란함이나 노골적으로 반항적인 가사를 담은 어두운 음악, 자신의 콘서트에서 사탄숭배를 과시하는 록스타들, 연쇄살인, 중절도죄 등 노골적으로 악한 행위에는 이끌리지 않는다는 것을 보여 주셨다. 사람들은 대부분 옳고 좋고 지혜롭게 보이지만 하나님의 지혜와 반대되는 행위에 속고 마음이 이끌린다.

어떤 길은 사람이 보기에 바르나 필경은 사망의 길이니라(잠 14:12).

"필경은 사망의 길이니라." 많은 그리스도인이 이 말씀에 자세히 주의를 기울이지 않는다. 그들은 '나는 구원받았고, 천국을 향해 가고 있고, 영생을 누릴 거야'라고 생각하기 때문이다. 그들이 생각하기에 위 말씀은 믿지 않는 자에게나 적용되는 것이다. 성경은 생명의 길과 사망의 길에 대해 자주 이야기한다. 하나님은 하나님께 속하지 않은 자들이 아니라 그분의 자녀들에게 이렇게 선언하신다. "보라 내가 너희 앞에 생명의 길과 사망의 길을 두었노라"(렘 21:8).

여기서 "길"은 우리가 의지하고 살아가는 지혜를 뜻한다. 성경 전체에 걸쳐 이 단어를 자주 볼 것이다. 예수님은 그것을 다음과 같이 표현하신다. "멸망으로 인도하는 문은 크고 그 길이 넓어 그리로 들어가는 자가 많고 생명으로 인도하는 문은 좁고 길이 협착하여"(마 7:13-14). 예수님이 여기서 오로지 영생에 대해서만 말씀하시는 걸까?

하나님은 에덴동산 중앙에 생명나무를 두셨다. 그것은 하나님의 생명의 길, 그분의 지혜를 나타냈다. 동산의 또 다른 중요한 나무는 "선악을 알게 하는 나무"라고 불렸다. 이 나무는 사망의 길을 나타냈고, 하나님을 떠난 인간의 지혜를 의미했다. 그 열매를 먹는 것은 단지 아담과 하와의 사후세계에만 영향을 미치지 않았다. 당장 그들에게 영향을 끼쳤다. 아담과 하와가 어리석은 행동을 하기 전에는 아무 제지를 받지 않았고, 열매가 풍성했고, 건강했고, 하려고 하는 일마다 성공했다. 하지만 금지된 나무 열매를 먹고 나니 삶이 매우 고달파졌다. 질병, 결핍, 스트레스가 가득한 노역, 전에 알지 못했던 어려움 때문에 괴로웠다. 사망의 길에 들어선 것이다.

하지만 하나님은 구원자시다. 그분은 인간이 잃어버린 것을 회복시켜 주려고 이미 계획해 놓으셨다. 생명의 길을 회복하기 위해 언약을 맺으셨다. 그분의 지혜는 다시 한 번 참된 행복과 즐거운 삶, 평안, 풍성함, 그 외 여러 가지 유익을 가져다줄 것이다.

> 지혜를 얻은 자와 명철을 얻은 자는 복이 있나니 …… 네가 사모하는
> 모든 것으로도 이에 비교할 수 없도다 그의 오른손에는 장수가 있고
> 그의 왼손에는 부귀가 있나니 그 길은 즐거운 길이요 그의 지름길은
> 다 평강이니라 지혜는 그 얻은 자에게 생명나무라 지혜를 가진 자는
> 복되도다(잠 3:13-18).

성경은 우리 삶에 적용되는 하나님의 지혜가 열매 맺는 삶, 생산성, 성공, 장수, 마음의 평안, 명예를 가져다준다는 걸 보여 준다. 나무는 다른 사

람들도 공유하는 것이다. 이 성경 말씀에 따르면, 생명의 길(지혜)을 따를 때 우리는 생명나무가 된다. 생명나무는 그 열매를 함께 나누는 사람들에게 영양을 공급하는 근원이다. 그런데 그 반대 역시 사실이다. 우리가 인간의 지혜를 따라 살면 해로운 나무가 되고, 우리의 생산물을 함께 나누는 자들은 노역이나 스트레스, 비생산성, 질병, 이기심, 그밖에 영적 죽음의 다른 부산물을 경험할 것이다.

잠언 14장 12절로 돌아가 보자. 신자든 비신자든 누구에게나 옳게 보이는 길이 있다. 그것은 옳고, 지혜롭고, 유익하고, 전략적이고, 만족스럽고, 이득이 되는 것처럼 보인다. 하지만 말씀의 경고는 분명하다. 보기에 좋은 것이 사실은 해롭고 비생산적인 사망의 길일 수 있다는 것이다.

히브리서 기자는 신자들에게 정신이 번쩍 들도록 권면한다.

> 멜기세덱에 관하여는 우리가 할 말이 많으나 너희가 듣는 것이
> 둔하므로 설명하기 어려우니라 때가 오래되었으므로 너희가 마땅히
> 선생이 되었을 터인데 너희가 다시 하나님의 말씀의 초보에 대하여
> 누구에게서 가르침을 받아야 할 처지이니 단단한 음식은 못 먹고
> 젖이나 먹어야 할 자가 되었도다 …… 단단한 음식은 장성한 자의
> 것이니 그들은 지각을 사용함으로 연단을 받아 선악을 분별하는
> 자들이니라(히 5:11-12, 14).

참으로 선한 것과 악한 것을 밝히는 데 있어 분별력이 중요하다. 다시 말해서, 참으로 선한 것은 항상 우리의 자연적인 생각, 추론, 감각으로 명백히 알 수 있는 게 아니다. 당신은 이렇게 물을지도 모른다. "히브리서 기

자는 우리 지각이 그 차이를 분별할 수 있도록 연단을 받을 수 있다고 말하지 않았습니까?" 물론 그랬다. 하지만 그는 어떤 지각을 말한 것일까? 11절을 보면, 듣는 것이 둔한 그리스도인들을 향한 메시지임을 밝히고 있다. 그가 말하는 "듣는 것"은 우리 마음속에서 하나님의 음성을 들을 수 있는 능력을 뜻한다. 예수님은 항상 "귀 있는 자는 들을지어다"(마 11:15)라고 가르치셨다. 실제로 이 가르침을 받은 모든 이가 육체적인 귀를 가지고 있었지만, 모든 사람이 하나님 말씀을 듣고 어떤 것이 그들의 삶을 위한 최선인지 분별할 수 있는 마음을 갖고 있지 않았던 것이다.

선과 악이 항상 표면적으로 구별될 수 없다. 솔로몬은 이렇게 기도했다. "듣는 마음을 종에게 주사 …… 선악을 분별하게 하옵소서"(왕상 3:9). 하나님이 말씀하시는 선과 악을 분별하려면 깨우치고 연단된 마음이 필요하다. 하와는 모든 면에서 완벽했고, 그녀가 사는 동산에서는 하나님의 임재가 매우 강력했다. 그런데도 하와가 먹음직하고 보암직하고 지혜롭게 할 만큼 탐스럽다고 판단한 것이 사실은 악하고 그녀의 삶에 해로운 것이었다. 하와는 속았고, 그래서 큰 고통과 상실을 겪었다.

이것이 우리를 이 책의 목적으로 이끈다. 성경 말씀과 성령의 도우심으로, 당신의 삶을 위해 좋은 것과 궁극적으로 해가 되는 것의 차이를 보여 주고자 한다. 완벽한 환경에서 살았던 하와도 속임을 당했다면, 불완전하고 부패하고 편향된 사회에 살고 있는 우리는 얼마나 더 쉽게 속아 넘어가겠는가?

02

내 삶을 더 좋게 해 줄 거라 믿은 것에 배신당하다

내 사랑하는 형제들아 속지 말라
온갖 좋은 은사와 온전한 선물이 다 위로부터
빛들의 아버지께로부터 내려오나니.
- 약 1:16-17

스웨덴에서의 그날, 망연자실한 상태로 호텔방에 앉아 있는데 감정이 점차 걷잡을 수 없이 격렬해졌다. 평소에 좋아하던 유명 인사의 죽음에 슬퍼하는 나를 향한 하나님의 응답이 놀랍고 두려웠지만, 나는 여전히 뒤숭숭했다. 당혹스럽고 온갖 의문이 가득했다. 오랫동안 사역해 왔고, 책도 여러 권 썼고, 세계 각지에서 신자들에게 말씀을 가르쳐 왔지만, 무엇이 참으로 선한 것인지에 관한 나의 무지가 지금 막 드러난 것이다.

그때 내 마음에 밀려든 가장 커다란 질문은 이것이었다. '하나님이 보시기에 선하지 않은데 내가 선하다고 여겼던 것이 또 뭐가 있을까?' 그리고 그에 못지않게 중요한 질문은, '그 결과는 무엇이었나?'였다.

먼저 이 모든 것이 시작되었던 곳으로 다시 돌아가 보는 것이 유익할

> 그리스도인은 우리가 선해서 하나님이 우리를 사랑하시는 게 아니라,
> 하나님이 우리를 사랑하시기 때문에 우리를 선하게 만드실 거라고 생각한다.
> - C. S. 루이스

것 같다. 왜냐하면 성령이 그 호텔방에서 나의 관심을 끌기 위해 사용하신 성경 구절도 에덴동산에 관한 것이기 때문이다. 에덴동산 이야기가 나오면 늘 따라다니는 질문이 있다. 많은 사람이 오랫동안 그이 질문을 가지고 씨름해 왔다. '어떻게 뱀이 하와에게 다가가 하나님께 반항하도록 유도했을까?'

하와는 완벽한 환경 속에 살았다. 부모나 남편, 학교 선생님, 또는 직장 상사가 그녀를 학대한 적도 없었다. 하와는 완전히 평화롭고 고요한 곳에서 살았고, 늘 풍족하게 공급받아 아프거나 자원이 부족하지도 않았다. 무엇보다도 그녀의 창조주와 조화를 이루며 살았다. 하나님의 임재가 공기 중에 스며 있었고, 하나님은 종종 아담과 하와와 함께 동산을 거니셨다. 그

런데 어떻게 뱀이 이 여자와 남자에게 접근해서 하나님께 반항하도록 만들 수 있었을까?

이 비밀에 대한 답을 찾을 수 있다면 오늘날 어떻게 원수가 우리에게 똑같은 일을 할 수 있는지에 대해 유익한 통찰을 얻을 것이다. 우리가 사탄의 전략을 안다면 그렇게 쉽게 속임을 당해 우리 창조주께 불순종하지는 않을 테니 말이다.

완벽한 에덴동산, 완벽한 아름다움

태초에 하나님은 완벽한 세상을 창조하셨다. 그곳은 아름답고, 흠이 없으며, 영혼을 위한 자원들과 기쁨이 가득했다. 하나님은 단지 몇 종류의 동물, 나무, 풍경을 만드신 게 아니다. 100만 가지가 넘는 생물들, 25만 가지가 넘는 식물들, 10만 가지가 넘는 나무들과 무수히 다양한 바위, 토양, 천연 자원들을 설계하고 만드셨다. 세상은 걸작품이었다. 수천 년이 지난 후, 과학자들은 여전히 세상을 연구하며 그 복잡성에 놀라고 있다. 그들은 아직도 이 세상을 온전히 이해하지 못했고, 아마 앞으로도 그럴 것이다.

하나님은 오로지 그분의 사랑의 대상인 사람을 위해 이 모든 것을 만드셨다. 지구가 놀라운 곳임이 드러날수록 창조주는 더더욱 놀라운 분일 수밖에 없다. 그분은 이 경이로운 동산을 직접 가꾸셨다.

나는 잘 가꾸어진 정원을 사랑한다. 솔직히 말하자면 조경이나 정원 일은 별로 좋아하지 않는다. 내가 좋아하는 것은 깔끔하게 손질된 정원이나 과수원, 포도원, 또는 숲에 가만히 앉아 있거나 조용히 산책하는 것이다.

최근에 독일의 콘스탄츠에서 말씀을 전했다. 콘스탄츠는 그 옆에 있는 호수의 이름을 따서 도시 이름을 지었다고 한다. 콘스탄츠 호수는 독일에서 가장 큰 호수다. 알프스 산맥으로부터 녹은 얼음과 눈이 그곳으로 흘러들어온다. 아내와 나는 그곳에서 친한 친구인 프라이무트와 조안나 부부를 방문했다. 그들 역시 목회자 가정이다.

여행 중에 이틀간 자유시간이 있었는데, 우리를 초대한 이들이 고맙게도 여러 재미있는 활동들을 소개해 주었다. 우리는 콘스탄츠에서 할 일이 넘쳐난다는 걸 알았다. 하지만 정작 내가 가장 하고 싶었던 건 제안해 주지 않았다.

콘스탄츠 호수 안에 '꽃섬'(Flower Island)이라는 곳이 있다. 정식 명칭은 마이나우이지만 꽃섬이라는 이름이 그곳을 더 잘 표현해 준다. 섬 전체가 하나의 정원이기 때문이다. 나는 그곳을 산책하고 싶었으나, 다 둘러보려면 하루 종일이 걸렸다.

내 아내 리사, 조안나, 프라이무트는 처음에 내가 그 섬을 방문하자고 했을 때 농담을 하는 줄 알았다고 한다. 스포츠와 경쟁적인 활동을 좋아하는 남자가 큰 정원을 산책하는 지루한 일을 하고 싶어 하리라고 누가 생각이나 했겠는가? 하지만 내가 그 얘기를 두 번이나 꺼내자 친구들이 이렇게 말했다. "아, 진심인지 몰랐어요. 정말로 가고 싶은 거예요?"

"그렇다니까요!" 그래서 우리는 여행 계획을 세웠다. 비록 다른 이들은 열의가 별로 없었지만 말이다. 우리는 차를 타고 다리를 건너 그 섬으로 갔다. 나는 금세 그곳에 매료되었다. 이 거대한 정원의 아름다움과 복잡함에 놀랐다. 다행인 건 나만 그런 게 아니었다는 사실이다. 이 장관을 보는 순간, 나머지 세 사람의 농담과 조롱이 자취를 감췄다.

이 거대한 정원의 모든 부분이 눈을 즐겁게 해 주었다. 아름다운 꽃밭은 모두 완벽하게 배열되어 있었고, 모든 식물이 보이도록 산책로가 그 한 가운데를 지나게 되어 있었다. 꽃으로 만든 지도들, 커다란 동물 조각상, 아이들, 각종 나무와 식물과 꽃으로 만든 집도 있었다. 아름다운 인공폭포도 곳곳에 있었다.

우리는 모두 그곳의 아름다움과 독창성을 즐겁게 감상했다. 다 둘러보려면 한나절도 더 걸릴 것 같았다. 그래서 겨우 절반밖에 보지 못했다! 그날 오후에 여러 번 이런 생각을 했다. '사람들이 이런 아름다운 섬을, 후각을 즐겁게 하는 꽃 향기와 눈을 즐겁게 하는 아름다움의 향연을 생각해 낼 수 있었다면, 하나님이 만드신 동산은 대체 어떤 모습이었을까?' 에덴동산을 설계하신 분은 숙련된 원예가나 조경사 정도가 아니었다. 위대한 창조주가 직접 설계하셨던 것이다.

하나님은 풍성하고 감미로운 에덴동산을 가꾸셨고, 그 안에 아담을 두셨고, 모든 동물을 그에게 데리고 오셨다. 조물주는 지구에 사는 125만 가지가 넘는 동물들에게 아담이 어떤 이름을 지어 주는지 보기 원하셨다. 이 최초의 남자는 틀림없이 탁월한 지성을 소유하고 있었을 것이다! 아담은 이 모든 동물의 이름을 지어 줄 능력이 있을 뿐만 아니라 각 동물의 이름을 기억할 수도 있었다. 인터넷의 도움을 받을 수도 없었는데 말이다! 아담은 정말 탁월했다.

하지만 하나님이 그 동물들을 아담에게 데려가신 것은 단지 이름을 짓기 위한 것만이 아니었다. 하나님은 아담이 어떤 동물을 적합한 동반자로 선택할지 보기 원하셨다. 아담은 모든 동물의 이름을 지어 주었지만, 그중에 그를 도와줄 동반자로 적합한 동물은 없었다. 여호와 하나님은 남자를 깊이 잠들게 하시고, 그가 잠든 동안 남자의 갈비뼈 하나를 꺼내고 살로 대신 채우셨다. 그 갈비뼈로 여자를 만드시고 그녀를 아담에게 데리고 오셨다. 그때 아담이 이렇게 말했다.

이는 내 뼈 중의 뼈요 살 중의 살이라 이것을 남자에게서 취하였은즉
여자라 부르리라(창 2:23).

남자에게 완벽한 짝은 여자였다. 그들은 서로 보완하며 서로를 완성해 줄 것이다. 남자와 여자는 함께 세상을, 더 구체적으로 말하면 동산을 지키고 보호할 임무를 받았다.

아담에게서 하와가 만들어지기 전에, 하나님은 분명한 명령을 내리셨다. "동산 각종 나무의 열매는 네가 임의로 먹되 선악을 알게 하는 나무의 열매는 먹지 말라 네가 먹는 날에는 반드시 죽으리라"(창 2:16-17).

우리는 다음에 기록된 사건이 언제 일어난 것인지 모른다. 몇 주, 몇 년, 몇십 년, 혹은 그보다 더 오랜 후였을지도 모른다. 어쨌든 가장 간교한 짐승인 뱀이 하와를 겨냥하여 하나님의 명령을 의심하게 만든 그 날이 왔다.

전달된 지식은 왜곡되기 쉽다

먼저 하와에게 뱀이 접근하는 모습을 잘 살펴보자.

뱀이 여자에게 물어 이르되 하나님이 참으로 너희에게 동산 모든
나무의 열매를 먹지 말라 하시더냐(창 3:1).

뱀은 이 질문으로 그의 전략 첫 단계를 실행에 옮겼다. 그의 목적은 하와의 마음을 흔들어 거룩한 지혜에서 멀어지게 하는 것이었다. 교묘하게 만들어 낸 뱀의 질문은 여자로 하여금 순간적으로 그녀가 따먹을 수 있는 무수한 나무 열매는 보지 못하고 금지된 한 열매에만 초점을 맞추도록 유인했다.

아담과 하와를 향한 하나님의 정확한 말씀은 이것이었다. "동산 각종 나무의 열매는 네가 임의로 먹되." 여기선 그분의 너그러움이 강조되었다. 세상에는 알려진 나무 열매가 수천 가지 있다. 그 모든 나무가 동산에 있었고, 하와는 수천 개의 나무 열매를 먹을 수 있었다. 하지만 사탄의 왜곡된 질문을 받은 후, 유일하게 금지된 한 나무에서 눈을 뗄 수 없었을 것이다.

오늘날도 다르지 않다. 하나님은 우리 각 사람에게 많은 선물을 거저 주셨다. 하늘에 속한 모든 신령한 복을 우리에게 주셨다고 했다(엡 1:3 참조). 그 복을 다 열거하려면 또 한 권의 책을 써야 할 것이다! 또한 예수 그리스도 안에서 만물이 다 우리 것이라고 들었다(고전 3:21-23 참조). 그러나 우리 원수의 전략은 무엇인가? 에덴동산에서의 전략과 다르지 않다. 원수는 하나님의 너그러움을 가려서 우리가 '받지 못한' 것만 바라보게 한다. 왜 하나님은 우리에게 어떤 것을 금하실까? 우리는 몇 쪽에 걸쳐 이 중요한 문제를 살펴볼 것이나, 간단히 말하자면 그것은 우리의 유익을 위해서다. 하나님은 우리에게 무엇이 최선인지를 우리보다 더 잘 아신다.

하와는 자기가 알고 있던 사실을 가지고 얼른 뱀에게 대답했다.

동산 나무의 열매를 우리가 먹을 수 있으나 동산 중앙에 있는 나무의
열매는 하나님의 말씀에 너희는 먹지도 말고 만지지도 말라 너희가

죽을까 하노라 하셨느니라(창 3:2-3).

하와의 대답이 정확하지 않다는 점이 흥미롭다. 하나님은 '나무 열매를 만지지 말라'는 말씀은 하신 적이 없다. 이것이 별로 중요하지 않아 보이지만, 뱀이 아담이 아니라 하와를 겨냥한 이유를 알 수 있는 단서를 준다.

처음에 하나님이 그 명령을 내리셨을 때 하와는 아직 그 자리에 있지 않았다. 그래서 아담처럼 직접 하나님의 입에서 나온 그 명령을 듣지 못했다. 나는 개인적으로 그 전에 아담과 하와가 이 큰 동산을 거닐면서 선악을 알게 하는 나무를 우연히 본 적이 있었을 거라 믿는다. 아담은 그 나무를 가리키며, 하나님이 이 특별한 나무에 대해 하신 말씀을 하와에게 전해 주었을 것이다. 이것은 '전달된 지식'이다. 반면에 아담에게 그 명령은 '계시된 지식'이었다. 차이점이 무엇인가? 계시된 지식은 하나님이 우리에게 어떤 것을 직접 보여 주시는 것이다.

어느 날 예수님이 제자들에게 물으셨다. "사람들이 인자를 누구라 하느냐"(마 16:13). 제자들은 한 사람씩 다른 사람에게 들은 이야기를 나열했다. 부활한 세례 요한, 엘리야, 예레미야, 또는 다른 선지자 중 한 명이라고 들었다고 했다. 오늘날로 치면 트위터, 페이스북, 인스타그램, 블로그를 통해 들은 얘기들이었다. 그들이 전달된 지식으로 알게 된 것을 죽 들으신 후, 예수님은 이렇게 물으셨다. "너희는 나를 누구라 하느냐"(15절).

제자들은 아무 대답도 못하고 그 자리에 얼어붙었다. 만일 예수님이 첫 번째 질문을 하지 않으셨다면, 그들은 아마 다른 사람들에게 들은 얘기를 가지고 대답했을 것이며, 그들의 대답은 전달된 지식을 반영했을 것이다. 하지만 두 번 질문을 하신 예수님의 동기는 하나님이 그들에게 계시해 주신 것이 무엇인지 알아보기 위해 이 간접적인 지식을 제거하려는 것이었다. 그때 베드로가 유일하게 대답을 했다. 불쑥 "주는 그리스도시요 살아계신 하나님의 아들이시니이다"(16절)라고 말한 것이다.

나는 예수님이 미소를 지으시고 그를 인정해 주시며 이렇게 말씀하셨을 모습을 상상해 본다. "이를 네게 알게 한 이는 혈육이 아니요 하늘에 계신 내 아버지시니라"(17절). 베드로는 인터넷에서 읽은 글이나 우연히 본 잡지에서 얻은 정보를 앵무새처럼 따라 말한 게 아니었다! 하나님이 그에게 직접 전해 주신 진리를 나누었다.

그때 예수님은 이러한 계시된 지식 위에 교회가 세워질 것이며 지옥의 권세자들이 그 지식을 가진 자들을 막지 못할 거라고 말씀하셨다. 반면에, 전달된 지식만 갖고 있는 자들은 지옥의 권세자들이 더 쉽게 속일 수 있다.

우리는 여러 가지 방법으로 계시된 지식을 얻는다. 우리가 성경이나 영감 있는 책을 읽을 때, 조용히 기도할 때, 설교 말씀을 들을 때, 베드로가 옥상에서 본 것처럼 어떤 환상을 볼 때(행 10:9-16 참조), 또는 단지 성령에 의해 우리 마음에 계시된 하나님의 말씀을 접할 때 그런 일이 일어날 수 있다. 그 일이 일어나는 방식을 일반화하기는 어렵다. 때로는 마음 깊은 곳에서 작고 세미한 음성이 들릴지도 모른다. 어떤 때는 계시가 당신의 영혼 안에 들어와서 그냥 알게 되는 경우도 있다. 성경을 읽을 때 가슴이 뛰기 시작하면서 하나님의 임재를 느낄 수도 있다. 어떤 방식으로든지, 결론은 당신이 하나님으로부터 들었다는 것을 알며, 이 계시된 지식은 결코 빼앗길 수 없다는 것이다.

그런가 하면, 전달된 지식은 단지 다른 사람이 하나님으로부터 들었다고 말하는 것을 듣거나 읽음으로써 온다. 그 지식은 정확할 수도 있지만, 성령이 그것을 당신의 마음에 계시해 주지 않으시면 쉽게 왜곡될 수 있다.

예를 들면, 나는 어떤 사람들이 과감하게 자신의 성경 지식을 과시하는 걸 들었다. "목사님, 목사님도 알다시피, 돈은 일만 악의 뿌리입니다." 성경을 잘못 이해하고 있는 이런 친구들이 읽은 구절, 또는 목회자가 인용하는 것을 들은 그 구절은 디모데전서 6장 10절이다. "돈을 사랑함이 일만 악의 뿌리가 되나니."

돈은 단지 도구에 불과하다. 그뿐이다. 당신은 도구를 잘못 사용할 수도 있고 바르게 사용할 수도 있다. 권총도 도구다. 절도범의 손에 들린 권총은 범죄 사건에 악용될 것이다. 그러나 경찰의 손에 든 권총은 한 여자를 강간하거나 살해하려 하는 범인의 행동을 멈추게 할 수 있다. 마찬가지로, 돈은 하나의 도구이지 일만 악의 뿌리가 아니다. 돈을 사랑함이 온갖 악의 뿌리인 것이다. 이렇게 잘못된 말을 하는 사람들은 대개 계시된 지식보다 전달된 지식을 가지고 있다. 내 경험상 이 전달된 지식은 때때로 지식이 아예 없는 것보다 더 위험하다.

하와가 하나님이 그 나무 열매를 만지지도 말라고 명령하셨다고 말한 것은 그녀가 단지 전달된 지식만 갖고 있었다는 것을 보여 준다. 하나님은 그 동산 안에 계셨다. 그분은 아마 매일 아담과 하와와 함께 동산을 거니셨을 것이다(창 3:8 참조). 아담이 하나님께서 명하신 것을 자기 아내에게 이야기해 준 것은 정말 좋은 일이었으나, 아마도 하와는 자신의 창조주께 직접 그 말씀에 대해 묻지 않았을 것이다.

하나님을 알고 이해하기 위해 더 깊이 파고드는 것이 하나님을 찾는 사람의 특징이다. 바울이 베뢰아 사람들에게 자신이 하늘로부터 받은 메시지를 전해 주었을 때 그들이 무엇을 했는지 보라.

그곳 유다인들은 데살로니카 유다인들보다 마음이 트인
사람들이어서 말씀을 열심히 받아들이고 바울로의 말이 사실인지
알아보려고 날마다 성서를 연구하였다(행 17:11, 공동번역).

베뢰아인들은 바울의 말을 집중해서 들은 다음에 직접 성경을 찾아봤다. 나는 '마음이 트이다'(open-minded)라는 단어를 좋아한다. 그들의 마음은 성령의 음성을 향해 열려 있었다. 그들의 영과 마음을 연결하는 통로가 훤히 뚫려 있어서 계시된 지식을 받을 수 있었던 것이다.

오늘날의 많은 신자와 달리, 이 베뢰아인들은 단지 팟캐스트나 블로그, 트위터나 페이스북 토론을 통해 모든 정보를 얻지 않았다. 마찬가지로, 예수님이 제자들에게 자신의 정체에 대해 물으셨을 때 사람들이 그 당시의 소셜미디어에서 뭐라고 말하는지에는 관심이 없으셨다. 예수님은 '하나님이 너희에게 무엇을 계시해 주셨느냐?'라고 묻기 원하셨다.

어쩌면 제자들이 함께 다니던 중 누군가가 "예수님은 그리스도가 틀림없다"라고 말하는 것을 베드로가 들었을지도 모른다. 그때 성령의 임재로 인해 베드로의 마음과 생각 속에 깨달음이 밀려왔을 것이다. '맞아! 그분은 하나님의 아들이야. 그리스도라고! 지금까지는 정확히 몰랐는데 이제 그분이 그리스도라는 걸 알겠어!' 종종 하나님이 우리 마음속에 그분의 진리를 계시해 주실 때 우리도 이런 경험을 한다.

아니면 어느 날 밤 잠이 들 때나 낮에 여러 도시를 돌아다니는 동안, 또는 예수님이 다른 제자들에게 말씀하시는 것을 보고 있을 때, 그의 마음에 계시가 찾아왔을 수도 있다. 어쩌면 그러한 순간에, 베드로도 알지 못하는 사이에 하나님이 그리스도가 오실 것을 예언하는 구약 성경 말씀, 이사야 9

장 6-7절 같은 말씀을 떠오르게 하셨을 수도 있다.

아니면 예수님이 누군가를 치유하실 때 갑자기 영적인 깨달음이 왔는지도 모른다. 어린 시절에 랍비들이 메시아에 대한 구약 성경의 예언을 읽었던 순간이 문득 떠올랐을 수도 있다. "우리의 연약한 것을 친히 담당하시고 병을 짊어지셨도다"(마 8:17; 이사야 53장 4절의 예언이 사실임을 보여 주는 말씀).

예수님의 참 정체성에 대한 계시가 베드로에게 여러 가지로 주어졌을 수 있다. 중요한 점은 하나님이 그것을 계시해 주셨다는 것이다.

나는 이 일이 하와에게 일어나지 않았을 거라고 본다. 하와는 계시된 지식을 가지고 있지 않았다. 대신 그녀는 전달된 지식에 만족했다. 어쩌면 아담이 하와에게 이렇게 쪽지를 보냈을지도 모른다. "여보, 당신이 선악을 알게 하는 나무를 쳐다보고 있는 걸 봤어요. 그건 만지지 마요! 하나님께서 그 열매를 먹으면 죽을 거라고 하셨어요!"

좋아 보이는 것에 속았고, 죄에 빠졌다

유일하게 금지된 한 나무에만 하와의 관심을 집중하게 만든 뱀은 이제 그의 간교한 술책의 두 번째 단계로 들어갈 수 있었다. 이 단계에서는 하나님이 이미 말씀하신 것을 정면으로 반박할 것이다. 다만 건전한 추론처럼 보이게끔 교묘하게 포장하고 이득에 대한 약속을 같이 제시했다. 즉 사탄은 이렇게 반박했다.

뱀이 여자에게 이르되 너희가 결코 죽지 아니하리라 너희가 그것을
먹는 날에는 너희 눈이 밝아져 하나님과 같이 되어 선악을 알 줄

하나님이 아심이니라(창 3:4-5).

"하나님이 아심이니라"라는 뱀의 말을 잘 생각해 보라. 그 말은 금지된 것이 있는데, 그것은 그냥 평범한 게 아니라 아담과 하와의 삶을 더 좋게 만들어 줄 것이라는 뜻을 담고 있다. 이것은 그들을 더 높은 차원으로 끌어올릴 것이다! 이 나무 안에 좋은 것이 있었기 때문에, 뱀은 자신의 논리가 타당하게 보이도록 머릿속으로 신중하게 계산해서 말했다. 그것은 효과가 있었다.

여자가 그 나무를 본즉 먹음직도 하고 보암직도 하고 지혜롭게 할
만큼 탐스럽기도 한 나무인지라 여자가 그 열매를 따먹고(창 3:6).

하와가 그 나무를 보니, 먹음직하고 보암직하며 또 그녀를 지혜롭게 해 줄 것처럼 탐스러웠다. 이것은 모두 바람직하고 유익한 특성들이다. 하와가 나무를 유심히 살펴보고 있을 때 그녀의 생각이 새로운 길을 따라가기 시작했다. '그 나무에는 좋고 유익한 무언가가 있는데, 하나님이 그걸 먹지 말라고 금하셨어. 남편과 나는 더 좋은 삶을 살 수 있었는지도 몰라. 어쩌면 우리가 더 지혜로워지고 더 행복해질 수 있는데, 그게 금지되어 있는 거야. 우리 창조주가 정말 사랑이 많고 은혜로운 분이라고 생각했는데, 사실은 우릴 속이고 있었어. 우리에게 좋은 것을 감춰 두신 거야.'
이런 생각이 그녀의 마음속에 파고들 때마다 그 열매를 먹고 싶은 열망은 점점 더 커졌다. 그 나무 안에 그녀에게 좋은 무언가가 있다고 믿을수록 하와의 열망은 정당화되었다.

뱀의 궁극적인 전략은 하와가 바라보는 하나님의 성품을 왜곡시키는 것이었다. 만일 그게 성공한다면 그녀가 하나님을 배신하게 만들 수 있다. 하나님의 규율은 하나님의 성품에 의해 세워지고 유지되기 때문이다.

다윗 왕은 "의와 공의가 주의 보좌의 기초라"(시 89:14)라고 기록했다. 왕으로서 다윗은 이러한 특성이 영속적인 지도자의 기초가 된다는 걸 알았다. 만일 왕이 신뢰할 만하고, 공의롭고, 지혜롭다면, 그의 통치는 끝나지 않을 것이다. 반대로 통치자가 정직하지 않고 불공정하다면 그의 통치는 영원하지 않을 것이다.

하나님의 성품은 완벽하다. 하지만 뱀은 하와에게 그와 다른 확신을 심어 주려 했다. 금지된 나무 열매는 겉으로 보기에 정말 맛있고 좋아 보였다. 지혜롭게 해 줄 것 같았다. 하지만 겉모습은 우리를 속일 수 있다. "우리가 주목하는 것은 보이는 것이 아니요 보이지 않는 것이니"(고후 4:18)라고 하는 이유가 여기에 있다. 보이지 않는 것은 하나님의 말씀이다. 하나님의 말씀은 온당하고 정확하다.

원수는 하나님의 성품에 대한 하와의 관점을 훼손함으로써 그녀가 창조주를 거역하게 만들 수 있었다. 종종 나는 내가 바라는 만큼 빨리 기도 응답이 되지 않을 때 그런 비슷한 생각과 치열하게 싸워야 했다. 그런 상황에서 나는 하나님의 신실하심을 떠올린다. 바른 사실을 인식하려고 애쓴다. '하나님이 주지 않으시는 게 아니다. 그분은 선하고 은혜로운 아버지시다.'

뱀은 하와에게 좋은 것을 하나님이 안 주고 계신다고 믿게 만들었다. 그토록 완벽한 환경에서, 전에 한 번도 학대나 공격이나 이용을 당해 본 적이 없는 여자에게도 이 방법이 통했다면, 오늘날 공격과 부패, 왜곡, 기만이 판을 치는 이 타락한 세상에서는 원수가 얼마나 더 쉽게 우리를 속일 수 있겠는가? 이런 이유로 우리는 야고보 사도로부터 강하게 권면을 받는다.

내 사랑하는 형제들아 속지 말라(약 1:16).

속는 사람은 진심으로 자신이 옳고, 정확하고, 진리의 편에 서 있다고
믿는다. 하지만 사실 그는 틀렸고, 정확하지 않고, 진리의 편에 있지 않다.
얼마나 두려운 일인가! 하와는 속았고, 그 결과 죄에 빠졌다. 야고보는 우
리가 똑같은 덫에 걸리기를 원치 않았다. 그의 권면을 더 읽어 보자.

내 사랑하는 형제들아 속지 말라 온갖 좋은 은사와 온전한 선물이 다
위로부터 빛들의 아버지께로부터 내려오나니 그는 변함도 없으시고
회전하는 그림자도 없으시니라(약 1:16-17).

야고보는 '대부분'의 좋은 은사가 하나님으로부터 온다고 말하지 않는
다. 그것은 많은 사람의 의견이다. 야고보는 분명히 온갖 좋은 은사와 온전
한 선물이 "다" 하나님으로부터 온다고 했다. 우리는 "하나님의 뜻 외에는
당신에게 좋은 게 없다"라고 쉽게 말할 수 있다. 이 문장을 가볍게, 혹은 피
상적으로 보지 말라. 거기에 정말로 깊은 뜻이 담겨 있기 때문이다. 어떤
것이 얼마나 좋게 보이는지, 그것이 당신을 얼마나 행복하게 해 주는지, 얼
마나 재미있는지, 당신을 얼마나 성공하게 해 줄지, 그것이 영적으로 얼마
나 깊어 보이는지, 얼마나 합리적으로 보이는지, 얼마나 인기가 있는지, 혹
은 사람들에게 얼마나 인정을 받는지 등은 중요하지 않다. 어떤 것이 하나
님의 지혜(또는 말씀)와 반대된다면 그것은 궁극적으로 당신의 삶에 해롭고,

슬픔을 가져다줄 것이다.

하와는 자신이 현명한 선택을 했다고 굳게 믿었다. 그것은 좋은 선택이며, 그녀와 남편의 삶을 더 좋게 해 줄 거라 믿었다. 그러나 사실은 그렇지 않았다. 수천 년이 지난 지금, 겉으로 좋아 보이는 것에 대해 당신의 지혜가 하나님의 지혜보다 더 이롭다고 생각한다면, 당신도 하와처럼 속고 있는 것이며 그 결과 큰 슬픔에 빠지게 될 것이다.

지금쯤 내가 좀 부정적이거나 편협하다고 생각할지도 모르지만, 내 의도는 그런 게 아니다. 나는 단지 당신에게 주의를 주고 있을 뿐이다. 이 책은 당신의 삶과 사역, 사업, 관계 등에 정말로 유익한 것을 분별하는 법에 대한 교훈으로 가득하다. 하지만 예수 그리스도의 메시지를 온전히 전하기 위해서 나는 권하고 가르칠 필요가 있다. 바울은 다음과 같이 말한다.

> 우리가 그를 전파하여 각 사람을 권하고 모든 지혜로 각 사람을 가르침은 각 사람을 그리스도 안에서 완전한 자로 세우려 함이니(골 1:28).

우리는 권면과 가르침을 둘 다 받지 않고서는 성숙해질 수 없다. 나는 그것을 마치 이런 것과 같다고 본다. 우리가 새 전자제품을 구입하면 언제나 설명서 첫 장이나 두 번째 장에서 이런 글을 볼 것이다. "경고: 사용 전에 읽으시오." 그다음 제조사에서 그 제품에 대해 해야 할 일, 또는 하지 말아야 할 일에 대한 주의사항을 나열한다. 이러한 경고는 당신이 구입한 제품에 심각한 손상을 입히지 않는 법을 알려 주기 위한 것이다. 그 주의사항을 어기지 않는다면 몇 년 동안 제품을 잘 사용할 수 있을 것이다. 그러나 만일 제조사에서 주의사항을 알리지 않았다면 당신은 무심코 제품에 해를 입힐 수도 있었을 것이다.

바울은 우리가 신약 성경의 권면에 귀를 기울여야 한다고 말한다. 우리가 그 권면을 잘 들으면 창조주와 조화를 이루며 성공적인 삶을 살 것이다. 그러나 우리가 그 권면을 무시하거나 어긴다면 우리 또한 아담과 하와처럼 고통을 받을 것이다. 그리고 우리가 만난 고난과 슬픔 때문에 삶이 얼마나 불공평한지에 대해 블로그에 감상적이지만 하나님의 성품을 왜곡할 뿐 어려움을 극복해 나가는 데에는 아무 도움도 되지 않는 글이나 쓰게 될 것이다. 하지만 하나님은 분명히 말씀하신다.

> 이 율법책을 네 입에서 떠나지 말게 하며 주야로 그것을 묵상하여
> 그 안에 기록된 대로 다 지켜 행하라 그리하면 네 길이 평탄하게 될
> 것이며 네가 형통하리라(수 1:8).

하나님은 우리가 그분의 율법책에 쓰인 대로 잘 순종하면 평탄하고 형통한 삶을 살게 될 거라고 약속하신다. 하지만 그 책에는 단지 동기를 부여하고 위로하는 가르침만 있지 않다. 따끔하게 권면하는 내용도 담겨 있다.

불행히도 우리 시대에 사역자들과 교사들은 종종 이런 중요한 권면을 회피하는 경우가 많다. 성경의 이런 부분은 부정적으로 인식되고, 우리는 강단에서 우리를 낙담케 하는 설교가 전해지는 걸 원치 않는다. 그런 접근법은 재미도 없고 교회나 컨퍼런스 참석자들을 좌절시키기 때문이다. 그 결과 각 개인이 가르침과 권면을 둘 다 받았더라면 피할 수 있었을 문제가 신자들 사이에도 많이 발생하게 된다.

당신에게 위로만이 아니라 권면도 겸손한 마음으로 받아들일 것을 권한다. 하나님의 지혜나 말씀 외에 당신에게 유익한 건 아무것도 없다. 이것을 믿는다면, 더 나아가 '선'(good)과 '하나님'(God)의 차이를 좀 더 살펴보도록 하자.

03

무엇이 최선인지
계속 내가 결정할 것인가

하나님의 말씀은
다 순전하며.
- 잠 30:5

이 책에서 나는 '선'이라는 개념의 세 가지 면을 다룰 것이다. 첫째는 우리와 하나님의 핵심적인 관계에 대해 논하려 한다. 둘째는 우리의 성품과 행위, 셋째는 우리 계획과 전략에 대한 것이다. 그것들은 서로 밀접하게 관련되어 있다. 첫째는 우리의 기초이고, 둘째는 우리 삶을 일관성 있게 만드는 것이며, 셋째는 우리 삶을 건축하는 것이다. 첫째와 둘째가 강건하면 우리 노동이 극대화되고 지속된다. 그러나 그중 하나가 잘못되면 우리 필생의 사업이 방해받고 덧없이 흘러가 버린다.

나는 처음 집을 지었던 일을 마치 어제 일처럼 기억한다. 처음부터 끝까지 모든 과정이 아내와 내 혼을 다 빼놓았다. 일단 공사가 시작되자, 우리는 매일같이 작업 현장에 가서 진행과정을 점검해야 했다. 기초를 놓는 일은 조금 지루했다. 그래서 우리는 최소한의 시간만 들여 점검을 했다.

비슷한 시기에 몇몇 친구들이 훨씬 더 좋은 집을 지었는데, 친구들이 새집으로 들어간 지 몇 년 안 됐을 때 바닥에서 천장까지 벽에 커다랗게 금이 갔다. 어느 날 친구 집에 저녁을 먹으러 가서 그 확연히 드러난 문제를 보고 뭐가 잘못됐는지 물었다. 친구들은 몸서리를 치며 그 집의 기초 공사가 잘못되었다고 얘기해 주었다. 건축업자가 경비를 줄이려고 일을 날림으로 했고, 나름대로 수습하려다가 더 보기 흉해진 것이다. 완공을 한 다음 문제를 바로잡으려니 엄청난 비용과 시간이 들어갔다.

친구들의 이런 경험이 나에게 기초의 중요성을 각인시켜 주었다. 기초를 놓는 일은 비록 건축 과정에서 가장 흥미로운 부분은 아니지만, 튼튼한 집을 짓기 위해 가장 중요한 일이었다.

우리 집의 기초가 세워지고 나자, 다음 단계로는 골조를 세웠다. 이 건축 단계에서는 작업 현장에 가는 게 더 재미있어졌다. 이제는 집 여기저기를 둘러볼 수 있는 만큼 머무는 시간도 더 길어졌다. 방들이 형태를 갖추어 가는 것을 보니 마음이 설레었고, 완성된 집의 모습이 점점 더 현실적으로 다가왔다.

마지막 단계는 흥미진진함, 그 자체였다. 이 단계에서는 다른 어느 때보다 집을 점검하는 데 더 오랜 시간을 보냈다. 골조와 벽체가 완성되자, 테두리, 바닥재, 주방 조리대, 수납장, 마지막으로 조명 설치하는 걸 지켜보았다. 우리는 집을 우리가 바라는 대로 정돈하고 꾸밀 수 있었다. 하루하루가 마치 크리스마스 아침처럼 설레고 즐거웠다. 모든 것이 모여 하나의 조화를 이루고 있었다.

나의 요지는 이것이다. 우리 집 건축의 처음 두 단계, 즉 기초와 골조 공사가 잘되지 않았다면 그 후의 시간들이 힘들었을 것이다. 문제가 바로 나타났든, 내 친구의 경우처럼 한참 지나서 나타났든 간에 말이다. 마찬가지로, 이 책의 메시지도 마지막 부분, 즉 우리 삶의 계획과 전략에 대해 이야기하는 부분이 가장 흥미진진할 것이다. 그것은 우리가 사업이나 사역을 할 때, 혹은 인생을 탐색하면서 실제로 내리는 결정과 관련 있다.

이러한 영역에서 우리가 직면하는 선택 가운데 좋아 보이는 것들이 있다. 하지만 그것들이 하나님의 최선이 아닌 경우가 매우 많다. 만일 이런 길을 선택한다면 우리의 최대 잠재력을 빼앗길 것이다. 그것은 변하지 않는 진리다. "여호와께서 …… 정직하게 행하는 자에게 좋은 것을 아끼지 아니하실 것임이니이다"(시 84:11). 하나님은 당신에게 좋은 것을 주기 원하시며, 그분의 선은 언제나 훌륭하다.

우리는 조금 뒤에 이 논의에 들어갈 것이나, 건축자가 건축의 첫 단계에 주의를 집중하는 것처럼 우리도 이 책에서 제일 먼저 기초를 놓고 골조를 세워야 한다.

완전한 인생 설명서

'선'(good)이라는 단어를 살펴보자. 히브리어로는 '토브'다. *The Complete Word Study Dictionary*(성경 학습 사전)에서는 이렇게 정의한다. "행복한, 받아들일 수 있는, 잘하는, 옳은 일을 행하는." *New International Encyclopedia of Bible Words*(뉴 인터내셔널 성경 백과사전)는 다음과 같이 더 깊이 들어간다.

이 단순한 단어는 최대한 넓은 의미에서 '좋다'는 뜻이다. 거기에 아름다운 것, 매력적인 것, 유용한 것, 유익한 것, 바람직한 것, 도덕적으로 옳은 것이 포함된다. 이 모든 의미를 연결하는 개념이 '평가'다. 선한 것을 판단하기 위해서는 어떤 물건이나 특성이나 행동을 다른 것과 비교해 봐야 한다. ……
창조 이야기는 성경적인 '토브' 개념을 소개한다. 하나님이 매일 하신 일을 보면서 좋다고 선언하신 것이다. 하나님도 평가를 하신다. 인간이 가치 판단을 할 수 있는 능력을 가진 것은 사실 하나님의 형상을 지니고 있기 때문이다. 하지만 죄가 인간의 지각을 왜곡해 버렸다. 이 때문에 하나님만이 완벽한 평가를 하실 수 있다. 구약 성경의 기자들은 하나님이 선한 것을 주시는 분이고 선의 척도이실

뿐만 아니라, 하나님만이 우리에게 참으로 유익한 것이 무엇이며 도덕적으로 옳은 것이 무엇인지를 알고 계신다고 확신했다. 오직 하나님이 선한 것에 대한 평가를 그분의 말씀 속에서 알려 주셨기 때문에 그분을 의지하는 우리가 어떤 일이나 특성, 또는 행동 과정이 유익한 것임을 확실히 단언할 수 있는 것이다![1]

여기서 핵심 단어는 "평가"다. 아담과 하와는 하나님의 조언을 받지 않고 스스로 좋은 것과 용인할 수 있는 것을 평가하기로 했다. 그들은 다른 기준을 따라 평가했다. 그것은 바로 그들 나름의 기준이었다. 그 후로 인간이 창조주에게 반감을 갖게 된 원인이 여기에 있었다. 여러 형태와 형식으로 나타났지만, 그것은 항상 이 한 가지 근본적인 동기로 요약된다. '나는 내 삶을 위해 무엇이 옳은지 알고 있고, 내게 다른 말을 해 줄 사람은 필요하지 않아.' 하지만 하나님은 이렇게 선언하신다. "어떤 길은 사람이 보기에 바르나 필경은 사망의 길이니라"(잠 16:25).

첫 장에서 나는 정확히 이 말씀을 인용했으나, 그때 참고한 성경 구절은 잠언 14장 12절이었다. 이 문장이 반복되는 건 우연이 아니다. 성경에서 어떤 문구가 반복될 때는 항상 강조하기 위함이다. 우리는 하나님이 더 중요하게 생각하시는 문제가 있다는 것을 항상 기억해야 한다(마 23:23 참조). 어떤 문장이 반복해서 나타날 때는 더 주의를 기울이라. 그리고 이번 경우에 이것은 강력한 경고를 나타낸다.

하나님은 선과 악 사이의 경계선이 얼마나 쉽게 왜곡될 수 있는지 아신다. 그 일이 에덴동산에서 일어났다면 오늘날은 얼마나 더 쉽게 일어나겠는가? 하나님은 우리 눈에는 그럴 듯하게 보이지만 결국 우리 삶을 건축하는 데 있어 잘못된 것으로 드러나고 얼마 지나지 않아 큰 타격을 초래하는 길들, 즉 행동양식, 사고 과정, 신념, 관습, 전통이 있을 거라고 경고하신다. 그 결과가 몇 달, 혹은 몇 년 뒤에 드러날 수도 있고, 때로는 심판 날까지 드러나지 않을 수도 있다. 바울은 "어떤 사람들의 죄는 밝히 드러나 먼저 심판에 나아가고 어떤 사람들의 죄는 그 뒤를 따르나니"(딤전 5:24)라고 말한다. 나는 이 구절의 뒷부분을 읽을 때마다 떨린다. 하나님이 두려워서가 아니라 하나님으로부터 멀어지는 게 두려워서다.

우리는 정말로 하나님의 지혜가 완전하다고 믿으며 그분이 내 인생을 위해 가장 좋은 것을 주실 거라고 신뢰하는가? 모든 인간은 자신의 마음속에서 이 질문에 대한 답을 확고히 해야 한다. 그리고 이 중요한 확신은 문제마다 달라질 수 없다. 하나님의 지혜가 모든 경우에 완전하든가, 아니면 그것에 결함이 있어 우리가 하나님과 상관없이 스스로 결정을 내리는 게 더나은 것이다.

그렇다면 우리가 신뢰해야 할 선의 기준은 무엇인가? 무엇이 우리를 생명의 길로 인도하는가?

모든 성경은 하나님의 감동으로 된 것으로 교훈과 책망과 바르게
함과 의로 교육하기에 유익하니(딤후 3:16).

위 사도 바울의 말에서 몇 가지 핵심 요소를 살펴보자.

'모든 성경.' 일부가 아니다. 우리가 좋아하거나 동의하는 구절만이 아니다. 우리 사고방식이나 믿음에 부합하는 구절만이 아니다. 모든 성경이다. 솔직히 말해 보자. 당신은 하나님의 지혜가 어떤 영역에서는 옳지만 어

떤 경우엔 시대에 뒤떨어지거나 무관하다고 생각하는가?

하와는 하나님이 창조주이심을 알았고, 하나님의 경이로운 임재와 함께 그분의 선하심을 풍족하게 누렸다. 하와에게는 아름다운 환경, 평화, 조화, 건강, 많은 나무에서 풍성하게 열리는 맛있는 열매들이 허락되었다. 그러나 하나님 지혜의 한 영역이 옳지 않다고 확신하는 순간, 그녀는 사망의 길로 떨어졌다. 하와가 완벽한 환경 속에서도 흔들릴 수 있었다면, 부패 속에서 사는 우리를 보호해 주는 건 무엇인가? 성경밖에 없다.

'성경은 우리에게 참된 것과 옳은 것이 무엇인지 가르쳐 주는 데 유익하다.' 어떤 것은 선한 모습을 가졌으나 실은 정반대일 수 있다. 좋고 옳은 것처럼 보이지만 그렇지 않은 개념, 가정, 의견, 특성, 추론 방법, 사고 패턴이 있다. 이런 숨겨진 위험 때문에 하나님은 우리에게 삶의 설명서를 주셔서, 우리도 '모르는 사이에' 진리에서 벗어나 사망의 길로 빠지지 않게 하셨다. 그 설명서가 바로 성경이다.

우리는 스스로 이렇게 물어야 한다. 그리고 정직하게 대답해야 한다. '나는 지속적으로 성경을 읽는가? 성경을 공부하는가? 내 삶을 위한 하나님의 지혜를 찾는 시간을 갖고 있는가? 아니면 하와처럼 스스로 하나님 말씀을 잘 알고 있다고 생각하는가? 나는 타락한 세상에 살고 있고 유혹하는 자와 싸우고도 있지만, 진리를 이해하고 궤도를 벗어나지 않으니까 적어도 하와보다는 나은 삶을 살고 있다고 생각하는가?'

"모든 성경은 하나님의 감동으로 된 것으로." 이 말씀 속에 예외나 감춰진 조항은 없다. 전부 그렇든지 아예 아니든지, 둘 중 하나다. 만일 모든 성경이 하나님의 감동으로 된 것이 아니라면 우리는 불완전한 설명서를 갖고 있는 것이다.

성경, 그 놀라운 일관성

성경에 관한 자세한 사항을 몇 가지 살펴보자. 성경은 66권의 책으로 구성되었다. 대략 1500년의 기간 동안 3개 대륙(아프리카, 아시아, 유럽)에서 40여 명의 사람들에 의해 여러 언어로 쓰여졌다. 이 인간 저자들은 정말 다양한 배경, 직업, 관점을 가지고 있었다. 그들은 어부, 목자, 군인, 왕, 왕의 술 맡은 자, 의사, 세리, 천막 제조자 등이었다. 어떤 이는 감옥에서 글을 썼고, 어떤 이는 궁전에서 글을 썼다.

이들의 글은 수많은 주제를 다루고 있으나 서로 다른 책 속에서 발견되는 통일성은 굉장히 놀랍다. 그러나 분명 우연의 일치는 아니다. 책들의 중심 주제는 이것이다. 인류의 죄로 인해 곤경에 빠짐, 그 결과 그들의 창조주로부터 분리됨, 인간은 하나님과의 관계를 회복할 능력이 없음, 메시아의 거룩한 응답, 주 예수 그리스도다. 이 내용이 창세기부터 요한계시록까지 지속적으로 얽혀 있다.

성경의 저자들이 모여서 그들이 무엇을 쓸지 계획을 세우지 않았다(그럴 수도 없었다)는 사실이 경외심을 불러일으킨다! 어떤 개인이나 위원회도 그 과정을 감독하거나 방향을 제시하지 않았다. 하나님이 하신 것이다. 성경은 굉장히 오랜 기간에 걸쳐 기록되었기 때문에 저자들은 대부분 개인적으로 서로 알거나 같은 시대에 살지 않았다. 1500여 년에 걸쳐 기록된 책들이 기존의 수집본에 더해진 것이다.

몇 세대가 지난 지금, 우리가 읽는 성경이 전체적인 구조도 확실히 모르는 사람들이 쓴 글을 모아 한 권의 책으로 나온 것이라고 생각하면 너무나 놀랍다. 서로 다른 세대와 문화에 속한 사람들이 한 소설의 여러 장을 쓰는 것처럼 한 권의 책을 썼다니! 그들 중 누구도 전체적인 개요나 심지어 줄 거리도 알지 못했다. 이 책의 놀라운 일관성이 바로 하나님에게서 나온 책이라는 걸 입증한다. 교향곡처럼, 성경의 각 부분이 한 하나님에 의해 만들어지는 전체 화음에 기여하는 것이다.

이 지식만으로도 성경이 하나님의 영감으로 쓰였다는 압도적인 증거가 된다. 하지만 한 걸음 더 나아가 이 다양한 저자들의 정확성에 대해 논의해 보자. 메시아가 오실 것을 내다보는 예언들은 몇백 년에 걸쳐 여러 구약 성경의 책에 기록되었다. 예수님이 탄생하시기 천 년 전에 기록된 것도 있다. 대부분의 성경학자들은 구약 성경 안에 이러한 예언이 300개가 넘는다는 데 동의한다. 예수 그리스도가 세상에 오셨을 때 그분의 아버지께 이렇게 선언하셨다. "보시옵소서 두루마리 책에 나를 가리켜 기록된 것과 같이 하나님의 뜻을 행하러 왔나이다"(히 10:7). 그리고 사람들을 향해 "이 성경이 곧 내게 대하여 증언하는 것이니라"(요 5:39)라고 말씀하셨다.

예수님이 이 모든 예언을 성취하신 것은 성경이 하나님의 영감으로 쓰여졌다는 강력한 증거다. 일반적으로 이 결론에 대한 반증은 메시아 예언에 들어맞는 다른 역사적 인물을 발견할 수 있다는 것인데, 어떤 개인이 한두 개, 심지어 몇 가지 예언을 성취했다고 볼 수도 있다. 하지만 그 모든 예언을 성취한 사람을 발견하는 건 사실상 불가능하다.

예를 들어 설명해 보겠다. 다음 몇 쪽은 좀 더 전문적이고 과학적인 내용이 될 것이다. 하지만 장담하건대 이 정보는 깊이 생각해 볼 만큼 중요하고, 또 명쾌하다.

매일 떠오르는 태양보다 더 신뢰할 수 있다

1900년대 중반 피터 스토너 교수가 *Science Speaks*(과학이 말한다)라는 책을 출판했다. 이 책에서 그는 확률의 과학으로 그리스도의 예언들을 논했다. 그의 연구 결과에 관해, 해롤드 하슬러 박사는 *Science Speaks*(과학이 말한다) 서문에서 이렇게 말했다.

미국과학연맹(American Scientific Affiliation) 회원들로 구성된 위원회와 같은 그룹의 행정위원들이 이 책의 원고를 주의 깊게 검토한 결과 제시된 과학적 자료가 대체로 신뢰할 만하고 정확하다는 것을 알게 됐다. 그 안에 포함된 수학적 분석은 타당성 있는 확률의 원칙에 근거한 것이다. 스토너 교수는 이 원칙을 적절하고 설득력 있게 적용했다.[2]

스토너는 이 연구를 완수할 뿐만 아니라, 12개 반의 600명이 넘는 과학도로부터 결론을 이끌어냈다. 그는 그들이 발견한 사실들을 조심스럽게 따져 보고 데이터를 더 정확한 것으로 만들기 위해 여러 부분을 편집했다. 그들의 첫 평가에는 예수 그리스도에 관한 다음 8가지 예언들이 포함되었다.

1. 그리스도가 베들레헴에서 태어나신다. 미 5:2에서 예언하고, 마 2:1-7; 요 7:42; 눅 2:4-7에서 성취.

2. 그리스도보다 먼저 와서 메시지를 전하는 자가 있다. 사 40:3과 말 3:1에서 예언하고, 마 3:1-3; 11:10; 요 1:23; 눅 1:13-17에서 성취.

3. 그리스도는 나귀를 타고 예루살렘에 들어가신다. 슥 9:9에서
예언하고, 눅 19:28-37; 마 21:1-11에서 성취.

4. 그리스도는 한 친구에게 배신을 당하신다. 시 41:9와 55:12-
14에서 예언하고, 마 10:4; 26:47-50; 요 13:21-27에서 성취.

5. 그리스도는 은 30개에 팔리신다. 슥 11:12에서 예언하고, 마
26:15; 27:3에서 성취.

6. 그리스도를 판 돈은 여호와의 전에서 "토기장이"에게 던져진다.
슥 11:13에서 예언하고, 마 27:5-7에서 성취.

7. 그리스도는 그를 비난하는 자들 앞에서 침묵하신다. 사 53:7에서
예언하고, 마 27:12; 막 14:60-61; 15:3-5에서 성취.

8. 그리스도는 십자가 처형을 당하신다. 시 22:16; 슥 12:10; 사 53:5,
12에서 예언하고, 눅 23:33; 요 20:25; 마 27:38; 막 15:24-27에서
성취.

계속 이야기하기 전에, 확률의 과학에 대한 간단한 예를 들어 보겠다.
우리가 노란색 테니스공 9개와 흰색 테니스공 1개를 가져다가 20리터짜리
양동이에 넣어 섞는다고 상상해 보자. 그런 다음 한 사람의 눈을 가리고 양
동이에서 공을 하나 집으라고 한다. 그가 흰 공을 집을 확률은 10분의 1일
것이다. 이것은 단순한 확률이다.

이런 맥락에서, 피터 스토너는 위에 열거한 8개의 예언에 관해 다음과
같이 말했다.

우리는 어떤 사람이 지금까지 살면서 8개의 예언을 모두 성취했을

확률이 100,000,000,000,000,000분의 1이라는 걸 알게 된다.[3]

믿기 어려운 통계지만, 당신이 수학자나 과학자가 아닌 이상 이것이 어느 정도인지 이해하기 힘들 것이다. 스토너는 아주 현명한 예를 들어 설명한다. 즉 우리가 100,000,000,000,000,000개의 은화를 얻을 수 있다면, 한 가지 문제가 생길 것이다. 바로 그것을 어떻게 보관하냐는 것이다. 온 세상을 뒤져 봐도 그렇게 큰 창고나 건물이 없다. 그 양이 정말 어마어마하다. 동전이 텍사스 주 전체를 60센티미터 높이로 다 덮을 정도다. 실로 엄청난 양이다.

그런데 우리가 이 동전들을 갖게 되었다고 가정해 보자. 이제 이 은화 중 하나에 표시를 한 다음, 전체 동전더미에 섞어서 텍사스 주 전체에 재분배한다. 그리고 한 사람의 눈을 가린 채 헬리콥터에 태운 다음 텍사스 주 위를 맴돌면서 그 사람이 내려가라고 명령할 때까지 기다린다. 땅에 내리면 그는 여전히 눈을 가린 채 헬리콥터에서 나와 동전 하나를 집는다. 거기서 그가 표시된 동전을 집을 확률이 바로 예언자 시대부터 현대까지 어떤 사람이 메시아에 관한 8가지 예언을 모두 성취할 확률과 같은 것이다.

스토너는 이렇게 말했다.

이것은 이 8가지 예언의 성취만으로도 하나님이
100,000,000,000,000,000분의 1의 가능성을 가진 그 예언들을
기록하도록 영감을 주셨다는 증거가 된다는 뜻이다.[4]

이 가능성은 아무리 생각해도 믿어지지 않는다. 하지만 스토너는 처음

8가지 예언에서 그치지 않는다. 그는 예수님 생애에 대해 예언한 구약 성경의 8가지 예언을 더 살펴보기 시작한다(총 16개). 스토너는 이렇게 말한다.

한 사람이 16개의 예언을 모두 성취할 확률은 …… 10^{45}분의 1이다.[5]

10^{45}는 1 다음에 0이 45개가 붙는다는 뜻이다.

1,000,000,000,000,000,000,000,000,000,000,000,000,000,000,000

스토너는 예를 들어 이 가능성을 설명하는데, 이번에도 풀어서 설명해 보겠다. 만일 우리가 이 숫자만큼의 은화를 보관하려면 이 지구도 너무 좁다. 우리는 그것들을 다 합쳐서 하나의 단단한 공으로 만들어야 할 것이다. 이 구체는 지름이 무려 지구에서 태양까지 거리보다 6배는 더 클 것이다. 즉 55억 마일이다!

나는 자주 하나님의 말씀을 가르치러 다른 나라에 간다. 놀랍게도 우리는 지금 24시간 내에 지구 반대편까지 쉬지 않고 날아갈 수 있다. 사도들이 알았다면 이 시대를 매우 사랑했을 것이다! 하지만 제트기를 타고 아까 말한 그 은화 구체를 한 번 돌려고 해도 그럴 수가 없다. 아직까지 우리 시대에 그만큼 오래 산 사람이 없어서다. 이 은화로 된 구체를 쉬지 않고 한 번 돌려면 400년이 넘게 걸릴 것이다! 1620년에 필그림(영국 성공회를 반대해 미국으로 건너간 영국 청교도들 - 편집자)이 메사추세츠 플리머스에 도착했던 날 우리가 비행을 시작했다 해도, 아직 이 은화로 만든 구체를 다 돌지 못했을 것이다.

한 가지 더 명심할 사실이 있다. 앞 예화에서는 은화들이 텍사스 주 전체를 60센티미터 높이로 덮었다고 했다. 그런데 이번에는 심지어 이 구 전체가 은화로 이루어진 것이다. 이 은화 중 하나에 표시를 하고 이 거대한 구체 안에 완전히 섞은 다음, 한 사람의 눈을 가리고 그에게 동전 하나를 집어 보라고 한다. 그가 표시된 동전을 집을 수 있을 거라 생각하는가? 이제 예수님이 태어나기 몇백 년 전에 예수님에 대해 쓰인 예언 16가지를 한 사람이 성취할 확률이 어느 정도인지 감이 올 것이다.

하지만 그게 다가 아니다! 스토너는 16가지 성취된 예언에서 그치지 않고, 더 나아가 48가지 예언들을 알아본다. 그 결과는 정말 믿기 어렵지만, 그가 다음에 쓴 글을 이해하도록 노력해 보자.

> 인간이 이해할 수 있는 한도를 넘어 생각을 확장하기 위해, 처음에
> 살펴본 8가지 예언 성취의 확률과 비슷하게, 48가지 예언들을
> 생각해 보자. 지금까지 사용했던 확률의 원칙을 똑같이 적용하면,
> 어떤 사람이 48가지 예언을 모두 성취할 확률은 10^{157}분의 1이다.[6]

그것은 1 뒤에 0이 157개 붙는 수다. 그 숫자를 여기에 적어 봐야 지면 낭비만 될 것 같다. 스토너는 다시 다른 예를 들어 우리가 그 수를 이해하도록 도와주었다. 이번에는 은화보다 훨씬 더 작은 물체로 바꾸어야 한다.

전자(election)는 우리가 아는 가장 작은 물체일 것이다. 전자는 너무 작아서, 우리가 1인치의 선 위에 그것들을 나란히 놓을 경우, 1분에 250개씩 세어도 다 세는 데 1900만 년이 걸린다. 1제곱인치, 혹은 1세제곱인치로 계산할 경우 시간이 얼마나 걸릴지는 생각만 해도 아찔하다.

이것을 염두에 두고, 10^{157}개의 전자를 포함하는 공이 얼마나 클까 생각

해 보자. 간단히 말하면 그것은 반지름이 우주 공간에서 인류가 관측한 가장 먼 지점까지의 거리, 즉 130억 광년보다 더 길 것이다. 1광년은 빛이 초속 30만 킬로미터로 1년 동안 진행하는 거리다. 만약 반지름이 130억 광년인 전자공을 우리가 갖고 있다 해도 여전히 10^{157}개의 전자는 담지 못할 것이다. 실제로 어림도 없을 것이다.

어떤 사람이 눈을 가리고 이 전자 구체 안으로 들어가 표시된 전자를 고를 가능성은 구약 성경의 여러 저자들이 기록한 그리스도에 관한 48가지 예언을 역사 속의 한 사람이 성취할 수 있는 확률과 같다.

내가 300개가 넘는 전체 예언으로 논의를 확장하기 원하는가? 아마 "제발 그만해요!"라고 말하고 싶을 것이다. 요약해 보면, 우리에겐 다양한 나라에서 다양한 언어를 사용하는 다양한 사람들이 수백 년에 걸쳐 기록한 300개 이상의 예언이 있고, 그 모든 예언이 한 사람 안에서 성취되었다! 성경의 실제 저자가 하나님이시라는 것을 누가 부인할 수 있겠는가? 하나님의 입에서 나온 이 말씀들은 우리에게 더 큰 의미를 지니고 있는가?

하나님의 말씀은 다 순전하며(잠 30:5).

하나님은 "내가 내 말을 지켜 그대로 이루려 함이라"(렘 1:12)라고 선언하시는 분이다. 이런 이유로 "무릇 말씀하신 그 모든 좋은 약속이 하나도 이루어지지 아니함이 없도다"(왕상 8:56)라고 했다.

하나님의 말씀은 매일 아침 떠오르는 태양보다 더 신뢰할 수 있다. 예수님은 "천지는 없어질지언정 내 말은 없어지지 아니하리라"(마 24:35)라는 말씀으로 이 사실을 확고히 하셨다. 우리 창조주는 그분이 하나님이시며 그분의 뜻이 성경에 나타나 있다는 것을 우리가 알도록 명백한 지문을 남겨 놓으셨다.

진리에 귀 기울이지 않으면, 점점 떠내려간다

디모데후서 3장 16절에 나오는 사도 바울의 말을 다시 들어 보자. "모든 성경은 하나님의 감동으로 된 것으로 …… 의로 교육하기에 유익하니." 이것은 복잡한 사상이 아니다. 사실 매우 단순하다. 성경은 하나님의 말씀이며, 참으로 선한 것을 판단하고 결정하는 일반적인 기준으로 신뢰할 수 있다. 당신의 지혜, 또는 친구나 전문가나 사회의 지혜가 하나님의 지혜보다 더 유익하다고 생각한다면 다시 고민해 보기 바란다. 왜냐하면 성경이 이렇게 선언하기 때문이다.

> 하나님이 하늘에서 인생을 굽어살피사 지각이 있는 자와 하나님을
> 찾는 자가 있는가 보려 하신즉 각기 물러가 함께 더러운 자가 되고
> 선을 행하는 자 없으니 한 사람도 없도다(시 53:2-3).

이 장에서 논의한 것처럼, 하나님은 성경의 타당성에 대한 부인할 수 없는 증거를 주셨다. 이 성경 본문에서 시편 기자는 겉보기엔 좋아 보여도 하나님의 말씀과 반대되는 지혜는 실로 부패하고 우리에게 해롭다는 걸 강조한다.

바울이 디모데에게 한 말을 중심으로 살펴보자.

너는 배우고 확신한 일에 거하라 …… 어려서부터 성경을 알았나니
…… 모든 성경은 하나님의 감동으로 된 것으로 교훈과 책망과
바르게 함과 의로 교육하기에 유익하니 이는 하나님의 사람으로
온전하게 하며(딤후 3:14-17).

우리는 배운 것에 충실해야 한다. 바울은 인간의 견해, 심리학, 사회학, 또는 이 세상의 제도가 만들어 낸 다른 지혜를 말하고 있는 게 아니다. 바울은 성경에 대해 말하고 있다. 사도는 자신의 영적 아들에게 성경에 충실하도록 권면했다. 그것을 마음의 중심에 새겨 두는 것의 중요성을 강조한다. 만약 아담과 하와가 이렇게만 행했다면 우리는 지금 얼마나 다른 세상에서 살고 있을까?

이런 가상 시나리오를 생각해 보자. 당신이 여행을 하다가 거대한 지뢰밭을 걸어서 건너가야 하는 상황에 직면했다. 그곳엔 폭탄이 숨겨져 있을 뿐만 아니라, 빠지면 헤어나오기 힘든 모래구덩이, 치명적인 덫, 독초, 싱크홀들이 있다.

그런데 다행히 그곳을 건너기 전에 지도를 하나 건네받았다. 그 지도에는 모든 지뢰와 싱크홀의 위치가 나타나 있고, 덫과 모래구덩이와 독초를 피할 단서가 담겨 있다. 당신은 이 지도를 어떻게 다루겠는가? 간식이나 물통과 함께 배낭에 아무렇게나 쑤셔 넣고, 여행을 하느라 힘들다고 지도를 제대로 펼쳐 보지도 않겠는가? 또는 기회가 있을 때만 참고하겠는가? 그것도 아니면 가벼운 읽을거리로 여기겠는가? 출발할 때 한 번 보고 접어서 가방 안에 넣어 두고는, 모든 정보를 다 기억할 수 있다고 자신할 것인가? 당신은 어떻게 지도를 대할 것 같은가? 위의 예처럼 대한다면 당신은 심한 부

상을 입거나 목숨을 잃을 것이다.

현명한 사람이라면 지도를 주의 깊게 읽고, 연구하고, 그 속에서 얻은 정보를 깊이 생각하고, 필요할 때 쉽게 꺼낼 수 있도록 넣어 둘 것이다. 여행 중에 자주 그것을 참고하고, 지도가 알려 준 대로 신중하게 경로를 선택할 것이다. 누구라도 그와 같이 하지 않겠는가?

사실 우리는 매일 그러한 여행에 직면하며, 우리의 지도는 바로 성경이다. 이 진리를 마음에 새기고, 성경에 담긴 하나님의 조언을 귀 기울여 들으라. 이제 나는 몇 가지 핵심 구절을 나열할 것이다. 그냥 지나치지 말고 단어 하나하나를 주의 깊게 읽어 보라. 이 말씀에는 우리가 이 세상의 치명적인 지뢰밭을 건너는 동안 성경이라는 지도를 어떻게 다루어야 하는지에 대한 격려와 경고가 다 담겨 있다. 말씀을 읽으면서 특히 "삼가"라는 단어에 주목하라.

너희 하나님 여호와께서 너희에게 명령하신 대로 너희는 삼가
행하여 좌로나 우로나 치우치지 말고(신 5:32).

하나님의 명령 중 일부가 아니라 모두 행해야 한다. 그분의 모든 가르침에 주의하며 따라야 한다. 그분은 우리를 깊이 사랑하시며, 우리가 인생이라는 여행 중에 심한 부상을 입거나 죽는 것을 원치 않으신다.

이스라엘아 듣고 삼가 그것을 행하라 그리하면 네가 복을 받고(신 6:3).

우리가 잘 듣고 주의 깊게 순종하면 모든 일이 잘될 것이다. 하나님이

이렇게 약속하신다! 우리는 신명기 8장 1절, 12장 28, 32절, 28장 13절에서도 같은 교훈을 볼 수 있다. 그 말씀들을 찾아보면, 우리가 하나님의 명령을 주의 깊게 따를 때 충만한 삶을 누리고, 우리가 하는 일들이 많은 결실을 맺을 것이며, 사회에서 늘 머리가 되고 뒤처지지 않는다는 것을 알게 된다. 하나님 말씀을 주의 깊게 읽고, 듣고, 순종하는 것이 얼마나 중요한지 알고 있는가?

혹자는 이렇게 반박할지 모른다. "하지만 이 교훈들은 율법 아래서 주어진 것입니다. 구약 성경에서 요구하는 것들이란 말이죠. 우리는 은혜의 새 언약 아래 있습니다. 예수님이 이 따분한 속박에서 우리를 자유롭게 해 주지 않으셨습니까?"

예수님은 우리를 율법에서 자유롭게 해 주셨지만, 하나님 말씀을 주의 깊게 따르라는 영구적인 훈계로부터 자유롭게 해 주진 않으셨다. 그것은 여전히 우리에게 중요하다. 신약 성경의 다음 교훈들을 보라.

모세가 말하되 주 하나님이 너희를 위하여 너희 형제 가운데서 나 같은 선지자 하나[예수]를 세울 것이니 너희가 무엇이든지 그의 모든 말을 들을 것이라(행 3:22).

다시 한 번 우리는 예수님의 모든 말씀(대부분의 말씀이 아니라)을 주의 깊게 들으라는 가르침을 받는다. 야고보 사도의 말을 들어 보자.

자유롭게 하는 온전한 율법을 들여다보고 있는 자는 듣고 잊어버리는 자가 아니요 실천하는 자니 이 사람은 그 행하는 일에 복을 받으리라(약 1:25).

그 외에도 우리는 이러한 가르침을 받는다.

우리 안에 거하시는 성령으로 말미암아 네게 부탁한 아름다운 것을
지키라(딤후 1:14).

그러므로 우리는 들은 것에 더욱 유념함으로 우리가 흘러
떠내려가지 않도록 함이 마땅하니라(히 2:1).

삶 속에서 흘러 떠내려가는 일은 의도적인 선택에 의해서가 아니라 자
기도 모르는 사이에 일어난다. 어린 시절 호수에서 낚시를 할 때 가끔 빨리
시작하고 싶은 마음에 배를 정박하지 않을 때가 있었다. 정신없이 낚시를
하다가 30분 뒤에 고개를 들어 보면 해안선이 어딘지 보이지 않았다. 의도
치 않게 떠내려가 버린 것이었다.

우리는 진리에 주의를 기울이지 않을 때 그 진리로부터 멀어진다. 그
일은 우리가 성경을 읽지 않고, 듣지 않고, 깊이 생각하지 않고, 순종하지
않을 때 일어난다. 우리가 지속적으로 초점을 두지 않는 것은 결국 우리 앞
에서 점점 희미해진다. 그럴 때 우리는 쉽게 떠내려가고, 하나님의 뜻 대신
주변 사람의 영향력과 사회의 목소리를 따를 것이다. 그리고 우리 자신의
불안정한 판단에 따라서 좋아 보이는 것을 받아들인다.

앞 장에서 우리는 중요한 한 가지 진리를 확고히 했다. 하나님의 뜻 외
에는 우리에게 선한 게 없다는 것이다. 하나님의 뜻이 성경에 계시되어 있
다는 데 동의하는가? 그렇다면 이제 우리의 기초를 세워야 할 때다.

Part 2

계속해서
'내 삶'을 주장하는 한
'가짜 선'에
휘둘릴 수밖에 없다

01

인생 주인 노릇의
짐을 벗으라

의인은 영원한
기초 같으니라.
- 잠 10:25

기초는 하나님과의 관계를 바로잡는 데 있어 정말 중요하다. 당신이 오랫동안 신앙생활을 해 왔다면, 다음에 나오는 간결한 논의를 그냥 넘기지 말 것을 강력하게 권한다. 그것은 당신의 기반을 강화할 뿐만 아니라 당신이 창조주와 관계 맺도록 사람들을 이끌거나 영향력을 끼칠 때도 유용할 것이다.

성경은 우리에게 이렇게 말한다.

기록된 바 의인은 없나니 하나도 없으며 깨닫는 자도 없고 ……
다 치우쳐 함께 무익하게 되고 선을 행하는 자는 없나니 하나도
없도다(롬 3:10-12).

복음에서 당신 마음에 드는 것만 믿고 마음에 안 드는 것은 거부한다면,
당신이 믿는 것은 복음이 아니라 당신 자신이다.
- 어거스틴

"선을 행하는 자는 없나니 하나도 없도다." 예수 그리스도 외에는, 하나님의 기준에 따라 지속적으로 선을 행했거나 행하는 사람은 전에도 없었고 앞으로도 없을 것이다. 이유는 이러하다. 모든 인간은 노예로 태어났다. 당신도 노예로 태어났고 나도 그렇다. 무엇의 노예인지 궁금한가? 바로 죄의 노예다. 바울은 자유를 얻은 자들에게 "너희가 본래 죄의 종이더니"(롬 6:17)라고 말한다.

아담과 하와는 하나님께 불순종하는 순간 죽었다. 그들이 금지된 열매를 먹기 전에 하나님이 이런 운명에 대해 경고하셨다. 하지만 그 후 몇 년이 지난 뒤에야 둘 중 한 사람이 육체적 죽음을 경험했다. 그러나 죽음은 이미 그들의 중요한 본질, 즉 그들의 영 안에서 일어났다. 그들은 생명을 주신 하

나님으로부터 분리되었고, 이제 하나님의 속성과 반대되는 내재적 속성을 갖게 되었다. 결과적으로 그들의 후손은 이와 같은 특성을 타고날 것이다. 창세기 5장 3절은 이 사실을 확실히 말해 준다. "아담은 백서른 살에 자신을 꼭 닮은 아들, 그 성품과 모습이 자신을 빼닮은 아들을 낳고"(메시지).

인간은 이제 참으로 선을 알거나 행할 능력이 없었다. 그들 안에 있는 도덕적 나침반이 손상되었다. 따라서 세상에서 인간이 참으로 선하고 옳은 것을 향하도록 안내하는 것은 하나님의 영향력밖에 없었다. 인간은 죄의 지배를 받았기 때문이다. 하나님의 인도하심이 없으면, 선과 악이 왜곡되었다. 뱀을 소유했던 사탄, 불순종의 왕이 이제 인류의 새 왕이자 가장 큰 영향력을 미치는 자가 되었다.

하나님은 인간에게 세상을 주셨다. 인간에게 세상을 맡기셨으나, 인간이 자신들의 권위를 사탄에게 넘겨 버렸다. 수천 년이 지난 후, 마귀가 예수님을 높은 산으로 데려가 세상을 가리키며 감히 이렇게 말했다. "이 모든 권위와 그 영광을 내가 네게 주리라 이것은 내게 넘겨준 것이므로 내가 원하는 자에게 주노라"(눅 4:6). 사탄이 그렇게 말할 수 있었던 이유는 에덴동산에서 이 통치권이 그에게 넘어왔기 때문이다.

하나님이 신의 모습으로 이 세상에 오실 수 없었던 이유는 세상을 인간들에게 주셨기 때문이다. 인간이 포기한 그 권위는 오직 인간만이 되찾을 수 있다. 하나님은 시간이 시작되기 전부터 아담의 선택을 예견하셨기에 아담이 범죄하기 오래전에 한 가지 계획을 생각해 두셨다. 인간으로 오셔서 인간의 자유를 다시 사기로 계획하신 것이다. 하나님은 그분의 아들, 예수 그리스도를 보내셨다. 예수님은 여자에게서 나셨기 때문에 100퍼센트 인간이셨으나, 성령으로 잉태되셨기 때문에 100퍼센트 하나님이셨다. 따라서 예수님은 노예의 저주에서 자유로우셨다.

예수님은 이 땅에서 완벽한 삶을 사셨다. 한 번도 불순종하신 적이 없었다. 유일하게 무결한 인간으로서 예수님은 인류의 자유를 위해 자신의 목숨을 내어 주셨다. 십자가 위에서, 과거와 현재와 미래의 모든 사람이 받을 심판을 그분이 받으셨다. 우리를 죄의 노예 상태에서 해방시키기 위한 값으로 그분의 고결한 피를 흘리셨다.

예수님은 죽으시고 장사되셨다. 그러나 하나님 앞에서 완전한 삶을 사셨기 때문에 하나님의 영이 3일 후에 그분을 죽은 자 가운데서 일으키셨다. 그분은 지금 다음과 같이 선포하신 전능하신 하나님 우편에 앉아 계신다.

> 네가 만일 네 입으로 예수를 주로 시인하며 또 하나님께서 그를 죽은
> 자 가운데서 살리신 것을 네 마음에 믿으면 구원을 받으리라 사람이
> 마음으로 믿어 의에 이르고 입으로 시인하여 구원에 이르느니라(롬
> 10:9-10).

우리가 예수 그리스도를 우리 주로 영접하는 순간, 놀라운 기적이 일어난다. 우리의 죄성과 죽음이 바로 사라지고, 하나님의 형상으로 창조된 새 사람이 탄생한다. 이 새로운 탄생은 우리 몸이 아니라 영(실제 존재)과 관련된 것이다. 새 생명은 오로지 하나님의 은혜의 선물을 통해 오며, 결코 선한 행위에 따라오거나 우리의 공로로 얻는 게 아니다.

위에 인용된 로마서 말씀은 당신이 주 예수를 시인해야 한다고 말한다. 오늘날 교회에 널리 퍼져 있는 근본적인 결함이 여기에 있다. "주"라는 단어는 헬라어로 '큐리오스'이며, 주인, 최고 권위자라는 뜻이다. 예수를 단지

구세주로 고백하는 것만으로는 자유나 새 생명을 얻지 못한다. 이것이 우리가 일반적으로 잃어버린 자들에게 호소하는 말들과 맞지 않는 강력한 주장이라는 걸 알지만, 성경에 충실한 주장이다.

성경에는 "구주", "구세주"라는 단어가 36번 나온다. 반면에 "주", "주님"이라는 단어는 7,800번 이상 등장한다. 하나님이 어디에 강조점을 두신다고 생각하는가? 주는 그분이 우리 삶 속에서 차지하는 위치를 말해 주는 반면에, 구주는 그분이 우리를 위해 하신 일을 나타낸다. 우리가 주이자 왕이신 그분의 지위 아래 들어가지 않으면 그분이 이루신 일의 혜택을 같이 누릴 수 없다.

우리는 죄의 노예로 태어났다. 간단히 말하면, 죄가 우리의 주인이었다. 하지만 우리는 자유의지를 갖도록 창조되었다. 따라서 확고한 결정을 내리고 우리가 주인을 바꾼다고 선언해야 한다. 구원은 모든 인간을 위해 주어졌으나, 우리가 하나님의 방식에 따라 개인적으로 그것을 받아들이기로 선택해야 한다.

지옥은 실제적인 곳이다

이 진리를 설명하기 위해 지어낸 이야기를 하나 예로 들겠다.

당신의 온 가족이 어느 섬에 있는 나쁜 왕의 포로수용소에 갇혀 있다. 이 섬은 본래 먼 나라에서 온 매우 착한 왕이 당신의 할아버지에게 주신 섬이었다. 그러나 할아버지가 큰 실수를 범해 그 섬을 지키지 못했다. 그래서 이 악한 왕과 그의 지지자들이 포로수용소를 짓고 당신의 온 가족을 그곳에 가둔 것이다.

그 섬에서의 생활양식은 점차 악한 왕과 그의 졸개들의 영향을 받아 완전히 부패하고 방탕해졌다. 그 결과 선한 왕이 그 섬을 정죄했다. 하지만 선한 왕은 당신의 가족을 사랑했기 때문에 섬을 전멸하기 전에 와서 악한 왕의 군대와 싸워 그들을 물리쳤다. 선한 왕은 모든 감옥 문을 열고 이렇게 선언했다. "너희는 모두 이제 자유다. 악한 왕이 아니라 나를 따른다면 누구나 이 수용소에서 나갈 수 있다."

왕의 친절함 덕분에 당신의 가족이 그토록 갈망해 왔던 자유를 얻게 되었다. 하지만 선한 왕은 당신에게 그를 따르도록 강요하지 않을 것이다. 각자가 스스로 움직여야 한다. 만약 왕이 각 사람의 선택에 맡기지 않고 그것을 강요했다면 또 다른 형태의 독재에 불과했을 것이다. 당신이 자유를 받아들이기로 결정한다면, 그 선택을 위해 당신이 감옥에서 걸어 나가 왕을 따라서 그의 배에 타고 그의 나라로 돌아가야 하며, 거기서 그 왕의 국민이 되어 그 나라 법에 따라 살아야 한다. 기회가 당신 앞에 있으나, 당신이 그의 제안에 응해야 한다.

선한 왕은 당신의 가족을 구원할 구세주가 확실하지만 그의 구원 사역으로부터 혜택을 받으려면 각 가족이 전심으로 그 왕을 따르는 데 동의해야 한다. 거기에는 그의 통치법을 따르는 것도 포함된다. 선한 왕의 구원만 받아들이고 그의 주권에 복종하지 않을 순 없다.

만일 당신이 선한 왕을 따르지 않기로 결정한다면, 그냥 지금 있는 자리에 계속 있게 될 것이다. 그러나 왕의 전함이 바로 앞바다에 배치되어 있어, 왕이 떠나고 나면 폭탄 공격으로 그 섬은 전멸될 것이다. 당신의 가족 중에 선한 왕의 주권 아래 들어가지 않기로 선택하는 사람은 악한 왕과 그의 패거리들과 같은 운명을 맞이할 것이다. 아무리 선한 왕이 당신 모두를 해방시키기 위해 싸웠고 감옥 문을 모두 열어 주었더라도 말이다.

부디 내 이야기를 잘 들으라. 하나님은 결코 당신이나 다른 사람들을 위해서 지옥을 만들지 않으셨다. 하나님은 사탄과 그의 군대를 위해 지옥을 만드셨다. 예수님은 심판 날에 그분의 주권에 굴복하지 않은 자들에게 이렇게 말씀하실 것이다.

저주를 받은 자들아 나를 떠나 마귀와 그 사자들을 위하여 예비된

영원한 불에 들어가라(마 25:41).

지옥은 매우 실제적인 곳이다. 예수님은 천국보다 지옥에 대해 더 자주 말씀하셨다. 지옥의 고통이 끝도 없다는 사실뿐 아니라 그 고통을 묘사하는 걸 무자비한 일로 여기지 않으셨다. 그곳은 하나님의 사랑의 통치를 거부한 자들이 영원히 거할 처소다.

예수님의 말씀에 따르면 이 형벌과 극심한 고통의 장소는 사람을 위해 예비된 것이 아니었으나, 슬프게도 우리 조상 아담의 불순종으로 우리까지 정죄의 심판을 받았다. 이제 우리가 주인을 바꾸지 않는 한, 사탄의 운명이 곧 우리의 운명이 되었다. 예수님이 모든 사람을 하나님의 진노에서 구해 내셨지만, 많은 이가 사탄과 함께 심판을 받을 것이다. 그들이 여전히 사탄의 본성을 가질 것이기 때문이다. 그들은 그 섬에 머물기로 선택한 것이다.

혹시 이렇게 질문하는 사람이 있을 수 있다. "하나님이 그냥 자비를 베푸셔서 사람들이 지금 그 상태로 하나님나라에 들어가게 하실 수 없었나요?" 예수님의 소유권에 자신을 내어 드리지 않는 사람들은 여전히 부패하

고 악한 영적 본성을 가지고 있다. 그들이 이 세상을 떠나면 그 본성이 영원히 그들의 것이 된다. 영원한 하나님나라에 들어가는 것이 그들에게 허락된다면, 그들이 많은 결백한 사람들을 오염시키고 해를 끼칠 것이다.

하나님이 아담과 하와를 에덴동산의 생명나무에 접근하지 못하게 하신 이유도 바로 그 때문이었다.

> 여호와 하나님이 이르시되 보라 이 사람이 선악을 아는 일에 우리 중
> 하나 같이 되었으니 그가 그의 손을 들어 생명나무 열매도 따먹고
> 영생할까 하노라 하시고 여호와 하나님이 에덴동산에서 그를
> 내보내어(창 3:22-23).

하나님의 사랑이 우리를 보호하사 죽은 본성을 영원히 갖고 있지 않게 해 주셨다.

더는 선악과를 먹지 않아도 된다

서양 교회가 주님으로서 예수님의 지위보다 구세주로서 예수님이 우리를 위해 하신 일을 더 강조해 왔기 때문에 그분의 권위에 복종하지 않는 것이 이제 우리 기초를 흔들고 있다. 바울의 말을 들어 보자.

> 그러므로 너희가 그리스도 예수를 주로 받았으니 그 안에서 행하되
> 그 안에 뿌리를 박으며 세움을 받아(골 2:6-7).

바울은 '너희가 그리스도 예수를 구주로 받았으니'라고 말하지 않는다. 우리 삶은 구세주로서 예수님의 사역이 아니라, 예수님의 주 되심에 복종하고 그 위에 세워져야 한다. 다른 말로 하면 우리가 가장 높고 유일한 우리 왕께 복종하면 그분의 구원으로 인한 혜택을 누리게 된다는 것이다. 이것은 우리가 그렇게 할 이유를 알든 모르든 간에, 주의 말씀과 지혜, 충고, 명령, 훈련, 가르침을 굳게 지킴으로써 실제적으로 이루어진다. 우리는 옳고 그름을 스스로 판단하는 나무의 열매를 더 이상 먹지 않는다. 우리는 하나님 안에 살고 있으며, 그분의 생명이 곧 우리 생명이 된다.

나는 아내 리사와 30년 넘게 결혼생활을 하면서 훌륭한 요리사와 함께 사는 호강을 누려 왔다. 리사는 요리를 정말 잘 만든다. 내 친구들이 리사에게 소스나 샐러드 드레싱 등을 만드는 법을 자기 아내에게도 제발 가르쳐 달라고 부탁할 정도다.

나는 때때로 리사를 "나의 전용 고급 요리사"라고 불렀다. 결혼생활을 하는 동안 열 번 넘게 그녀를 이렇게 불렀을 것이다. 하지만 사실 지난 30년 동안 나는 몇천 번이나 리사를 "내 아내"라고 칭했다. 왜 그런가? 그것이 내 삶 속에서 그녀가 차지하는 지위를 말해 주기 때문이다. 다른 호칭은 내가 아내인 그녀로부터 받은 혜택을 말해 주는 것일 뿐이다.

리사가 나를 위해 요리해 주기 때문에 내가 그녀에게 속한 것은 아니다. 내가 아직 미혼이었을 때 내 생일에 그녀가 멋진 음식을 만들어 준 적이 있었다. 하지만 그것 때문에 우리가 영원한 관계를 맺게 된 건 아니다. 내가 다른 모든 여자를 포기하고 남편으로서 내 마음을 오로지 그녀에게 주겠노라는 서약을 했고, 그 서약이 우리 부부관계를 확고히 해 준 것이다.

예수님과 우리의 관계도 이와 비슷하다. 예수님의 구원을 받으려면 우리가 그분의 주권, 소유권, 통치에 복종해야 한다. 우리는 그분의 완벽한 리더십과 성품과 사랑에 대한 확신이 있고 또 그분이 무엇이 최선인지를 알고 계신다고 확신하기 때문에 우리 삶을 온전히 드리는 것이다. 하나님은 정말로 우리에게 자유를 주기 원하시며 우리를 온전히 사랑하시지만, 그분은 만왕의 왕이요 만주의 주이시며, 가장 높은 자리가 아니면 우리 삶 속에 들어오지 않으실 것이다.

미국을 비롯한 많은 서양 국가의 교회에서 사역자들이 구도자들에게 하나님의 주 되심을 언급하지 않은 채 구원을 받으라고만 외치는 것을 너무나 많이 봤다. "당신이 예수님을 구주로 고백하기만 하면 하나님의 자녀가 될 것입니다"라거나 "오늘 예수님을 당신의 구주로 영접하겠습니까?"라고 말한다. 그러고는 "다 같이 이 기도를 드립시다. 예수님, 오늘 제 마음속에 들어오셔서 저를 구원해 주옵소서. 저를 하나님의 자녀로 삼아 주셔서 감사합니다. 아멘" 하고 말한다. 주님을 따르기 위해 세상의 체계와 자신의 독립적인 길을 포기하는 것에 대해선 한마디도 하지 않고 하나님의 가족이 되라고만 한다.

이 메시지는 좋아 보이고 신약 성경의 일부 성경 구절과 연관이 있기도 하다. 하지만 그것이 신약 성경의 전반적인 가르침과 일치하는가? 그것이 하나님의 지혜인가? 아니면 우리가 참된 구원의 메시지를 요약하고 편집하여 구도자의 마음에 들게 만든 것인가? 혹시 우리는 스스로 판단하는 나무의 열매를 먹고 있는가?

두 주인을 섬길 수 없다

우리 주님의 메시지를 살펴보자. 예수님은 수많은 사람에게 이미 그것을 명확하게 말씀해 주셨다.

> 누구든지 나를 따라오려거든 자기를 부인하고 자기 십자가를
> 지고 나를 따를 것이니라 누구든지 자기 목숨을 구원하고자 하면
> 잃을 것이요 누구든지 나와 복음을 위하여 자기 목숨을 잃으면
> 구원하리라(막 8:34-35).

예수님을 따르려면 우리 자신을 부인해야 한다. 더 이상 말이 필요 없다. 간단히 말하자면, 두 주인을 섬길 수 없다. 각 주인이 서로 다른 행동이나 반응을 요구하기 때문이다. 아직 구원받지 못한 우리 육신이 바라는 것과 하나님 말씀이 우리를 인도하는 방향이 다를 때, 우리가 이미 예수님을 우리의 최고 주인으로 따르기로 결정하지 않았다면 주님을 우리의 구세주로 고백하고 의지하면서도 우리의 독립된 길을 택하기 쉽다.

아마도 예수님이 다음과 같이 말씀하신 이유가 이 때문일 것이다. "너희는 나를 불러 주여 주여 하면서도 어찌하여 내가 말하는 것을 행하지 아니하느냐"(눅 6:46). 즉 "주"라는 말이 공허하고 의미 없는 호칭이 된 것이다. 우리가 진정한 의미에서 "주"라고 부르는 게 아니라면, 예수님은 차라리 "위대한 선생"이라고 불리길 원하실 것이다. 그러면 적어도 우리가 그분의 가르침을 들을 수 있고, 실제로는 그렇지 않은데 우리가 그분께 속해 있다고 착각하는 일은 없을 테니 말이다.

마가복음 8장 34-35절과 신약 성경의 다른 여러 본문에 따르면, 예수님

을 따라 이 정죄받은 세상의 '섬'에서 나오려면 우리 자신을 부인해야 한다. 그것은 다가올 저주로부터 구원받기 위해 해야 할 의무다. 이건 서양인들이 이해하기 힘든 개념이다. 우리가 민주주의적 사고방식으로 하나님나라의 원리를 이해하려고 해서다. 민주주의 사고방식으로 하나님을 대하려 하면 하나님과 가까워질 수 없다. 그분은 왕이시다. 영국의 왕 같은 명목상의 군주가 아니라 진짜 왕이시다.

민주주의는 '국민에 의한 정부. 국민에게 최고 권력이 부여되어 국민들이 직접 힘을 행사하거나, 혹은 그들이 뽑은 대표들이 그 힘을 행사하는 정부 형태'로 정의된다. 이것은 우리가 자라면서 배운 사고방식이고, 우리 중심의 사고와 추론 안에 프로그램화되어 있다. 그래서 우리는 어떤 것이 마음에 들지 않으면 그것에 도전하거나 그것을 바꿀 수 있다고 믿는다. 왜냐하면 우리는 우리 견해를 말로 표현할 '침해할 수 없는' 개인적 권리와 자유를 가지고 있기 때문이다.

다시 강조하겠다. 이 정부 형태는 다원적 사회에 사는 유한한 사람들을 위해 고안된 체계이므로 인간의 나라에서는 성공적이었다. 하지만 이러한 사상이 하나님나라로 넘어가지는 않는다. 서양인들을 움찔하게 만들지 모르지만, 하나님은 독재자시다. 감사하게도 그분은 자애로운 독재자시며, 삶의 모든 면에서 최종결정권을 갖고 계시다. 우리의 민주주의적 사고방식을 하나님과의 관계에도 적용한다면, 그 관계는 기껏해야 상상 속의 관계에 불과할 것이다.

참된 군주 아래 있으면 삶이 달라진다. '주'와 '왕'은 '최고 권위'를 의미한다는 점에서 동의어다. 우리가 참으로 하나님을 따르려면 민주주의적 추론으로 하나님의 리더십에 응해서는 안 된다. 그것은 아담과 하와가 선악을 알게 하는 나무를 선택했던 것과 다를 바 없다. 우리 인간들은 여전히 운전석에 앉아서 무엇이 내 삶을 위해 최선인지를 생각하고 결정하고 있는 것이다.

당신의 십자가를 지라

예수님은 우리의 십자가를 져야 한다고 말씀하셨다. 이것은 무엇을 뜻하는가? 이것은 우리 자신을 부인하라는 뜻의 다른 표현이 아니다. 우리는 바울이 갈라디아 교인들에게 보낸 편지에서 이해의 열쇠를 발견한다.

> 내가 그리스도와 함께 십자가에 못 박혔나니 그런즉 이제는 내가
> 사는 것이 아니요 오직 내 안에 그리스도께서 사시는 것이라 이제
> 내가 육체 가운데 사는 것은 나를 사랑하사 나를 위하여 자기 자신을
> 버리신 하나님의 아들을 믿는 믿음 안에서 사는 것이라(갈 2:20).

바울은 육체가 십자가에 못 박히는 것을 말한 게 아니다. 그는 오래전 주님을 따르기로 결단한 것에 대해 말하고 있다. 바울은 자신의 십자가를 졌다. 여기에 담긴 비밀을 그의 말 속에서 찾을 수 있다. "이제는 내가 사는 것이 아니요 오직 내 안에 그리스도께서 사시는 것이라."

이것은 하나님의 모든 참된 자녀의 고백이 되어야 한다. 우리는 더 이상 스스로 선악을 판단하는 독립적인 존재가 아니다. 우리는 이제 그리스도 안에 살며, 우리 생명이 그분으로부터 온다. 우리는 십자가의 섭리에 의존한다. 즉 죄의 노예 상태에서 자유를 얻어 이제 하나님이 주시는 능력으

로 순종하는 삶을 살 수 있다.

십자가는 완전히 새로운 삶의 길을 제공해 준다. 바울이 다른 편지에서 말한 것처럼 "아버지의 영광으로 말미암아 그리스도를 죽은 자 가운데서 살리심과 같이 우리로 또한 새 생명 가운데서 행하게 하려 함이라"(롬 6:4). 이 새 생명은 우리가 전에는 떠날 수 없었던 것을 멀리할 수 있는 능력을 준다. 우리에 대한 죄의 압제가 꺾였지만, 그래도 우리는 하나님의 뜻에 온전히 순종하기로 선택해야 한다.

바울은 계속 이것을 실제적으로 설명한다. "그리스도 예수의 사람들은 육체와 함께 그 정욕과 탐심을 십자가에 못 박았느니라"(갈 5:24). 그리고 다시 "내게는 우리 주 예수 그리스도의 십자가 외에 결코 자랑할 것이 없으니 그리스도로 말미암아 세상이 나를 대하여 십자가에 못 박히고 내가 또한 세상을 대하여 그러하니라"(갈 6:14)라고 했다. 십자가는 우리에게 죄악된 육체와 세상의 강한 영향력으로부터 벗어날 수 있는 능력을 부여한다.

젊을 때 예수님을 만나기 전 내 삶 속에는 내가 고칠 수 없는 행동들이 있었다. 반복해서 상처를 주고, 교만하고, 음탕한 행동들을 저지른 다음 후회했지만, 스스로 벗어나려고 애쓸수록 더 좌절감만 커졌다. 나는 속수무책으로 죄의 지배를 받고 있었다. 하지만 내가 그리스도와 함께 십자가에 못 박히고 나자 자유로운 삶을 살 수 있었다.

> 우리가 알거니와 우리의 옛 사람이 예수와 함께 십자가에 못 박힌
> 것은 죄의 몸이 죽어 다시는 우리가 죄에게 종노릇하지 아니하려
> 함이니 이는 죽은 자가 죄에서 벗어나 의롭다 하심을 얻었음이라(롬
> 6:6-7).

이 말씀을 대충 보고 건너뛰지 않기를 바란다! 말씀을 깊이 음미하라. 말씀은 매우 실제적이며 당신에게 자유를 줄 능력이 있다. 이제 진실은 더욱더 흥미진진해진다. 십자가를 받아들이는 것은 단지 우리를 죄에서 자유롭게 해 주는 데서 그치지 않는다. 그것은 우리가 주님께 순종하며 살 수 있게 해 준다.

"십자가의 도가 멸망하는 자들에게는 미련한 것이요 구원을 받는 우리에게는 하나님의 능력이라"(고전 1:18)라고 했다. 전에는 우리 힘으로 할 수 없던 일을 이제 할 수 있게 되었다. 바로 하나님의 길로 행하는 것이다. 이제 우리는 하나님을 닮아갈 수 있다. 예수님을 따를 수 있다.

요약하면, 우리 자신을 부인하고(우리 나름의 길을 버리고 주님의 최고 권위를 받아들이고) 십자가(죄와 세상의 체계를 떠날 수 있게 해 주는 십자가의 능력을 포함하여)를 지지 않으면 예수님을 따르는 것이 불가능하다. 지금 우리가 사는 것은 우리 안에서, 또 우리를 통해 역사하시는 하나님의 능력을 믿는 믿음으로 사는 것이다. 우리는 하나님으로부터 능력을 얻는다. 하나님이 우리를 위해 주신 얼마나 영광스러운 구원의 패키지인가!

하나님을 이용할 것인가, 사랑할 것인가

예수님은 그분이 떠난 후에 복음이 널리 받아들여져서 그분의 주 되심과 상관없이 사람들이 구원을 여기저기에 베푸는 상황이 올 거라고 경고하셨다. 사도들은 더 구체적으로, 예수님의 재림의 때가 더 가까워질 때, 즉 우리 시대에 그런 일이 일어날 거라고 말했다. 이 널리 퍼진 이단의 메시지는 "주"라는 말을 예수님이 사람들의 삶 속에서 차지하고 계신 지위가 아니라 단지 하나의 칭호로 축소할 것이다. 사람들은 그분을 "주"라고 부르지만, 자신을 부인하고 십자가를 지며 주님을 따르지 않는다. 다음 예수님의 말씀을 다시 잘 읽어 보라.

나더러 주여 주여 하는 자마다 다 천국에 들어갈 것이 아니요 다만
하늘에 계신 내 아버지의 뜻대로 행하는 자라야 들어가리라(마 7:21).

예수님은 그분을 모하마드, 조셉 스미스, 부처, 크리슈나, 공자, 혹은 우리 시대의 다른 거짓 선지자라 하지 않고 '주'라고 선언하는 사람들을 찾으셨다. 이들은 예수 그리스도를 그들의 주로 모시며 열정적으로 주님을 부를 것이다.

왜 예수님은 이 구절에서 "주"라는 단어를 두 번이나 사용하셨을까? 이 경우에 중복은 단지 강조하기 위한 것만이 아니라 감정의 격렬함을 보여 주기 위한 것이었다. 예를 들면 구약 성경에서 다윗 왕의 아들 압살롬이 요압의 군대에 의해 처형당했다는 소식이 전해졌을 때 다윗의 반응은 감정적으로 매우 격렬했다. "왕이 그의 얼굴을 가리고 큰소리로 부르되 내 아들 압살롬아 압살롬아 내 아들아 내 아들아 하니"(삼하 19:4). 나는 다윗이 실제로 "내 아들아"라는 말을 딱 두 번 했을 거라고 생각지 않는다. 다윗의 슬픈 울부짖음이 얼마나 크고 격렬했는지를 독자에게 이해시키려고 저자가 그 단어를 두 번 반복했을 것이다.

동일한 형태가 요한계시록에도 나타난다. "내가 또 보고 들으니 공중에 날아가는 독수리가 큰소리로 이르되 땅에 사는 자들에게 화, 화, 화가 있으리니"(8:13). 다른 번역본에선 천사가 "큰소리로 울고" 있었다고 말한다. 다

시 말하지만, 저자가 "화"라는 단어를 반복해서 말하는 것은 감정의 격렬함을 강조하기 위함이다.

마찬가지로, 주님은 자신에 대한 이 사람들의 강한 감정을 전달하고 계신 것이다. 그들은 단지 예수 그리스도가 하나님의 아들이라는 가르침에 동의할 뿐만 아니라, 감정적으로 몰입해 있고 신앙에 열정도 있다. 우리는 지금 자신이 그리스도인이라는 사실에 굉장히 들떠 있는 사람들, 자신의 믿음에 대해 말할 때 감정이 격해지고 예배 중에 눈물을 흘리는 사람들에 대해 이야기하는 것이다. 그들은 그리스도의 대의에 깊이 통감할 뿐만 아니라 그분을 섬기는 일에도 관여한다.

> 벌써부터 내 눈에 훤히 보인다. 최후 심판 날에 **많은** 사람들이
> 거들먹거리며 내게 와서 이렇게 말할 것이다. '주님, 우리는
> 메시지를 전했고, 귀신을 혼내 줬으며, 하나님이 후원해 주신 우리
> 사업은 모든 사람들의 입에 오르내렸습니다'(마 7:22, 메시지).

내가 여기서 《메시지 신약》 성경을 인용한 이유는 이 사람들이 방관자가 아니었다는 사실을 가장 잘 나타내 주었기 때문이다. 그들은 교회 일에 직접 관여하거나 후원했다. 또한 복음에 대한 그들의 믿음을 거리낌 없이 이야기했다. 그들은 사람들의 삶을 더 좋게 변화시키는 일에 참여하고 있었다.

여기에 쓰인 "많은"(thousands)이라는 단어는 헬라어로 '폴루스'이며 "많은 수, 양, 액수"로 정의된다.[7] 종종 그 단어는 "주로, 대부분은"이라는 의미로 쓰인다. 어쨌든 예수님은 소그룹의 사람들이 아니라 거대한 그룹을 가

리키신 것이다. 사실은 대다수를 의미할 수도 있다.

그러므로 이제 요약해 보자. 예수님은 복음의 가르침을 믿는 사람에 대해 말씀하신다. 그들은 예수님을 "주"라고 부르며, 감정적으로 몰입해 있고, 복음의 메시지를 전하며, 그리스도인의 봉사에도 적극적으로 참여하는 이들이다. 우리는 그들을 참된 그리스도인으로 여기기 쉬울 것이다. 그렇다면 그들을 구분할 수 있는 요소는 무엇인가? 그들이 진정한 그리스도인과 어떻게 다른가? 예수님은 이렇게 말씀하신다.

> 그때에 내가 그들에게 밝히 말하되 내가 너희를 도무지 알지 못하니
> 불법을 행하는 자들아 내게서 떠나가라 하리라(마 7:23).

중요한 것은 "불법을 행하는"이라는 말이다. 이것은 헬라어로 '아노미아'라고 한다. 테이어의 *Greek-English Lexicon of the New Testament*(신약 헬라어-영어 사전)은 아노미아를 "법을 무시하거나 법을 어기기 때문에 법 없이 존재하는 상태"로 정의한다. *Encyclopedia of Bible Words*(성경 백과사전)에서는 아노미아가 "실제로 하나님의 도의나 자기 안에 내재된 도덕적 원칙을 어기는 행위들"을 나타낼 수 있다고 말함으로써 통찰을 더해 준다. 간단히 말하면, 불법을 행하는 자들은 하나님 말씀의 권위에 따르지 않는 자들이다.

이들은 어쩌다 한 번씩 발을 헛디디는 게 아니다. 그보다 습관적으로 하나님의 말씀을 무시하거나 소홀히 하거나 불순종한다. 정말로 그들이 은혜로 구원을 받았다면 죄를 범하는 생각을 경멸할 뿐만 아니라 반복적인 죄에서 떠나기로 결단했을 것이다. 그들의 육체를 욕정과 욕망과 함께 십

자가에 못 박고 경건한 성품과 열매 맺는 삶을 추구했을 것이다.

　예수님이 어느 날 그들에게 "내가 너희를 도무지 알지 못하니"라고 말씀하실 것을 생각하면 매우 흥미롭다. 여기서 '안다'라는 단어는 헬라어 '기노스코'로써 직접적으로 안다는 뜻이다. 이 사람들은 예수님과 참된 관계를 맺은 적이 없었다. 그들은 예수님을 "주"라고 부르지만, 그것은 호칭일 뿐이다. 그들은 예수님이 말씀하신 것을 행하지 않았기 때문이다. 어떤 사람이 참으로 예수님과 관계를 맺고 있다는 것의 증거는 그가 하나님의 말씀을 지키는 것이다.

> 우리가 그의 계명을 지키면 이로써 우리가 그를 아는 줄로 알 것이요
> 그를 아노라 하고 그의 계명을 지키지 아니하는 자는 거짓말하는
> 자요 진리가 그 속에 있지 아니하되(요일 2:3-4).

　이것은 또한 "행함이 없는 네 믿음을 내게 보이라 나는 행함으로 내 믿음을 네게 보이리라"(약 2:18)라는 야고보의 말 속에도 나타나 있다. 그리고 이 말들은 예수님이 이 이야기를 시작할 때 하신 말씀, "그들의 열매로 그들을 알리라"(마 7:20)라는 말씀과 완벽하게 일치한다. 여기서 예수님이 말씀하시는 열매는 그리스도인으로서 하는 봉사나 메시지를 전하는 일, 교회에 출석하는 게 아니다. 천국에서 외면당하는 자들도 이런 자질을 갖추고 있을 것이다.

　팀 켈러 목사는 예수님의 이 말씀에 대해 다음과 같이 이야기했다.

> 이것은 매우 예리한 사실을 말하고 있다. 이 사람들에게는 지적으로

자극이 되는 신앙과 감정적으로 만족을 주는 신앙, 사회적으로
구원하는 신앙이 있다. 우리는 모두 그것을 원한다. 지적으로
자극을 받기 원하고, 감정적으로 몰입하기 원하고, 사회적으로 쓸모
있는 사람이 되길 원한다. 그런데 지적인 자극을 원하고, 감정적인
만족을 원하고, 사회적인 유용성을 원하면서도 하나님을 원하지
않을 수 있다. …… 당신의 삶 속에 정말로 하나님이 계신다면 당신
자신의 뜻을 포기해야 하기 때문이며, 그것은 실제로 하나님을
이용하려 하는 사람과 하나님을 섬기려 하는 사람의 차이를 보여
준다.[8]

하나님을 이용하는 것은 우리가 그분으로부터 원하는 것을 얻기 위해
그분을 찾는 것이다. 그것이 천국에 이르는 것이더라도 말이다. 반면에 하
나님을 섬기는 것은 전적으로 하나님을 향한 사랑이 동기가 되어 행하는
것이다. 또한 우리가 하나님을 사랑한다면 그분의 말씀을 지킬 것이다.

오늘날 사람들은 대부분 예수를 "주님"이라고 부르며, 그분의 가르침을
믿고, 감정적으로 몰입해 있고, 그리스도인의 봉사에 적극적인 사람을 하
나님의 자녀로 간주할 것이다. 하지만 우리는 예수님의 말씀에서 이런 자
질이 참된 신자를 분별하는 결정적인 요소가 아니라는 걸 분명히 봤다.

즉 당신은 분명 참된 신자 안에서도 이러한 특성을 발견할 것이다. 실
제로 그러한 것이 없이는 참된 신자가 될 수 없다. 그렇지만 이러한 자질을
갖고 있다고 해서 반드시 진정한 하나님의 자녀인 건 아니다. 결정적인 요
소는 이것이다. 그들이 자신을 부인하고 십자가를 지고 주님을 따르고 있
는가? 본질적으로 그들은 하나님 말씀에 순종하고 있는가?

이 논의는 예수님의 유명한 산상수훈의 마지막 주제였다. 예수님은 그분의 놀라운 말씀을 다음과 같이 마무리하셨다.

> 그러므로 누구든지 나의 이 말을 듣고 행하는 자는 그 집을 반석 위에
> 지은 지혜로운 사람 같으리니 비가 내리고 창수가 나고 바람이 불어
> 그 집에 부딪치되 무너지지 아니하나니 이는 주추를 반석 위에 놓은
> 까닭이요 나의 이 말을 듣고 행하지 아니하는 자는 그 집을 모래 위에
> 지은 어리석은 사람 같으리니 비가 내리고 창수가 나고 바람이 불어
> 그 집에 부딪치매 무너져 그 무너짐이 심하니라(마 7:24-27).

이 예화는 바로 앞 구절에 나왔던, 천국에 들어가지 못하고 거절당할 많은 사람에 대한 예수님의 경고와 관련이 있다. "그러므로"라는 말로 서로 연결 지으셨음을 주의 깊게 보라.

이 비유에 나오는 두 부류의 사람들을 살펴보면, 그 모든 것이 하나의 작은 차이로 요약된다. 둘 다 주님의 말씀을 듣지만, 첫 번째 무리는 '그대로 행하고' 두 번째 무리는 '행하지 않는다.' 두 집 다 같은 재료, 즉 같은 교훈으로 지어진다. 그들은 예배와 봉사에 있어서 차이가 없어 보인다. 중요한 차이는 기초에 있다. 한 집은 예수 그리스도의 주 되심을 기반으로 지어졌다. 다른 한 집은 무엇이 선과 악인지에 대한 평가가, 즉 아담과 하와가 의존했던 철학의 나무에 붙어 있었다.

에덴동산에서부터 지금까지 같은 어리석음이 계속 반복된다고 생각하면 정신이 번쩍 든다. 어리석음은 다양한 형태로 나타나지만, 뿌리는 똑같다. 다시 말하지만 그것은 이렇게 요약된다. '우리는 어떻게 살아야 하는지

에 대해 우리가 가장 잘 알고 있다고 생각하는가, 아니면 하나님이 무엇이 최선인지 알고 계신다고 믿는가?'

02

자기 부인,
갈망만 해서는 능력이 없다

이제는 하던 일을 성취할지니
마음에 원하던 것과 같이 완성하되
있는 대로 하라.
- 고후 8:11

한 젊은 남자가 한 여자와 데이트를 하고 있다. 그녀는 매력 있고, 건강하며, 요리를 잘하고, 아이들도 잘 돌본다. 무엇보다도 정말 사랑스러운 성격을 가지고 있다. 그는 사랑에 빠져서 남은 인생을 그녀와 함께 보내고 싶다고 결심한다. 그래서 특별한 순간을 준비한다. 한쪽 무릎을 꿇고 작은 상자를 열어 반짝이는 반지를 보여 주며 그녀에게 청혼한 것이다.

그녀는 활짝 웃으며 기쁨의 비명을 지르고 눈물을 흘린다. 그리고 마음의 평정을 되찾은 후에 들뜬 목소리로 이렇게 대답한다. "네! 네! 네! 너무 좋아서 믿기지가 않아요! 너무 놀라고 당황했어요. 오늘이 내 인생에서 가장 행복한 날이에요! 정말 많이 사랑해요! 당신이랑 결혼하겠어요!"

그들은 더없이 행복하게 서로를 받아들인다. 감정이 계속 고조되는 가운데, 그녀는 그의 눈을 바라보며 열정적으로 약속한다. "우린 정말 행복하게 살 거예요. 저는 최고의 아내가 되어, 아름답게 집을 가꾸고, 당신과 아이들을 위해 맛있는 음식을 만들고, 늘 건강을 유지하고, 멋지게 옷을 입고, 언제든 당신이 원할 때마다 당신과 아름다운 사랑을 나눌 거예요."

남자는 생각한다. '와, 난 세상에서 가장 운 좋은 남자야!'

그리고 그녀는 한 가지 더 중요한 말을 한다. "근데 내가 여전히 좋아하는 다른 남자들이 있어요. 그 친구들과 주기적으로 데이트를 할 거예요."

남자는 깜짝 놀라서 말을 더듬는다. "그, 그건 안 돼요!"

"왜 안 돼요?"

그는 너무 놀라서 말이 안 나왔다. 특별한 순간은 망가져 버렸다. 황홀

한 느낌도 사라졌다. 그의 마음은 너무나 혼란스러웠다. '설마 농담이겠지? 하지만 왜 이런 농담을 하겠어? 그것도 내가 막 청혼을 하고 난 다음에?'

영원할 것 같은 어색한 침묵이 흐른 뒤에, 그녀는 의욕적으로 타협안을 제시하며 다시 분위기를 잡으려 한다. "좋아요. 그럼 1년에 하루만 다른 남자친구들과 같이 보내는 건 어때요? 1년에 364일은 오로지 당신한테만 전념할게요. 하루만 그들과 같이 있게 해 주세요."

젊은 남자는 자기 귀를 의심했다. 이제 그녀의 말이 장난이 아닌 게 명백해졌다. 그녀는 진지하다. 그래서 그는 다시 대답한다. "아니, 그것도 안돼요."

그녀는 당황한다. 하지만 그를 많이 사랑하기 때문에 좀 더 양보한다. "그럼 1년에 딱 4시간은요? 1년 중에 딱 4시간만 다른 남자친구들과 같이 보낼게요."

"안 돼요!" 남자는 이번엔 더 단호하게 말한다.

또다시 그녀는 이렇게 말한다. "1년에 20분은요? 딱 한 번만 다른 남자친구와 침대에서 즐길게요!"

"안 돼요!"

어떻게든 해결해 보려는 마음에 그녀는 이렇게 애원한다. "난 당신을 사랑해요. 사실 난 당신한테 푹 빠져 있어요. 다른 어떤 남자보다 당신을 더 사랑해요. 하지만 내겐 이것도 필요해요. 다른 남자들과도 함께해야 한다고요. 난 그저 한 남자만 바라보는 여자가 될 수 없어요. 진심으로 당신에게 충실하고 싶어요. 그리고 다른 모든 관계를 끊는 게 옳은 일이라는 것도 알지만, 우리 현실적으로 생각해요. 좋은 남자들이 너무나 많고, 난 그들의 관심을 받고 싶어요. 왜 내가 이걸 포기해야 하는 거죠? 왜 둘 다 가질 수 없냐고요?"

남자는 너무 실망해서 이제는 대답도 하지 않는다. 그저 고개만 숙이고 있을 뿐이다. 몇 분 더 어색한 시간이 흐른 뒤에, 그녀가 부드럽게 말한다. "솔직히 난 당신이 너무 많은 걸 요구한다고 생각해요. 난 그저 인생을 최고로 즐기고 싶을 뿐이에요."

남자는 더 들을 필요가 없었다. "이건 말도 안 돼요. 우린 결혼할 수 없겠어요. 그만 끝내요."

그들은 결국 헤어져 각자 자기 길을 간다.

이 남자는 여러 장점이 있는 이 아름다운 여자를 아내로 얻으려 했다. 그녀는 가정생활의 모든 면에서 뛰어나고, 그를 사랑하며, 기꺼이 섬기려하고, 또 그에게 최선을 다하고 싶어 한다. 게다가 그녀는 그와 결혼할 생각에 무척 황홀해한다. 모든 것이 더할 나위 없다. 다만 그가 아내에게 1년에 20분만 다른 남자와 함께할 시간을 주면 된다! 그는 왜 그녀의 조건에 동의하지 않는 것인가?

물론 답은 명백하다. 그녀는 자신의 온 마음과 삶을 그에게 주고 있지 않다. 그렇게 하는 것이 옳다는 걸 알고, 또 어느 정도는 그렇게 하기를 원한다. 하지만 현실은 그녀가 다른 남자들에게 너무 애착을 갖고 있다는 것이다. 바라는 것과 실제로 행동하는 건 별개의 일이다. 정신이 똑바로 박힌 남자라면 이런 여자와 결혼하지 않을 것이다. 그렇다면 어째서 우리는 예수님이 그와 같이 행동하는 신부를 위해 오신다고 믿는가? 예수님의 말씀을 다시 살펴보자.

누구든지 나를 따라오려거든 자기를 부인하고 자기 십자가를

지고 나를 따를 것이니라 누구든지 자기 목숨을 구원하고자 하면

잃을 것이요 누구든지 나와 복음을 위하여 자기 목숨을 잃으면

구원하리라(막 8:34-35).

단지 우리 목숨을 구원하길 갈망하는 것은 우리로 하여금 모든 것을 잃게 만들 것이다. 예수님은 "누구든지 나를 위하여 자기 목숨을 잃기를 갈망하면 구원하리라"라고 말씀하지 않으셨다. 그저 목숨을 잃기를 갈망하는 것만으로는 충분치 않다. 그것은 앞 이야기에 나오는 여자와 다를 바 없다.

우주에서 가장 아름다운 분과 언약 관계를 맺으려면, 나를 온전히 그분께 드려야 한다. 거기에는 분명 그분의 리더십의 모든 면이 포함된다. 흥미로운 사실은 성경이 우리와 하나님의 관계를 신랑과 신부의 관계에 비유한다는 것이다. 바울의 글을 읽어 보자.

그러므로 사람이 부모를 떠나 그의 아내와 합하여 그 둘이 한

육체가 될지니 이 비밀이 크도다 나는 그리스도와 교회에 대하여

말하노라(엡 5:31-32).

바울은 이 글을 통해 한 남편과 아내의 부부관계에 대해 가르쳤지만, 그는 또한 우리와 예수님의 관계를 나타내기 위해 쓴 글임을 명백히 했다. 남편에게 자신을 온전히 주고 싶은 마음만 있고 실제로는 그렇게 하지 않을 여자와는 아무도 결혼하지 않을 것이다. 우리가 예수님께 그와 같이 할 수 있다고 생각하는가? 아마 이것이 야고보가 다음과 같이 말하는 이유일 것이다.

간음한 여인들아 세상과 벗 된 것이 하나님과 원수 됨을 알지 못하느냐 그런즉 누구든지 세상과 벗이 되고자 하는 자는 스스로 하나님과 원수 되는 것이니라(약 4:4).

야고보는 같은 말을 두 번 했다. 즉 이 점을 매우 강조했다. 이것은 사소한 문제가 아니다. 하나님과의 참된 관계에서 가장 중요한 부분이다. 간음한 여인은 한 사람과 언약을 맺지만 그 언약을 어기고 다른 사람과 관계를 맺으려 한다. 이 사람은 구속력 있는 관계의 합의를 지키기 위해 헌신하지 않는다.

우리가 예수님을 따르기로 약속하는 것은 곧 우리 자신을 부인하고 우리를 둘러싼 세상의 체제를 멀리하기로 약속하는 것이다. 우리는 말 그대로 그분께 우리의 온전한 충성과 순종을 드릴 수 있다. 이것은 우리의 뜻보다 그분의 뜻과 갈망을 더 받아들이겠다는 뜻이다. 주님께 우리 삶을 드리는 대신 우리는 그분의 생명을 얻는다. 이것은 한 남자와 여자의 건강한 결혼생활과 같다.

여전히 '내 삶'을 원하는 우리들

자신의 삶 또한 그대로 유지할 수만 있다면 구원의 혜택을 기쁘게 받아들일 사람이 많다. 재미있는 것은 사람들이 대부분 하나님을 따르기 위해 포기해야 할 게 있다는 걸 알지만 대가를 치를 준비가 되어 있지 않다는 것이다. 그들은 하나님과 자기 자신에게 솔직하다.

예전에 한 이웃이 있었는데, 그가 이런 사람들 중 하나였다. 그의 이름을 '케빈'이라고 하겠다. 케빈은 꽤 유명한 레슬링 선수였다. 그와 그의 가족은 우리 집에서 세 집 건너에 살고 있었다. 그들이 처음 이 동네로 이사를 왔을 때 그의 아내가 그에게 우리를 멀리하라고 경고했다. "그들은 예수 믿는 광신도들이에요."

두어 달 뒤에 그녀는 극심한 공황발작을 겪으며 쓰러져 리사의 품에서 엉엉 울었다. 이 사건을 계기로 리사가 그녀와 예수님에 대해 이야기할 수 있는 문이 열렸다. 그리고 그 레슬링 선수의 아내는 영광스럽게 구원을 받았다. 곧이어 그 부부의 두 아들도 예수님께 자신의 삶을 드렸다.

우리는 계속해서 더 가까워졌고, 케빈과 나는 좋은 친구가 되었다. 우리는 많은 시간을 함께 보냈다. 자주 만나서 놀았고, 종종 우리 아들들과 같이 농구나 길거리 하키, 골프를 함께 하기도 했다.

어느 날 저녁 하나님이 케빈의 삶 속에 곧 일어날 몇 가지 사건들을 보여 주셨다. 밤 10시쯤 되어 늦은 시각이었지만, 나는 그에게 꼭 이야기를 해야 할 것만 같았다. 케빈이 나를 맞으러 나왔을 때 나는 앞으로 9개월 안에 그의 삶에 일어날 세 가지 일을 이야기해 주었다. 아니나 다를까, 세 가지 일이 모두 일어났고, 나는 '이제 케빈이 자기 삶을 예수 그리스도께 드리겠구나' 하고 생각했다. 하지만 여전히 아무 변화가 없었다.

몇 달 뒤에 하나님이 케빈의 삶 속에 일어날 또 다른 사건을 내게 보여 주셨다. 나는 이번에도 그에게 그 이야기를 해 주었다. 다만 이번에는 좀 더 자세히 캐물었다. "케빈, 하나님이 당신의 삶 속에 일어난 세 가지 일을 예언해 주시는 걸 경험했지요? 하나님이 당신에게 다가오시는 것을 알 수 있을 거예요. 그런데 왜 당신의 삶을 예수님께 드리지 않는 거죠?"

케빈은 키가 184센티미터에 몸무게가 108킬로그램이었는데 체지방이

4퍼센트밖에 안 됐다. 겉모습만 보면 매우 위협적이었다. 그런 그가 나를 내려다보며 말했다. "지불해야 할 대가가 있다는 걸 아니까요. 예수님께 내 삶을 드리고 그분에게 복종해야 하는 걸 알고 있지만, 난 내 삶을 포기하고 싶지 않은 거예요."

그리고 이렇게 말했다. "목사님, 우리 조직에 아주 유명한 레슬링 선수가 한 명 있어요. 그는 자기가 거듭난 그리스도인이라고 말하지요. 목사님을 인터뷰했던 그 텔레비전 프로그램에서 그가 하나님에 대해 이야기한 적도 있어요. 하지만 내가 알기로 그는 마약을 복용하고 있고 성적으로도 문란합니다. 보세요, 그가 나와 뭐가 다릅니까? 난 그와 같은 위선자가 되고 싶지 않은 거예요. 그렇게 허울을 쓰고 사느니 차라리 인생을 즐기겠어요."

나는 케빈의 말을 듣고 엄청 충격을 받았지만, 그의 이야기는 드문 사례가 아니다. 교회에 다니고 예수님을 구주로 부르며 자신이 하나님의 자녀라고 말하지만 자신의 삶을 그분의 주권에 맡기지 않은 사람이 수없이 많다. 그들은 정말로 구원받았을까?

우리 기독교 공동체 안에서 하나님의 자녀가 아닌 사람을 회심자로 받아들이는 게 가능할까? 예수님은 그 당시의 지도자들에게 이렇게 말씀하셨다. "너희는 교인 한 사람을 얻기 위하여 바다와 육지를 두루 다니다가 생기면 너희보다 배나 더 지옥 자식이 되게 하는도다"(마 23:15). 현대 교회의 지도자들이 지옥 자식들이라는 말은 아니다. 다만 내가 묻는 것은 우리가 지금 어떤 회심자들을 낳고 있냐는 것이다.

구도자들에게 그들의 목숨을 버리도록 요구하지 않은 결과, 그들이 발견한 것은 더 개선된 삶의 양식과 사후세계에 대한 약속이다. 일단 익숙한 '죄인의 기도'를 암송하면 그들의 양심이 누그러진다. 이론적으로 그는 더 이상 하나님으로부터 멀리 있지 않다. 그런 사람들이 신자들의 공동체에 속해 있고 공동의 유대를 나누고 있다. 이제 그들은 선하게 보이는 편에 서서, 사회적 불평등의 희생자들과 가난한 자들, 궁핍한 자들에게 관심을 가지고 때로는 그들을 보살피는 일에 참여하기도 한다.

하지만 이들이 참으로 구원을 받았을까? 아니면 그들이 속고 있는 까닭에 진짜 진리를 듣는 게 더 어려워지고 있는 건 아닐까? 잘못된 메시지로 마태복음 7장에 언급된 잘못된 길을 따르는 자들, 즉 예수님께 "내가 너희를 도무지 알지 못하니 내게서 떠나가라"라는 말씀을 들을 자들을 양산하고 있는 건 아닐까?

정확한 영적 메시지 vs 시장성 있는 메시지

이것이 예수님이 잃어버린 자들에게 다가가시는 방법인가? 흔히 '부자 청년'이라고 불리는 청년 지도자의 이야기로 돌아가 보자.

몇 년 전에 나는 200명의 목회자들이 모인 컨퍼런스에서 말씀을 전했다. 그들은 미국에서 큰 교회들을 담임하는 목사들이었다. 나는 이들을 향해 이렇게 물었다. "예수님께 다가가는 부자 청년을 상상해 봅시다. 그가 아르마니 외투를 걸치고, 롤렉스 손목 해시계를 자랑스럽게 보이며, 롤스로이스 마차에서 내리는 모습을 상상할 수 있습니까? 그가 예수님을 향해 걸어갈 때 몇몇 개인 비서들이 따라옵니다. 그는 냉랭하게 속마음을 드러내지 않으면서 약간 거만한 어투로 이렇게 묻습니다. '선한 선생님이여 내가 무엇을 하여야 영생을 얻으리이까?' 여러분은 그러한 장면이 펼쳐졌을 거라고 생각합니까?" 안타깝게도 그들 중 대다수가 동의하며 손을 들었다.

"아닙니다! 성경은 그렇게 기록하고 있지 않습니다." 나는 그 사건이 실제로 성경에 어떻게 기록되었는지 읽어 주었다.

예수께서 길에 나가실새 한 사람이 달려와서 꿇어 앉아 묻자오되
선한 선생님이여 내가 무엇을 하여야 영생을 얻으리이까(막 10:17).

이 청년은 많은 사람 앞에서 예수님께 달려와 그 앞에 꿇어 앉았고, 그가 영생을 얻으려면 무엇을 해야 하는지 알고 싶다고 간청했다. 이 사람에게 거만한 모습 따위는 없었다.

나는 이 장면을 직접 보여 주는 게 가장 좋겠다고 생각했다. 그래서 청중석에 있는 지도자 한 사람을 불러내어 내 맞은편 끝에 서 있으라고 했다. 그러고 나서 나는 그에게 전속력으로 달려갔고, 몇 발자국 남았을 때 미끄러지듯 무릎을 꿇으며 그의 셔츠 자락을 붙잡고 큰 소리로 애원했다. "제가 뭘 해야 구원을 받을 수 있습니까? 영생을 얻으려면 무엇을 해야 합니까?"

지금까지 내 삶 속에서나 사역 속에서, 부자든 가난한 자든 어떤 사람이 나를 쫓아와서 무릎을 꿇으며 "제가 거듭나려면 무엇을 해야 합니까?"라고 소리친 적은 한 번도 없었다. 틀림없이 그 청년 관리는 열정적이고 신실한 사람이었을 것이다! 예수님은 그런 그에게 "네가 어찌하여 나를 선하다 일컫느냐 하나님 한 분 외에는 선한 이가 없느니라"(막 10:18)라고 말씀하셨다.

앞에서도 말했듯이, 그 사람은 "선한 선생님"이라는 호칭으로 예수님을 높임으로써 호의적인 대답을 끌어내려고 했다. 하지만 예수님은 이런 아첨으로 분별력이 흐려질 분이 아니었다. 구원은 좋은 것과 나쁜 것에 대한 부자 청년의 평가에 따라 지나치게 단순화해서는 안 되는 것이었다.

한편, 이 사람은 진실했다. 부자 청년은 예수님을 주나 왕으로 부르지 않았다. 예수님을 주라고 부르려면 예수님이 하라고 하신 일을 해야 한다는 걸 알았던 것이다! 오늘날 사람들은 예수님을 주라고 부르고 성경을 믿는다고 고백한다. 하지만 성경에서 하나님이 그들에게 요구하시는 대로 주의 깊게 따르기보다는 선과 악에 대한 자신의 지식으로 삶의 선택을 평가한다. 그들은 성경의 가르침에 웃으면서 "아멘" 하지만 그것이 그들의 목적에 부합하지 않으면 마치 그들의 삶에 적용되지 않는 말씀인 것처럼 편리하게 차단해 버린다. 그들은 성경 말씀을 듣지만 자신에게 적용하지 않는다. 많은 경우에 그 메시지는 다른 사람에게 알맞은 것이라고 생각한다. 자기들보다 더 못하다고 여기는 사람들에게 말이다.

예수님이 영생을 열정적으로 갈망했던 이 사람에게 뭐라고 말씀하셨는지 보라.

네가 계명을 아나니 살인하지 말라, 간음하지 말라, 도둑질하지

말라, 거짓 증언하지 말라, 속여 빼앗지 말라, 네 부모를 공경하라

하였느니라 그가 여짜오되 선생님이여 이것은 내가 어려서부터 다

지켰나이다(막 10:19-20).

예수님은 십계명 중 뒤에 나오는 여섯 계명을 인용하셨다. 모두 인간 관계를 다루는 계명이다. 부자 청년은 자신이 평생 그 모든 계명을 지켜 왔다고 대답했다. 나는 그가 정말 그랬을 거라고 믿는다. 이런 기준으로 보면 우리는 그가 선하고 정직하고 곧은 사람이었음을 알 수 있다. 그는 이런 좋은 성격에 의존하고 있었다. 그러한 것들로 인해 하나님의 총애 받기를 기

대했던 것이다.

그러나 하나님은 의도적으로 처음 네 계명을 생략하셨다. 바로 하나님의 관계를 다루는 계명들이다. 그중 첫째는 전능하신 하나님 앞에 다른 신들이나 우상들을 두지 말라는 것이다. 다시 말해서, 우리 삶의 어떤 것도 하나님을 향한 우리의 애정과 사랑, 헌신과 복종보다 앞에 와서는 안 된다. 이 청년은 그 계명을 완벽히 지키지 않았고, 또 그 당시에 그럴 마음도 없었다. 예수님은 그의 삶 속에서 결국 그가 끝까지 잘하지 못하게 방해하는 것을 드러내려 하셨다.

> 예수께서 그를 보시고 사랑하사 이르시되 네게 아직도 한 가지
> 부족한 것이 있으니 가서 네게 있는 것을 다 팔아 가난한 자들에게
> 주라 그리하면 하늘에서 보화가 네게 있으리라 그리고 와서 나를
> 따르라 하시니(막 10:21).

예수님이 그를 사랑하셨다는 사실을 주목하라! 하지만 예수님은 그 부자 청년을 향한 사랑을 어떻게 보여 주셨는가? 예수님은 이 구도자에게 경고하셨다. 이 사람이 결국 돈 때문에 마음이 흔들려서 예수님의 권위(주권)에 순종하지 못할 날이 반드시 올 거라는 사실을 예수님은 알고 계셨다. 예수님은 시작을 잘할 뿐만 아니라 끝까지 지속해 가는 것에 더 관심이 있으셨다.

이 사람에게 장애물은 바로 그의 돈이었다. 다른 이들에게는 그것이 여자친구나 남자친구, 스포츠, 쇼핑, 사업, 철학, 교육, 음식 중독, 또는 성적 취향이 될 수 있다. 사실 우리가 예수님보다 더 애정을 주고 힘을 부여하는

건 무엇이든지 걸림돌이 될 수 있다.

예수님은 그의 다른 사랑을 다 수용하도록 메시지의 길을 넓혀 주심으로써 그 청년을 사랑하셨는가? 그의 마음을 상하게 하지 않으려고 진리를 느슨하게 만드셨는가? 그가 나중에 돈을 사랑하는 마음을 버리기를 바라면서, 그냥 죄인의 기도를 드리게 해도 되지 않으셨을까? 어쨌든 그는 구원받는 것에 가장 큰 관심을 보였던 최고의 구도자였다. 예수님은 그저 그물을 끌어당기기만 하면 부유하고 열심히 봉사하는 저명한 그리스도인을 얻으셨을 것이다!

하지만 예수님은 정말로 이 청년을 사랑하셨다. 그래서 그에게 아주 강한 말로 진실을 알려 주셨다. 이 열정적이고 영향력 있는 청년을 잃을 각오를 하고 말이다. 예수님은 그의 눈을 바라보시며 그에게 부족한 것이 있다고 말씀하셨다. 그것은 열정이 아니라 어떠한 희생이 따르더라도 왕 중의 왕께 순종하겠다는 마음의 각오였다.

나는 이 사람이 단지 예수님을 구세주로 여겼을 거라 믿는다. 그럴 경우 순종은 선택사항이었다. 그가 판단하기에 예수님의 조언이 좋으면 따랐을 것이다. 그러나 예수님의 조언이 좋지 않다고 판단되면 그냥 떠날 수도 있었다.

당신은 간절한 구도자에게 부족한 것이 있고 그것 때문에 영생을 얻지 못할 거라고 말하는 것을 상상할 수 있는가? 하지만 어떤 사람을 진심으로 사랑한다면, 그가 거부할 거라는 사실을 알더라도 진실을 말해 주어야 한다. 많은 그리스도인과 사역자들이 청중에게 거절당할 것이 두려워 아첨을 한다. 그들은 사람들에게 받아들여지기를 간절히 원한다. 솔직히 말하면 나도 그랬다. 내가 만난 사람들은 모두 나를 좋아했다. 내가 항상 그들이 듣고 싶어 하는 말을 해 주었기 때문이다. 나는 대립하고 거절하는 게 싫었고 모두가 행복하길 원했다. 그런데 하나님이 나의 불안정하고 이기적인 동기를 드러내셨다. 내 사랑의 초점을 드러내신 것이다. 그것은 나와 대화하는 사람들이 아니라, 바로 나 자신이었다.

진리를 타협하고 다른 사람으로 하여금 거짓말을 믿게 하는 것보다 진실을 말하는 게 훨씬 더 좋다. 그들이 자기 삶 속에 다른 우상들을 두어도 된다고 믿게 하기보다 진실을 듣게 해야 한다. 그렇지 않으면 어느 날, 이미 너무 늦었을 때, 그들이 주님께 "떠나라. 나는 너를 모르니, 네가 속은 것이다!"라는 말씀을 듣고 충격을 받게 될 것이다.

이제 예수님의 메시지에 대한 이 열정적인 구도자의 반응을 살펴보자.

> 그 사람은 재물이 많은 고로 이 말씀으로 인하여 슬픈 기색을 띠고
> 근심하며 가니라 예수께서 둘러보시고 제자들에게 이르시되 재물이
> 있는 자는 하나님의 나라에 들어가기가 심히 어렵도다 하시니(막
> 10:22-23).

그렇게 간절했던 사람이 근심하며 떠났다!

"오, 예수님, 어떻게 그러실 수가 있습니까? 그 사람은 기대하는 마음으로 왔는데, 예수님 말씀을 들은 후에 슬퍼하며 떠났습니다! 구도자에게 긍정적인 메시지를 전해야 하지 않습니까? 예수님의 말씀은 사람들을 슬프게 하는 게 아니라 일으켜 세우고 기분 좋게 해 줘야 합니다. 열심 있는 사람들을 계속 이렇게 대하시면 교인수가 줄 겁니다. 특히 돈 많고 영향력 있는 사람들이 오지 않을 거예요. 어서 그를 따라가서 부드러운 메시지를 전해 주

세요. 그러면 잠시 후에 틀림없이 모든 진리를 받아들일 겁니다!"

오늘날 같으면 예수님이 그의 리더십팀이나 교회의 임원들에게 들었을 법한 말이다! 예수님은 야단을 맞으며 사임을 요구당하셨을 것이다. 감히 예수님은 나중에 어마어마한 헌금을 낼 수도 있는 이 사람의 기분을 상하게 하셨다. 그가 펜을 들고 수표에 서명만 하면 교회의 일 년 전도활동 비용이 전부 해결되었을 텐데 말이다! 그는 수백만 달러나 되는 교회 건축 빚을 다 갚을 수 있는 사람일지도 모른다. 예수님은 크고 효과적인 사역을 세워 가는 원동력을 이해하지 못하시는 것이다. 어쩌면 사람들에게 긍정적으로 영향을 미치는 법을 깜박하셨을 수도 있다. 예수님은 좀 더 부드럽게 말하고 동기를 부여하는 메시지를 전해야 했다. 희망을 주는 말로 자존감을 세워 주셔야 했다.

우리는 회심자를 얻고 추종자를 만들어 내기 위해서라면 거의 뭐든지 하는 덫에 걸려 버렸다. 교회 출석률을 높이고, 트위터에서 팔로워를 얻고, 페이스북을 기반으로 팬을 늘리고, 또는 블로그의 독자들을 얻기 위해 협상 기술을 사용한다. 이건 하나님께 우리의 지혜가 그분의 지혜보다 더 낫다고 말하는 것이다. 다시 말하지만, 그것은 하나님보다 좋은 것을 택하는 것이다.

사람들에게 그리스도를 택하도록 권유하는 것이 필요한 것은 사실이다. 하지만 그 권유는 진리를 바탕으로 해야 한다. 하나님은 결코 우리에게 신약 성경의 메시지를 확장하라고, 여전히 하나님의 구원의 길과 상관없이 독립적으로 살고자 하는 사람들을 위해 더 편안한 메시지를 전하라고 하지 않으셨다. 구원은 우리가 선악을 판단하는 지식의 나무에서 발견되지 않는다. 하나님 말씀에 따르면 그것은 오로지 생명나무에서만 발견된다. 다른 사랑하는 것과 우상들은 버려야 한다. 청혼을 받아들이는 여자가 다른 남자들과의 관계를 정리해야 하는 것과 마찬가지다. 예수님을 단지 구세주가 아니라 주로 받아들여야 한다. 이것이 바로 생명나무다!

이제 이 부자 청년이 떠난 후에 예수님이 무엇을 하셨는지 보자.

예수께서 둘러보시고 제자들에게 이르시되 재물이 있는 자는
하나님의 나라에 들어가기가 심히 어렵도다 하시니 제자들이 그
말씀에 놀라는지라 예수께서 다시 대답하여 이르시되 얘들아
하나님의 나라에 들어가기가 얼마나 어려운지(막 10:23-24).

어느 날 이 사건을 깊이 생각하는데, 성령이 어떤 중요한 지점에 주목하도록 이끄셨다. 나는 사회에서 존경받던 이 부자 청년의 모습을 마음속에 그려 보았다. 슬픔에 잠겨 고개를 숙이고 낙담한 표정으로 천천히 예수님을 떠나는 그 모습을 말이다.

나는 주님이 그를 따라가서 그의 어깨를 붙잡으시며 이렇게 말씀하시지 않았다는 걸 깨달았다. "잠깐만 있어 봐, 친구. 내가 솔로몬의 지혜를 생각나게 해 줄게. 그는 잠언 19장 17절에서 '가난한 자를 불쌍히 여기는 것은 여호와께 꾸어 드리는 것이니 그의 선행을 그에게 갚아 주시리라'고 했네. 내가 자네한테 가진 것을 팔아서 가난한 자들에게 나눠 주라고 했지. 그런데 기억하게. 잠언 말씀에 따르면, 무엇이든 자네가 가난한 자에게 나눠 준 것은 하나님이 자네한테 갚아 주실 것이네. 그냥 갚아 주시는 게 아니라, 자네가 나눠 준 것보다 100배 더 많이 주실 거야!"

이 부자 청년은 아마 뛰어난 사업가였을 것이다. 따라서 예수님이 이런

식으로 그에게 다가가 설득하셨다면 금세 생기가 돌며 "정말입니까?"라고 대답했을지도 모른다. 그러면 예수님은 이렇게 말씀하실 수 있었다. "그래! 이제 내가 큰 복을 누리게 해 주려고 한다는 걸 알겠지? 자네는 이 동네뿐 아니라 온 나라에서 가장 큰 부자가 될 거야." 그때 그 사람은 예수님을 따르기로 약속했을 가능성이 크다.

하나님 말씀에 우리가 무엇을 내어 드리면 갚아 주실 거라는 말씀이 있는 것은 사실이다. 농부가 뿌린 씨앗이 처음보다 훨씬 더 크게 돌아오는 것처럼 말이다. 이 사실은 그 사람이 떠난 직후에 확실히 드러났다. 베드로가 반은 반항심에, 반은 궁금한 마음에, 불쑥 이렇게 말했기 때문이다.

> 베드로가 여짜와 이르되 보소서 우리가 모든 것을 버리고 주를
> 따랐나이다 예수께서 이르시되 내가 진실로 너희에게 이르노니
> 나와 복음을 위하여 집이나 형제나 자매나 어머니나 아버지나
> 자식이나 전토를 버린 자는 현세에 있어 집과 형제와 자매와
> 어머니와 자식과 전토를 백 배나 받되 박해를 겸하여 받고 내세에
> 영생을 받지 못할 자가 없느니라"(막 10:28-30).

이때 예수님은 이미 모든 것을 버리고 그분을 따르던 이들을 보시며 이렇게 말씀하셨다. "너희는 지금 현세에 버린 집과 전토를 백 배로 받되 박해를 겸하여 받을 것이며 내세에는 영생을 받을 것이다."

왜 예수님은 그토록 간절히 영생을 얻고 싶어 했던 부자 청년에게 이렇게 말씀해 주시거나 잠언에 나오는 솔로몬의 말을 들려 주지 않으셨을까? 왜 예수님은 이 정보를 알려 주지 않으시는 것처럼 보였을까? 답은 간단하

다. 예수님은 결코 축복, 특전, 상급, 하나님나라의 혜택을 사용해서 사람들이 그분을 따르도록 유인하지 않으셨다. 예수님은 베드로, 야고보, 요한, 그리고 다른 제자들을 부르실 때에도 단지 "나를 따르라"라고 하셨다. '나를 따르면 내가 너희에게 복과 평화와 번영과 더 나은 삶을 주겠다'라고 하지 않으셨다. "나를 따르라. 나는 예수 그리스도요, 너희의 창조주, 주인이며, 우주의 왕이다"라고 말씀하셨다.

만일 베드로, 야고보, 요한, 안드레가 예수님을 따른 동기가 돈이었다면 그들은 결코 자기 생업을 그만두지 않았을 것이다. 그들이 생업을 그만둔 그날은 그들이 어부로 일하면서 최고로 수익이 좋았던 날이었다. 예수님 덕분에 그들은 두 배가 가득 차서 넘치도록 물고기를 잡아왔다! 그들은 "백 배 더 많이" 주겠다는 약속을 알지 못했다. 그 약속을 들은 건 이번이 처음이었다. 전에 그들이 알았던 것은 예수님이 생명의 말씀을 갖고 계신다는 것이었다. 그래서 모든 것을 버렸다. 돈은 결정적인 요소가 아니었다.

하나님은 예수님을 따르기 위해 완벽한 사람이 될 것을 요구하신 적이 없다. 오직 그분께 순종하려는 마음과 헌신만 요구하실 뿐이다! 이 부자 청년은 아마 베드로보다 훨씬 더 우아하고 세련된 인물이었을 것이다. 그러나 베드로는 예수님이 그에게 요구하시는 일이면 무엇이든 하겠다는 마음이 있었다. 예수님이 우리에게 모든 것을 버리고 그분을 따르라고 하실 때는 바로 이런 자세를 취하라는 것이다.

실제로는 아닌데 예수님께 속해 있다고 착각하다
내가 1979년에 예수 그리스도를 주로 영접했을 때 하나님은 곧바로 사역으로 나를 부르기 시작하셨다. 나는 퍼듀대학교에서 기계공학을 전공하고 있었다. 나는 학교에서 성적 우수자 명단에 들었고, 대학 테니스팀에 들어갔으며, 하버드대학교에서 MBA(경영학 석사)를 할 계획이었다. 내 계획은 멋진 여자와 결혼하고, 영업직이나 관리직으로 기업에 들어가는 것이었다.

사역에 관해서는 아무것도 하고 싶은 게 없었다. 내가 만난 사역자들을 보면 다들 삶 속에서 다른 일은 할 수 없을 것 같았다. 그들은 냄새나는 집에서 살았고 그들의 자녀들은 이상해 보였다. 나는 인구가 3천 명 정도 되는 도시에서 자랐기에, 내가 아는 사역 모델은 매우 한정적이었다. 나는 좋은 사역자를 만나서 같이 시간을 보내 본 적이 없었으나, 그 이후로 그런 사역자도 많다는 것을 서서히 알게 됐다.

하지만 그때 교회에서 예배를 드리는 동안 하나님의 성령이 내게 오셔서 이렇게 말씀하셨다. '존, 나는 내 사역을 위해 너를 불렀다. 너는 어떻게 할 거냐?'

나는 생각했다. '우리 가족이 나와 의절하려고 할 텐데. 가족들은 모두 가톨릭 신자잖아. 난 결국 가난하고 지저분한 집에 사는 다른 사역자들처럼 될 거야.' 하지만 하나님께 순종하는 일이 내게 다른 무엇보다 중요했다. 그래서 고개 숙여 이렇게 기도했다. "네, 하나님. 하나님께 순종하여 어떤 대가를 치르더라도 말씀을 전하겠습니다. 하나님이 가라 하시면 어디든 가서 하나님이 명하시는 대로 말씀을 전하겠습니다."

사실 그 결정을 내릴 때 내가 상상했던 것과 실제로 경험한 건 완전히 달랐지만, 하나님은 내게 그것을 미리 보여 주지 않으셨다. 그분은 단지 내가 모든 것을 버리고 그분을 따를 마음이 있는지 알기 원하셨던 것이다.

사도행전과 서신서에서 베드로와 바울, 그리고 다른 제자들의 사역을 연구해 보면, 그들의 메시지가 예수님이 부자 청년에게 전하신 말씀과 정확히 연장선상에 있다는 걸 알게 될 것이다! 오늘날 우리는 이 길에서 벗어났다. 미국의 영적 상태가 악화되고 있는 근본적인 이유가 바로 그것이다. 많은 사람이 실제로는 아닌데 자신이 예수님께 속해 있다고 생각하는 이유도 그것이다. 우리는 예수님의 주권으로 다시 돌아가야 한다. 그래야 건강한 기반을 갖게 될 것이다. 우리는 여전히 잘못된 나무 열매를 먹고 있다. 선한 것으로 알고 있는 것이 사실은 우리 삶에서 가장 좋은 것을 빼앗아가고 있는 것이다.

하나님이 우리에게 주기 원하시는 많은 축복을 우리는 놓치고 있다. 그 이유는 우리가 정확한 영적 메시지 대신 시장성 있는 메시지를 전했기 때문이다. 솔직히 말해서, 만일 이 부자 청년이 오늘날 우리의 최첨단 교회에 왔다면 '구원을 받았을' 것이고 머지않아 중요한 교인으로 간주되며 교회 임원이 되어 달라는 요청을 받을지도 모른다.

오늘날 교회는 하나님의 주권과 상관없이 좋기만 한 구원 메시지를 전달한 적이 너무 많았다. 그러나 사람들을 속이지 않기 위해, 그렇지 않으면 언젠가 "내게서 떠나라"라는 말을 들을지도 모르는 많은 사람을 위해, 교회의 힘을 기르기 위해, 참으로 하나님의 축복 안에서 행하기 위해, 우리의 '적당히 좋은' 구원 메시지를 버리고 생명나무, 즉 성경의 구원 메시지로 돌아야 한다.

Part 3

인생 내비게이션,

세팅을 새로 하라

01

'적당히 좋은 것'에서
'가장 좋은 것'으로

나는 하나님께서 우리를 손짓하여 부르시는 그 목표,
곧 예수만을 바라볼 뿐입니다.
- 빌 3:14, 메시지

　　우리의 기초는 예수 그리스도의 주권에 있다. 우리 삶의 모든 면이 이 견고한 기반 위에 세워져야 그 삶이 영원히 지속될 것이다. 그렇지 않으면 결국 약해지거나 사라지고 말 것이다.

　　집의 기반을 다진 다음에는 골조를 세워야 한다. 건축 과정에서 이 시기에는 모든 것을 결합한다. 바닥재, 벽, 천장, 수납장, 조명, 테두리, 창문, 욕조, 그 외 모든 마감재가 계속 유지되려면 튼튼한 골조가 필요하다. 견고한 기초와 튼튼한 골조가 있으면 우리는 오래가는 튼튼한 집을 지을 수 있다. 그리고 그 집이 곧 삶이다.

하나님과 사랑에 빠지는 것은 가장 위대한 로맨스다.
그분을 찾는 것은 가장 위대한 모험이며,
그분을 발견하는 것은 인간의 가장 위대한 성취다.
- 어거스틴

목적지가 어디로 설정되어 있는가

당신의 궁극적인 목적은 무엇인가? 다시 말해서, 다른 모든 갈망보다 더 중요한 갈망은 무엇인가? 솔직하게 말할 수 있는가? 그렇다면 결국 당신이 원치 않는 곳에 있게 되는 일은 없을 것이다.

이렇게 생각해 보자. 당신의 스마트폰에 있는 내비게이션이 공항에 맞춰져 있는데 당신이 실제 가려고 하는 곳은 쇼핑몰이라고 하자. 공항 터미널에 거의 도착하여 백화점 대신 항공기 안내판이 보이고, 내비게이션에서 "목적지에 도착했습니다"라는 안내가 나올 때 당신은 좌절하며 신음소리를 낼 것이다. 당신은 믿을 수 없어서 "어떻게 내가 여기에 온 거야?"라고 항의하겠지만, 이유는 매우 간단하다. 당신의 내비게이션이 목적지로 당신을 데려온 것이다.

사도 바울은 자신의 '내비게이션 설정'을 이렇게 명시했다. "푯대를 향하여 그리스도 예수 안에서 하나님이 위에서 부르신 부름의 상을 위하여 달려가노라"(빌 3:14). 바울은 자기가 무엇을 추구하는지 알았고, 그의 내비게이션이 거기에 맞춰져 있었다. 어떠한 저항과 장애물, 강한 역경을 만나더라도 바울은 그 모든 것을 이겨내고 달려가며, 다른 종점으로 돌아가지 않았다.

당신 안에 있는 내비게이션은 어디에 맞춰져 있는가? 친구를 많이 사귀는 것? 인기를 얻는 것? 안락한 생활을 즐기는 것? 자신의 직업 분야에서 최고가 되는 것? 아니면 건강과 행복?

어쩌면 "저는 이 모든 것을 다 얻고 싶습니다"라고 대답할지도 모르겠다. 우리 대부분은 이런 것들을 갈망한다. 하지만 유독 다른 것보다 더 중요한 갈망이 있다면 무엇인가? 이것을 확실히 구분하는 것이 중요하다. 왜냐하면 그것이 궁극적으로 당신의 목적지를 결정하기 때문이다. 다른 종점으로 가는 길이 때로는 같을 수도 있지만, 가다 보면 반드시 길이 나눠지는 지점이 있을 것이고 당신은 어느 길로 갈지 선택해야 한다.

그렇다면 당신의 최종 목적지는 어디인가? 당신의 궁극적인 목적이 도덕적으로 순결하고, 윤리적이고, 선한 사람이 되고, 건강하고, 경제적으로 안정된 삶을 사는 것이라면, 당신은 결국 부자 청년과 같은 자리에 있게 될 것이다. 즉 이 모든 특성을 다 가졌지만 여전히 가장 중요한 한 가지가 부족한 것이다.

만일 당신의 궁극적인 목적이 친구를 많이 사귀는 것이라면 당신은 모세의 형, 아론과 같이 될 것이다. 즉 산 밑에서 많은 사회적 활동을 하며 주목을 받고 공동체를 도모하지만, 그러는 동안 하나님의 마음에서 멀어질 것이다. 당신이 만든 금송아지가 당신의 친구들과 지인들의 마음을 달래 주겠지만, 슬프게도 당신은 결국 그것이 그들과 당신을 가장 좋은 것에서 멀어지게 만들었다는 걸 알게 될 것이다.

만약 당신이 유명한 강사나 예술가, 지도자가 되고 싶거나 혹은 트위터나 페이스북에서 일정한 수의 팔로워를 얻고 싶다면 기독교계 안에서도 이런 지위를 얻을 수 있겠지만, 결국 이스라엘의 웃시야 왕처럼 될 것이다. 그는 나라에서 제일 유명한 사람이었지만 아주 외롭게 죽었다(대하 26장 참조).

혹은 당신 내면의 내비게이션이 좀 더 고상하고 자애로운 곳으로 설정되어, 가난하고 궁핍한 자들에게 후히 베푸는 일에 초점이 맞춰져 있을 수도 있다. 이 목적은 오늘날 많은 사람의 마음을 끌고 있고, 또 그래야 마땅하다. 우리 '메신저 인터내셔널'에서 가난하고 궁핍한 자들과 사회적인 불의의 희생자들을 돕기 위해 어떤 노력을 하고 있는지 보고하면 사람들의 얼굴이 환해진다. 하지만 바울은 고린도 교회 성도들에게 그가 가진 모든 것을 가난한 자들에게 주어도 여전히 부족할 수 있다고 말했다(고전 13:3 참조).

당신은 당신의 공동체 안에서 가장 후히 베푸는 사람이 되려고 노력하는가? 그것은 매우 고결한 목적이다. 하지만 아나니아와 그의 아내 삽비라도 예루살렘 교회 안에서 꽤 명망이 높은 사람들이었다. 어느 날 그들은 귀중한 땅을 팔아 거액을 헌금으로 냈다. 그들은 하나님의 집을 세우기 위한 그들의 헌신을 입증해 보이고자 했다. 그래서 칭찬받기를 기대했지만, 그 대신 심판을 받았다(행 5장 참조). 그들의 결말은 비극으로 끝났다.

한때 나 자신을 고상하고 경건한 사람으로 생각하던 때가 있었다. 18개월 동안 매일 새벽 5시에 일어나 7시까지 기도했다. 이 시간의 대부분은 다음과 같이 부르짖으며 기도했다. "주님, 제가 수많은 사람을 구원으로 인도하고, 하나님의 말씀을 능력 있게 전하고, 열방을 하나님나라로 인도하며, 아픈 사람을 치유하고, 사람들을 자유롭게 해 줄 수 있도록 저를 사용해 주옵소서." 나는 아침마다 이것을 위해 끈질기고 열정적으로 기도했다.

그런데 몇 달이 지난 어느 날 하나님이 내 마음에 이렇게 말씀하셨다. '아들아, 네 기도는 표적을 벗어났다.'

나는 깜짝 놀랐다! '대체 내가 구하는 것보다 더 좋고, 더 고귀하고, 더 나의 창조주를 기쁘게 해 드리는 게 뭐란 말인가? 혹시 내 마음속에 들려온 말씀을 잘못 이해한 것이 아닐까? 어떻게 그 모든 아름다운 영적 목표가 표적을 벗어날 수 있는가?'

그 즉시 나는 다시 성령의 음성을 들었다. '유다는 자기가 가진 모든 것을 버리고 나를 따랐다. 그는 열두 명의 핵심 제자 중 한 명이었다. 하나님나라를 전했고, 아픈 사람을 낫게 해 주었고, 가난한 자에게 물질을 나눠 주었으며, 사람들을 자유롭게 해 주었다. 그런데 유다는 지금 지옥에 있다.'

나는 충격에 할 말을 잃고 몸이 떨렸다. 유다는 내가 간구하던 모든 것을 이루었으나 영원히 잃어버린 자가 되었다는 걸 깨달았다. 어쩌면 유다가 자신의 내면의 내비게이션을 좀 더 유심히 살폈더라면 그의 결말이 그렇게 처참하지는 않았을 것이다. 나는 나도 모르게 유다와 같은 부류가 될 수도 있다는 걸 깨달았다. 그래서 진심으로 이렇게 물었다. "제가 무엇을 목적으로 삼아야 합니까?"

모든 것을 다 가졌던 남자, 모세

이때 하나님은 내게 또 다른 부자 청년 관리를 보여 주셨다. 예수님께 달려왔던 청년이 아니라, 그 당시 세상에서 가장 강대국이었던 애굽의 왕자로 자랐던 사람이다. 그의 이름은 모세다.

모세의 인생을 생각해 보라. 그는 돈과 음식, 옷, 물질적 소유, 교육에 있어 전혀 부족함이 없이 자랐다. 그의 지위는 모든 사람이 탐낼 만했다. 그는 모든 것을 가졌기 때문이다. 모세는 최신 디자이너의 옷을 입었고, 언제든지 무한한 예산으로 쇼핑할 수 있었으며, 아마 그 당시 가질 수 있는 모든 '장난감'을 다 가졌을 것이다. 오늘날로 치면 마세라티, 람보르기니, 페라리에 할리 데이비슨 오토바이의 전 모델에 해당하는 마차를 소유하고 있었을 것이다. 또한 그가 직접 운전하기를 원치 않았다면 운전기사가 항시 대기 중이었을 것이다.

모세는 직접 변기를 문질러 닦거나 욕조를 청소하거나 세차를 하거나 방을 정돈하거나 설거지를 하거나 빨래를 하거나 다른 어떤 집안일도 할 필요가 없었을 것이다. 하인들과 수행원들이 다 해 줬을 테니 말이다. 또 먹고 싶은 게 있으면 왕실 요리사들이 다 만들어 주었을 것이다.

그의 일은 재미있었다. 원하면 군대를 이끌거나, 건물을 설계하거나, 큰 파티를 계획할 수도 있었다. 어떻게든 자기가 원하는 대로 하루하루를 보낼 수 있었다.

모세는 또한 그 나라에서 가장 좋은 신랑감이었다. 누구든 그의 마음에 든 여자와 데이트를 하고 결혼할 수 있었다. 다른 나라의 여자들을 만나게 해달라고 요청할 수도 있었다. 실제로 모세가 원했다면 여러 아내와 첩들을 둘 수도 있었다.

모세가 관용을 베풀기 원했다면 큰 선물들을 줄 수 있었을 것이다. 비밀경호요원, 경찰, 또는 군인들을 불러서 그의 친구들을 보호해 줄 수도 있었다. 가난한 자들을 도와주거나 무시할 수도 있었다. 가장 훌륭한 연주자들과 배우들에게 자신을 매료시키라고 요구함으로써 그 나라의 예술계에 영향을 미칠 수 있었다. 왕의 보좌 외에는 그에게 금지된 것이 아무것도 없었다. 대부분의 사람들에게 그의 삶은 탐나는 유토피아처럼 보였을 것이다. 하지만 모세는 만족하지 않았다. 다음 글을 읽어 보자.

> 믿음으로 모세는, 어른이 되어 이집트 왕실의 특권층이 되기를
> 거절했습니다. 그는 압제자들과 더불어 기회주의적이고 안락한
> 죄악된 삶을 누리기보다, 하나님의 백성과 더불어 고된 삶을
> 선택했습니다(히 11:24-25, 메시지).

모세는 세상에서 가장 부유한 나라가 줄 수 있는 것들을 버리기로 했다. 왜 그는 그런 삶을 포기했는가? 계속 바로의 왕궁에서 살면서 하나님을 섬기는 데서 만족을 찾을 수도 있지 않았을까? 아니다. 모세의 내면의 내비게이션이 현재 거주하는 곳에서는 그의 참된 갈망을 이룰 수 없다고 알려준 것이다. 히브리서 기자가 그에 대해 기록한 내용을 보면 알 수 있다.

> 그리스도를 위하여 받는 수모를 애굽의 모든 보화보다 더 큰 재물로
> 여겼으니 이는 상 주심을 바라봄이라(히 11:26).

무슨 상이었을까? 청중들에게 이 질문을 던지면 대부분은 약속의 땅이

었다고 대답한다. 하지만 그것이 사실이라면, 우리는 이렇게 질문해 봐야 한다. 애굽의 비옥한 땅에서 얻을 수 없는 무엇을, 젖과 꿀이 흐르는 그 땅에서 얻을 수 있었을까? 그 시대에 애굽은 천연자원과 농업 생산량이 풍부했다. 약속의 땅이 그보다 훨씬 더 좋았을까? 모세가 이미 거주했던 궁전보다 더 좋은 집을 이 새로운 땅에 지을 수 있었을까? 나는 우리가 이러한 질문에 확실히 아니라고 대답할 수 있다고 생각한다.

그렇다면 모세가 추구했던 건 무엇이었을까? 그가 왕궁을 떠나던 날에는 그것을 정확히 몰랐으나, 그 이상의 것, 사실 훨씬 더 큰 것이 있다는 걸 알았다. 모세는 자신의 길을 가다가 나중에 자기가 추구하는 게 무엇인지를 정확히 알게 되었을 것이다.

이렇게 생각해 보자. 당신은 따뜻한 날씨와 해변을 사랑하고 눈과 추위를 싫어한다. 때는 한겨울인데, 당신은 지금 버몬트 주에 거주하고 있다. 그곳은 영하 20도이고, 당신은 멋진 해변에서의 휴가를 갈망한다. 그래서 차를 몰고 95번 고속도로를 따라 남쪽으로, 따뜻한 곳을 향해 가기 시작한다. 당신이 정확히 어디로 가고 있는지는 모르지만, 그곳이 눈 속에 꽁꽁 얼어붙은 이곳보다 훨씬 더 좋을 거라는 건 안다. 여행 도중에 주유소에서 플로리다 주 팜비치의 사진이 담긴 광고지를 보았다. 당신은 미소를 지으며 혼자서 "바로 이거야!"라고 말한다. 그 즉시 당신은 광고지에 찍힌 주소를 당신의 내비게이션에 입력한다. 이제 당신이 꿈꾸던 바로 그 해변을 향해 가는 것이다.

모세에게 일어난 일도 이와 비슷하다. 그는 더 큰 것이 있다는 걸 알고 왕궁을 떠났다. 하지만 40년이 지나 광야의 가시덤불에서 하나님을 만나고 그분의 임재를 경험할 때까지 그의 상급을 발견하지 못했다. 일단 하나님을 만나자 모세의 내면의 내비게이션이 확실히 설정되었다. 하나님의 임재가 바로 그의 상이었던 것이다. 그 증거는 나중에 모세가 이스라엘 백성을 애굽에서 인도해 낸 후에 나타난다.

'내 유익'을 목적지로 삼으면 노선을 이탈한다

모세에게 광야의 시간은 매우 힘들고, 스트레스가 가득했다. 그와 이스라엘 백성이 통과했던 건조한 사막은 큰 어려움과 도전이 가득한 곳이었다. 그 어려움은 종종 하나님이 개입하셔야만 완화될 수 있었는데, 그 개입이 늦어지는 것처럼 보일 때가 많았다. 설상가상으로 그에 대한 국민의 지지율이 사상 최저였다. 이런 격동의 시기에 하나님이 모세에게 말씀하셨다.

> 너는 네가 애굽 땅에서 인도하여 낸 백성과 함께 여기를 떠나서 내가
> 아브라함과 이삭과 야곱에게 맹세하여 네 자손에게 주기로 한 그
> 땅으로 올라가라 내가 사자를 너보다 앞서 보내어 가나안 사람과
> 아모리 사람과 헷 사람과 브리스 사람과 히위 사람과 여부스 사람을
> 쫓아내고 너희를 젖과 꿀이 흐르는 땅에 이르게 하려니와 나는
> 너희와 함께 올라가지 아니하리니 (출 33:1-3).

모세와 백성이 매일 직면했던 상황을 생각해 보라. 그들은 여러 가지로 열악한 환경에 있었다. 아름다운 골짜기, 시내, 숲, 열매 맺는 나무, 맑은 샘, 비옥한 토양, 또는 가축들에게 풀을 먹일 초원도 없었다. 시장을 보거나 새 옷을 사 본 지도 꽤 오래되었다. 그들의 식단은 늘 바뀌지 않았다. 일주

일에 6일 동안 땅에 나타나는 이상한 빵에, 주기적으로 공급되는 메추라기 고기가 다였다. 몇 달 동안 다른 것은 아무것도 먹지 않고 똑같은 빵만 계속 먹는다고 생각해 보라. 그러면 그 당시의 상황이 이해가 갈 것이다.

삶이 너무 힘들었다. 애굽에서의 노예생활도 끔찍했지만, 광야를 헤매는 삶이 더 나아 보이지도 않는다. 하지만 사람들에겐 희망이 있었다. 약속의 땅 가나안이 있었기 때문이다. 하나님은 오랫동안 그들에게 가나안이 풍요롭고 비옥한 땅이라고 말씀해 오셨다. 지금까지 그들은 애굽인들을 위해 도시를 건설하는 데 힘을 다했고 달갑지 않은 찌꺼기나 받아먹었다. 이제 곧 그들은 그들 자신의 아름다운 집과 도시, 마을을 건설할 수 있을 것이다. 그들의 유산에 맞는 새 문화를 형성하고, 자자손손 주목할 만한 유산을 물려주게 될 것이다.

하나님은 그들의 지도자, 모세에게 그들을 이 약속의 땅으로 데리고 가라고 지시하셨다. 강하고 뛰어난 사자가 그들을 안내하고 보호해 줄 거라고 하셨다. 이 사자는 모든 적을 쫓아낼 것이다. 그런데 한 가지 문제가 있었다. 하나님이 함께 가지 않으신다는 것이었다.

이 말을 들을 때 모세의 마음이 어땠을지 상상할 수 있겠는가? 당신과 당신의 조상들이 수세기 동안 기다려 왔던 것을 지금 하나님이 주겠다고 하신다. 430년 동안의 노숙과 치열한 싸움, 생존, 결핍이 이 제안과 함께 모두 끝날 수 있는 상황이었다. 이 상황에서 많은 백성을 이끌어야 하는 지도자라면 당연히 그 제안을 받아들이고, 급히 산을 내려가 사람들에게 이 중요한 소식을 알릴 것이다. 사람들은 마침내 그를 위대한 지도자로 칭송할 것이며, 그의 지지율은 사상 최고로 높아질 것이다. 그들은 모두 기뻐하며 오랫동안 기다려 온 약속의 땅으로 여행을 시작할 것이다.

이것이 '받아들일 만한' 좋은 것을 궁극적인 목적으로 삼을 때 펼쳐지는 광경이다. 그러나 하나님의 제안에 대한 모세의 대답을 들어 보라.

주께서 친히 가지 아니하시려거든 우리를 이곳에서 올려보내지 마옵소서(출 33:15).

"이곳"이 어디였는가? 결핍, 시련, 스트레스, 고난의 장소, 광야였다. 모세는 보통 사람이 들으면 매우 당황스럽고 이해할 수 없는 대답을 했다. 본질적으로 그는 "제가 주님의 임재와 주님의 축복 중에서 선택을 해야 한다면, 좋은 환경에서 누리는 주님의 축복보다 결핍과 고난의 장소에 있더라도 주님의 임재를 택하겠습니다"라고 말한 것이다.

모세는 망상에 빠져 있었던 걸까? 사막의 뜨거운 햇빛 때문에 판단력이 흐려졌던 것일까? 아니다. 그의 내면의 내비게이션은 가장 좋은 것에 맞춰져 있었다. 그것은 하나님이 그에게 좋은 선택을 제안하실 때에도 최선의 선택을 하도록 그를 이끌었다. 상식적으로 생각하고, 어디가 더 편한 환경일지 생각했다면 당연히 그 좋은 제안을 받아들였을 것이다.

모세의 목표, 즉 그의 상급은 하나님을 친밀하게 아는 것이었다. 어떤 사람과 함께 시간을 보내지 않고서는 그 사람을 참으로 알 수 없다. 그래서 모세에게는 하나님과 함께 있는 것이 가장 큰 상이었다. 그에게는 그보다 더 가치 있는 게 없었고, 아무것도, 심지어 하나님이 직접 하신 좋은 제안도 그를 단념시킬 수 없었다. 이것이 하나님을 얼마나 기쁘게 해드렸을지 상상할 수 있겠는가?

당신은 이렇게 물을지 모른다. "왜 하나님이 자신의 제안을 거절한 걸 기뻐하셨겠습니까?" 내가 겪은 일을 예로 들어 설명해 보겠다.

아내와 나는 여행 중에, 2-3일 동안 함께 보낼 자유시간이 생겼다. 그런데 근처에 훌륭한 골프장이 있었다. 나는 골프 치는 걸 좋아하고 훌륭한 골프장을 경험해 보는 걸 좋아한다. 몇몇 친구들이 여기서 골프를 치자고 나를 초대했지만, 아내와 함께 보내기로 한 시간이라 고민이 되었다.

내 훌륭한 아내는 진심으로 이렇게 말했다. "여보, 골프 치러 가세요."

그래서 나는 이렇게 대답했다.

"아니에요. 난 당신이랑 함께 시간을 보내고 싶어요."

내가 골프보다 아내를 선택한 것에 아내는 크게 기뻐했다. 왜냐하면 아내는 내가 골프를 좋아하고 친구들과 함께하는 시간을 얼마나 좋아하는지 알고 있기 때문이다. 리사가 그 제안을 할 때는 진심이었다. 그리고 내가 제안을 받아들였더라도 아내는 여전히 나를 사랑했을 것이다. 하지만 그녀의 마음 깊은 곳에, 내가 골프보다 그녀를 선택해 주길 바라는 마음이 있었던 것이다.

이와 같은 상황이 모세에게도 일어난 것이다. 하나님은 그에게 한 가지 제안을 하셨고, 기꺼이 도와주려 하셨다. 모세와 백성을 약속의 땅까지 안전하게 데려다 줄 사자를 보내려 하셨다. 그러나 그 여행에 하나님은 함께하시지 않을 것이다. 하나님은 진심으로 그 제안을 하셨지만, 내심 모세가 당장 광야를 벗어나 풍요롭고 아름다운 땅에서 더 편안한 삶을 누리는 것보다 하나님을 택하길 바라셨을 거라 믿는다.

모세는 하나님의 제안을 거절함으로써 두 가지 선언을 했다. 첫째는 하나님 없이 하나님의 축복을 누리는 시간보다 하나님과 함께하는 시간이 더 귀중하다는 것이었다. 둘째, 모세는 하나님의 온전한 신실하심을 믿었다.

약속의 땅에 들어가는 일이 지연되더라도, 결국 하나님이 이스라엘 백성을 그곳으로 인도하시리란 걸 모세는 알았다. 하나님은 약속을 지키시는 분이기 때문이다. 모세의 내면의 내비게이션이 바르게 설정되어 있지 않았더라면, 그런 상황에서 그는 분명 다른 선택을 했을 것이다.

애초에 다른 이스라엘 백성은 다 다른 동기를 가지고 있을 때 모세의 내면의 내비게이션을 그렇게 설정하게 만든 건 무엇이었나? 그 이전에 모세가 했던 선택과 행동을 잠깐 살펴보면 답이 나온다.

내가 청중에게 주기적으로 던지는 질문이 있다. "모세가 애굽에서 이스라엘 백성을 인도해 낼 때 어떤 목적지를 향하고 있었을까요?"

그러면 매번 대다수의 사람들이 "약속의 땅입니다"라고 대답한다.

정말 그런가? 모세는 몇 번이나 바로 왕 앞에 가서 하나님의 말씀을 애굽의 왕에게 전달했다. "내 백성을 보내라 그러면 그들이 광야에서 나를 섬길 것이니라"(출 7:16; 5:1; 8:1, 20; 9:1, 13; 10:3). 일곱 번이나 바로 왕에게 이스라엘이 어디로 갈 것인지 이야기할 때 모세는 예배와 광야를 연결지어 말했다. 한 번도 약속의 땅을 언급한 적이 없다.

모세의 목적은 사람들이 시내 산이 있는 광야에서 하나님을 만나고 예배하도록 인도하려는 것이었다. 그가 백성을 애굽에서 데리고 나와, 먼저 약속을 주신 분께 인도하지 않고 곧장 약속의 땅으로 데려가려 했겠는가? 만약 그랬다면 하나님의 임재보다 약속을 더 중요시했을 것이고 내비게이션도 잘못된 방향으로 설정했을 것이다.

안타깝게도 오늘날 사역자들과 교사들은 약속을 더 강조해 왔다. 내 기억에 1980년대와 90년대에는 예수님이 누구신가에 대한 것보다 그분이 우리를 위해 하실 일에 대해 훨씬 더 많이 들었던 것 같다. 이런 식의 가르침은 내면의 내비게이션이 하나님의 임재보다 축복에 맞춰진 제자들을 생산해 냈다. 이것은 여자가 돈이나 조건을 보고 한 남자와 결혼하는 것과 다르지 않다. 그녀는 그를 사랑할지도 모르지만, 그 동기가 옳지 않다.

나는 이스라엘 백성과 모세의 놀라운 차이점을 발견했다. 이스라엘 백성은 애굽에서 심한 학대를 받았다. 그들은 빈민가에 살았고, 오래된 음식을 먹었고, 낡아빠진 옷을 입었다. 다른 사람이 호화롭게 살 곳을 짓느라 평생을 보냈다. 등에는 감독자의 채찍에 맞은 상처가 있었고, 그들의 아들들은 바로 왕의 군대에 의해 죽임을 당했다.

이스라엘 백성은 기적적으로 애굽의 속박에서 풀려났으나, 광야로 들어온 지 얼마 안 됐을 때부터 거듭 불평하며 애굽으로 돌아가고 싶다고 했다. "애굽으로 돌아가는 것이 낫지 아니하랴"(민 14:3), "애굽 사람을 섬기는 것이 광야에서 죽는 것보다 낫겠노라"(출 14:12)라고 말했다.

자, 이제 내가 앞에서 얘기했던 모세의 편안하고 호화로웠던 애굽 생활을 생각해 보자. 그 또한 애굽을 떠나 그들과 같이 광야의 힘든 상황에 처하게 되었다. 하지만 그는 한 번도 불평하거나 애굽으로 돌아가겠다는 말을 하지 않았다! 왜일까? 답은 간단하다. 모세는 불타는 덤불 속에서 하나님의 임재를 경험했다. 그는 창조주로부터 직접 하나님의 말씀을 듣는 특권을 누렸다. 이스라엘 백성도 비슷한 기회가 있었으나 그들은 그것을 거부했다.

하나님께로 인도하시는 과정이다

일단 애굽에서 나오자, 모세는 백성을 시내 산으로 데려갔다. 그가 덤불 속에서 하나님을 만났던 그 장소였다. 그들이 도착하자 하나님은 모세에게 이렇게 백성에게 전하라고 하셨다.

내가 애굽 사람에게 어떻게 행하였음과 내가 어떻게 독수리 날개로
너희를 업어 내게로 인도하였음을 너희가 보았느니라(출 19:4).

'내게로 인도했다'라는 하나님의 말씀을 보라. 그 말의 참된 의미를 생각하면 매우 충격적이다. 하나님, 우주의 창조주가 이스라엘을 애굽의 속박에서 구해 내신 주된 목적이 그들을 하나님에게로 인도하기 위함이었다는 걸 분명히 밝히신 것이다. 하나님은 그들과 인격적이고 친밀한 관계를 맺기 원하셨다.

우리는 하나님이 관계적인 분이시며 아버지의 마음을 갖고 계시다는 걸 기억해야 한다. 늘 그 마음을 품고 계시며 앞으로도 그럴 것이다. 하나님은 아버지로서 자녀들을 알기 원하셨다. 혹은 어머니로서 갓 태어난 아이와 관계를 형성해 가길 간절히 원하셨다.

하나님은 가시덤불에서 모세에게 자신을 드러내셨다. 모세에게 그분의 임재를 경험하는 특권을 주신 것이다. 그 한 번의 경험만으로도 모세 안에 큰 의욕을 일으키기에 충분했다. 애굽에서의 삶이 아무리 좋았어도 그곳으로 돌아갈 마음이 전혀 들지 않을 정도로 말이다. 이 만남은 그에게 중요한 영향을 미쳤고 그의 내면의 내비게이션을 확고하게 고정시켰다.

모세는 자신이 경험한 일을 이스라엘 백성도 경험하길 원했지만, 더 놀라운 것은 하나님 또한 이것을 간절히 원하셨다는 것이다. 하나님이 이미 가시덤불에서 모세와 함께 시간을 보내셨기 때문에 모세가 백성에게 하나님을 소개하고 그들을 하나님께 인도할 수 있었다. 모세는 하나님을 만났

고 하나님과 함께 시간을 보냈다. 그는 또한 이스라엘 백성과도 함께 시간을 보냈다. 따라서 그는 하나님과 백성의 만남을 성사시켜 줄 사람이었다. 하나님은 모세에게 이런 메시지로 소개를 준비하라고 하셨다.

'너희는 내가 특별히 선택한 민족이다. 너희는 제사장 나라, 거룩한 민족이다.' 너는 이 말을 이스라엘 백성에게 꼭 전하여라(출 19:5-6, 메시지).

백성들은 모두 하나님께 특별한 존재들이었고, 하나님은 그들 모두가 제사장이 되길 바라셨다. 즉 그들 자신과 다른 사람들을 위해 직접 하나님께 나아올 수 있는 사람들이 되길 원하셨던 것이다. 본질적으로 하나님은 그들에게 친밀한 우정을 제안하고 계셨다. 얼마나 큰 특권인가! 그리고 하나님은 이렇게 말씀하셨다.

너는 백성에게 가서, 나를 만날 수 있도록 앞으로 이틀 동안 그들을 준비시켜라. 그들에게 옷을 깨끗이 빨게 하여, 셋째 날에는 준비를 다 마치게 하여라. 이는 셋째 날에 내가 시내 산에 내려가서, 온 백성 앞에 나의 존재를 알릴 것이기 때문이다(출 19:10-11, 메시지).

하나님이 셋째 날 시내 산에서 내려오셨지만, 백성들의 반응은 그분의 가슴을 미어지게 했다. 그들은 하나님께 가까이 다가가는 대신 하나님에게서 멀어졌다. 그들은 모세에게 이렇게 부르짖었다. "당신이 우리에게 말씀하소서 우리가 들으리이다 하나님이 우리에게 말씀하시지 말게 하소서 우리가 죽을까 하나이다"(출 20:19).

이스라엘 백성은 하나님의 임재를 감당할 수 없었다. 그들의 마음속에 여전히 애굽이 있었기 때문이다. 그들은 여전히 하나님보다 자신의 이익이 우선이었다. 하나님을 친밀하게 아는 일은 우선순위가 아니었다. 하나님의 분명한 임재는 단지 그들의 내면의 내비게이션이 어떻게 설정되어 있는지를 드러냈을 뿐이었고, 그들은 그것을 바꾸려 하지 않았다.

하나님의 명령을 다시 살펴보면, 거기에 옷을 깨끗이 빨게 하라는 명령이 포함되어 있다. 그건 무슨 뜻이었을까? 하나님은 몸의 위생 상태를 깐깐하게 따지시는 분일까? 그 답을 알기 위해 우리는 종종 구약 성경에서 외적인 행위들이 영적인 실체를 전달하는 역할을 했다는 걸 기억해야 한다. 애굽의 쓰레기들이 아직도 사람들의 옷에 붙어 있었다. 백성이 하나님의 거룩한 임재 안에 들어가기 전에 그것을 제거해야만 했다.

애굽은 타락한 세상 체계를 상징했다. 이 세상 사람들은 육신의 즐거움을 위해, 눈의 만족을 위해, 지위와 명성을 위해, 즉 "이생의 자랑"(요일 2:16)을 위해 산다. 하나님을 아는 것이 초점이 아니다. 그보다 '어떻게 하면 내가 이익을 얻을 수 있을까?'가 그들의 주안점이다.

진정한 신부를 원하신다

여행을 다니다 보면 종종 나이 많고 돈 많은 남자가 자기보다 15살에서 25살 정도 어리고 외모와 사교성이 뛰어난 여자와 함께 있는 걸 본다. 남자의 외모가 정말 형편없고 여자의 아버지로 착각할 만큼 늙어 보이는 경우도 많다. 왜 그녀는 그 남자와 동거를 하거나 결혼을 했을까?

아주 드물게 두 사람이 진심으로 사랑하는 경우도 있다. 하지만 대부분은 그렇지 않다. 알고 보면 여자가 '속물'(gold digger)인 것이다. 이것은 남자를 볼 때 그가 어떤 사람이냐에 관심을 갖는 게 아니라 그 사람이 제공해 줄 수 있는 질 높은 생활에 관심이 있는 젊은 여자를 경멸하는 표현, 또는 속어다. 그녀는 그 남자의 부와 영향력에 다가가기 원한다. 하지만 이것은 일방적인 게 아니다. 왜냐하면 그 남자의 주된 관심은 그 여자가 아니라 자신의 이기적인 성격을 위해 그녀가 해 줄 수 있는 일에 있기 때문이다. 그는 아직 젊고 당당한 모습을 보이고 싶어 하며, 당연히 만족스러운 성관계를 갖기 원한다.

간단히 말하면, 각자가 진심으로 상대방에게 관심을 갖기보다는 이기적인 마음으로 상대방에게 얻을 수 있는 것을 추구하는 것이다. 어떤 때는 상대방이 딴짓을 하는지 알면서도 자신의 정욕과 자존심을 계속 만족시키기 위해 참기도 한다. 지속적인 관계가 동기를 부여하는 요인이 아니다. 그보다는 자기중심적인 만족감이 동기가 된다.

최근에 아내와 함께 가구와 소품을 파는 가게에 갔다. 판매하는 여자 외에 가게 안에는 다른 한 커플밖에 없었는데, 나이 많은 남자와 젊은 여자였다. 처음엔 아버지와 딸인 줄 알았는데, 그들이 판매원과 대화하는 걸 듣고 그게 아니라는 걸 알았다. 그들은 새로 매매한 집을 꾸미기 위해 쇼핑하는 부부였다.

우리는 20분 넘게 그 가게 안에 그들과 함께 있었다. 나로선 그들을 관찰하기에 충분한 시간이었다. 나는 그들의 부자연스럽고 피상적인 대화에 관심이 쏠렸다. 그들은 서로 공통점이 거의 없고 관심사도 완전히 다른 게 분명했다. 그들의 삶에 사랑과 기쁨이 없다는 것은 누가 봐도 알 수 있었다. 그녀는 거의 그의 눈을 바라보지 못했고 시무룩한 표정을 짓고 있었다. 그녀는 몸에 딱 붙는 옷에 진한 화장을 하고 있었다. 그는 젊어 보이는 최신 유행 스타일로 옷을 입었고 돈을 펑펑 쓰는 사람처럼 허세를 부렸다. 판매원에게 이야기할 때도 그에게는 무엇이든 얼마나 비싼지는 문제가 아니라는 걸 분명히 했다.

이 커플을 보고 있으니 나와 아내의 관계가 얼마나 특별한지 깨달았다. 나는 아내를 무척 좋아한다. 그리고 그녀가 아름답긴 하지만, 외모 때문에 아내를 좋아하는 건 아니다. 리사는 나를 깊이 사랑한다. 우리는 가장 좋은 친구이며, 함께 보내는 시간을 사랑한다. 나는 가게에서 본 그 커플이 측은하게 느껴졌다. 그들의 관계에 사랑이 없는 게 분명해 보였기 때문이다. 내가 이 이야기를 하는 이유는 그들을 판단하기 위해서가 아니다. 나는 그들이 서로에 대한 사랑을 키워 가고 서로 같이 있는 시간을 즐기게 되길 바란다. 하지만 일반적으로는 그렇게 되지 않는다. 관계의 기초가 잘못되었기 때문이다.

이스라엘 백성은 이런 관계의 찌꺼기를 애굽에서 가지고 나왔다. 그러나 하나님은 속물이 아니라 진정한 신부를 원하신다. 이스라엘 백성의 마음에 여전히 남아 있는 세상적인 동기는 진정한 관계를 만들어 낼 수 없다. 그 동기는 자기중심적이기 때문이다. 이스라엘은 이 찌꺼기를 깨끗이 씻어 내야만 하나님을 알 수 있었다.

그러나 이스라엘은 모세처럼 그들의 열망을 버릴 수가 없었다. 모세가 간절히 원하는 것은 하나님과의 진실한 관계였다. 이스라엘은 하나님으로부터 오는 유익을 원했다. 그 차이였다.

우리는 지금 신약 시대에 살고 있다. 그래서 뭐가 달라졌는가? 마음속에 세상의 찌꺼기를 그대로 가지고 있으면서 하나님과 진정한 관계를 맺을 수 있는가? 예수 그리스도의 은혜로 우리에게서 세상의 찌꺼기를 씻어낼 필요가 없어졌는가? 요즘에는 좀처럼 강조되지 않는 성경 구절이 이것에 대해 구체적으로 말하고 있다.

> 하나님께서 이르시되 내가 그들 가운데 거하며 두루 행하여 나는 그들의 하나님이 되고 그들은 나의 백성이 되리라 그러므로 너희는 그들 중에서 나와서 따로 있고 부정한 것을 만지지 말라 내가 너희를 영접하여 너희에게 아버지가 되고 너희는 내게 자녀가 되리라 전능하신 주의 말씀이니라 하셨느니라 그런즉 사랑하는 자들아 이 약속을 가진 우리는 하나님을 두려워하는 가운데서 거룩함을 온전히 이루어 육과 영의 온갖 더러운 것에서 자신을 깨끗하게 하자(고후 6:16-7:1).

이 몇 구절 안에 풀어야 할 것이 무척 많다. 첫째, "하나님께서 이르시되"라는 말을 주목하라. 하나님이 언제 처음 이 말씀을 하셨으며, 어떤 맥락에서 말씀하셨는가? 바울은 하나님이 나타나셨던 그 산에서 모세에게 하신 말씀을 인용하고 있다.

> 내가 이스라엘 자손 중에 거하여 그들의 하나님이 되리니 그들은 내가 그들의 하나님 여호와로서 그들 중에 거하려고 그들을 애굽 땅에서 인도하여 낸 줄을 알리라 나는 그들의 하나님 여호와니라(출 29:45-46).

하나님은 출애굽기 19장에서 하셨던 말씀을 거듭 반복하셨다. 즉 진정한 관계에 대한 열망을 말씀하신 것이다. 하나님은 이것을 추구하셨으나 이스라엘은 반응이 없었다. 모세나 다윗, 다니엘, 이사야, 그 외 몇몇 사람들만 하나님과 친밀한 관계를 맺을 수 있었다. 그들은 자신을 만족시키려는 세상적인 동기들을 버리기로 선택했기 때문이다. 지금 바울은 바로 이 말들을 가지고 우리를 가르치고 있다. 예수 그리스도의 보혈로 씻김을 받고 하나님의 은혜로 구원받은 우리에게 말이다.

또다시 우리는 이 말씀을 듣는다. "내가 그들 가운데 거하며 두루 행하여 나는 그들의 하나님이 되고 그들은 나의 백성이 되리라 …… 부정한 것을 만지지 말라 내가 너희를 영접하여." 이 말씀은 하나님이 이스라엘에게 하신 것과 다르지 않다. 다만 지금은 새로운 사람들, 곧 우리에게 그 말씀을 하고 계신 것이다. 친밀한 관계에 대한 하나님의 열망은 변하지 않았다. 그러나 우리 옷에 여전히 세상 찌꺼기가 묻어 있으면 그런 관계를 맺을 수 없다. 하나님은 우리를 친밀한 관계 속으로 영접해 주시지만, 그것은 무조건적인 것이 아니다. 다시 한 번 하나님은 속물과 친구가 되는 걸 싫어하신다는 것을 알려 주신다.

하나님은 우리의 내적 동기를 아신다. 그분은 우리에게 우리 몸뿐만 아니라 마음과 영에서도 모든 더러운 것을 씻어내라고 말씀하신다. 그분은 우리 옷에 애굽의 찌꺼기가 남아 있는지(자기 만족을 위해 사는지), 아니면 모세처럼 우리의 욕망보다 하나님이 원하시는 것을 추구하는지 아신다.

따라서 모세가 이스라엘 백성에게 하나님을 만나기 위해 그들의 옷을 빨라고 한 것처럼, 우리도 사도 바울에게 이런 말을 듣는다. "하나님을 두려워하는 가운데서 거룩함을 온전히 이루어 육과 영의 온갖 더러운 것에서 자신을 깨끗하게 하자." 세상 체계의 더러운 것들로부터 자신을 깨끗하게 하면 우리 내면의 내비게이션이 제대로 작동하지 않거나 '가장 좋은 것'보다 '적당히 좋은 것'을 택하는 일은 없을 것이다.

가장 유익한 내적 내비게이션 설정을 유지하려면, 즉 하나님과의 친밀한 관계를 향해 나아가려면 '거룩함'에 대해 깊이 이해해야 한다. 다음 몇 장에 걸쳐 우리는 이 흥미진진한 사실을 분석해 볼 것이다.

02

영적 간음
끊어 내기

거룩하신 이가 이르시되 그런즉 너희가 나를 누구에게 비교하여
나를 그와 동등하게 하겠느냐 하시니라 너희는 눈을 높이 들어
누가 이 모든 것을 창조하였나 보라 …… 그들의 모든 이름을 부르시나니
그의 권세가 크고 그의 능력이 강하므로 하나도 빠짐이 없느니라.
- 사 40:25-26

하나님의 임재 안에 있는 것보다 더 충만하고 유익한 일은 없다. 단지 주목받는 운동선수, 명성 있는 과학자, 유명한 예술가, 인기 있는 명사, 또는 힘 있는 세계 지도자와 함께 있는 게 아니라, 보이는 것과 보이지 않는 모든 것을 창조하신 분과 함께 있는 것이다.

그분은 인간의 머리로는 이해할 수 없을 만큼 광대한 우주를 상상하시고 만드신 분이다. 그 우주는 그렇게 방대하면서도, 작고 복잡한 원자(atom)가 모든 물리적인 생명과 물질을 구성하고 있을 만큼 섬세하다. 이 원자들은 너무나 미세하여, 앞에서 언급한 것처럼 1인치의 선을 만드는 데도 몇십억 개의 원자가 필요하다. 광범위한 연구를 한 뒤에도, 과학자들은 여전히 그것을 온전히 이해하지 못하고 있다.

오, 믿는 자여, 주님은 당신의 사랑을 매우 질투하신다.
그가 당신을 택하셨는가? 그렇다면 그는
당신이 다른 사람을 선택하는 것을 참을 수 없으실 것이다.
- 찰스 스펄전

하나님밖에는 어떠한 유익한 지혜나 지식이나 이해가 절대로 존재하지 않는다. 하나님이 배우셔야 할 것은 아무것도 없다. 하나님은 참으로 처음부터 끝까지 모든 것을 알고 계시기 때문이다. 강한 천사 같은 존재들이 하나님 앞에 서서 그들의 얼굴을 가린 채 점점 더 드러나는 하나님의 실체에 두려워하며 소리친다. 과거에 가장 현명한 사람들이 하나님과 동행하는 특권을 얻으려고 애썼던 것은 당연한 일이다.

놀라운 사실은 누구든지 그러한 하나님의 임재 안에 있을 수 있다는 것이다. 더욱더 놀라운 것은 우리가 하나님과 함께하길 원하는 것보다 하나님이 더 우리와 함께하기를 원하신다는 것이다. 야고보 사도의 말을 들어보자.

너희는 하나님이 우리 속에 거하게 하신 성령이 시기하기까지

사모한다 하신 말씀을 헛된 줄로 생각하느냐(약 4:5).

사모한다는 것은 어떤 것에 대해 강한 열망이나 갈망을 가지고 있다는 뜻이다. 이 위대하신 분이 나를 사모하신다고 생각하면, 다윗의 말에 매우 공감이 간다. "하나님이여 주의 생각이 내게 어찌 그리 보배로우신지요 그 수가 어찌 그리 많은지요 내가 세려고 할지라도 그 수가 모래보다 많도소이다"(시 139:17-18). 다윗은 집단적으로 하나님의 백성을 향한 게 아니라, 개별적으로 당신과 나를 향한 하나님의 생각에 대해 말하고 있다. 당신에 대한 하나님의 생각이 이 세상의 모래보다 더 많다! 모든 해변, 사막, 골프장, 운동장의 모래들을 떠올려 보라.

나는 내 아내 리사와 깊이 사랑에 빠져 있다. 우리는 30년 넘게 결혼생활을 했고, 그동안 아내에 대해 애정 어린 생각들을 많이 해 왔다. 실은 셀 수 없을 만큼 많다. 하지만 내가 지난 30년 동안 해 왔던 생각들을 모두 셀 수 있다 해도, 그 수만큼의 모래알로 구두상자 하나도 채우지 못할 것이다. 과학자들은 1입방피트(약 28리터)의 해변에 평균 18억 개의 모래알이 들어 있다고 추정하기 때문이다!

이것을 좀 더 생각해 보자. 당신은 과장해서 말하는 사람을 만난 적이 있는가? 낚시꾼 중에 그런 사람이 더러 있다. 그는 "내가 이만한 물고기를 잡았어"라고 말하면서 팔을 벌려 물고기 크기를 보여 준다. 하지만 실제로 그 물고기는 대부분 훨씬 더 작다.

또는 어떤 주장을 하기 위해 통계수치를 조작하고 숫자를 지어내는 사람은 어떠한가? 그는 과감히 "모든 남자의 99퍼센트가 여자들이 좋아하는

영화를 좋아하지 않는다"라고 말한다. 그는 공식적인 여론조사나 통계자료를 본 적이 없지만, 특정 영화 장르에 대한 자신의 경멸감을 정당화하기 위해 과장해서 말하는 것이다.

또는 "난 널 위해 기도하고 있어"라고 말하지만 사실은 한 번 기도했거나 건성으로 기도한 사람은 어떠한가? 누구나 가끔씩 과장할 때가 있다. 하지만 솔직히 말하면, 과장은 거짓말이다. 그런데 여기에 정말 믿기지 않는 진실이 있다. 하나님은 거짓말을 하실 수 없다는 것이다!(신 23:19; 딛 1:2 참조) 하나님이 당신에 대해 생각하시는 것이 이 세상의 모든 모래알보다 많다고 말씀하신다면, 당신은 그 말을 그대로 믿을 수 있다.

하나님이 당신에 대해 얼마나 많이 생각하시는지 이해할 수 있겠는가? 당신 스스로 어떤 생각을 하면서 사는지 생각해 보라. 당신은 가까이 있고 싶지 않은 사람에 대해 과도하게 많이 생각하는가? 하나님도 그렇지 않으시다! 우리 안에 거하시는 하나님의 영이 우리를 사모하신다. 즉 오로지 우리와 함께하기를 열망하시며 갈망하신다. 간단히 말해서, 하나님은 아주 친한 친구로서 당신을 친밀하게 알기 원하신다.

하나님의 질투

야고보의 말을 다시 살펴보자. "너희는 하나님이 우리 속에 거하게 하신 성령이 시기하기까지 사모한다 하신 말씀을 헛된 줄로 생각하느냐?" 핵심 단어는 "시기하기까지"다. 여기서 그 말은 무엇을 의미하는가? 예를 들어 설명해 보겠다. 만약 내가 다른 여자와 친해지기 위해 노력하고 있다면, 내 아내가 나에게 마음속의 비밀과 열망과 바람들을 털어놓으며 나와 친밀하게 지내겠는가? 절대 그렇지 않을 것이다! 문맥 속에서 이 구절을 보려면 바로 앞의 글을 봐야 한다.

간음한 여인들아 세상과 벗 된 것이 하나님과 원수 됨을 알지 못하느냐(약 4:4).

이 말의 요지는 '네가 세상과 벗하려 하느냐? 그렇다면 너는 하나님을 버리고 간음하는 것이다!'라는 것이다.

야고보는 오직 그리스도인을 대상으로 이 글을 썼다. 이 책에서 그는 15번이나 "나의 형제들이여"라고 말한다. 그의 글은 틀림없이 하나님과 관계를 맺고 있는 사람들, 예수를 자기 삶 속에 그리스도로 영접한 사람들을 겨냥한 것이다. 이것은 진리다. 우리가 세상의 환심을 사려고 하면 하나님께 간음죄를 범하는 것이다.

내 이야기를 계속 예로 들자면, 만일 내가 다른 여자와 친해지려 한다면 리사는 나와 친밀한 교제를 나누고 싶어 하지 않을 뿐만 아니라 화를 내고 질투할 것이다. 그것은 당연한 것이다. 나는 아내의 남자가 되기로, 오직 그녀의 남편이 되기로 서약했다. 그러니 나는 약속을 어긴 데다가 거짓말까지 한 것이다.

야고보는 "너희는 하나님이 …… 하신 말씀을 헛된 줄로 생각하느냐?"라는 말로 말문을 연다. 그는 실제로 한 구절이 아니라 성경의 여러 구절을 언급했다. 하나님은 거듭해서 자신에 대해 이렇게 선언하신다.

나 네 하나님 여호와는 질투하는 하나님인즉(출 20:5).

여호와는 질투라 이름하는 질투의 하나님임이니라(출 34:14).

하나님, 여러분의 하나님을 함부로 대해서는 안 됩니다. 그분은
태워버리는 불이시며, 질투하는 하나님이십니다(신 4:24, 메시지).

그 외에도 하나님의 질투에 대해 말하는 성경 구절이 많이 있다. 요점
은 그 구절 모두 우리와 하나님의 관계를 다루고 있다는 것이다.

여기서 더 나아가기 전에, 명백히 해야 할 것이 있다. 하나님은 당신을
질투하시는 게 아니라, 당신으로 인해 질투하시는 것이다. 거기에는 큰 차
이가 있다. 하나님은 당신의 성공을 갈망하시며, 당신이 잘되기를 원하신
다. 당신이 풍성한 삶을 누리는 것을 기뻐하시며, 하나님의 뜻은 당신이 열
매를 많이 맺는 것이다(수 1:8; 잠 4:8; 마 25:29; 요 15:8 참조).

하나님의 질투는 오로지 당신과 가까이 있고자 하는 열망을 나타낸다.
그분은 당신을 다른 애인, 세상과 나눠 갖기를 원치 않으신다. 야고보는 단
순히 하나님이 불성실함을 어떻게 보시는지를 신자들에게 상기시켰을 뿐
이다. 우리가 하나님께 간음죄를 범한다면 하나님의 질투 속에서 분노가
활활 타오를 것이다. 이것은 결코 사소한 문제가 아니다.

하지만 언약 관계에서의 불성실함으로 인해 유발되는 감정은 분노만이
아니다. 나는 마음이 상한 배우자가 충격, 실망, 당혹감, 슬픔, 분노가 마음
속에서 치밀어 오른다고 말하는 것을 자주 들었다. 그들은 결국 자신의 모
든 것을 내어 준 사람에게 버림받고 배신당한 것이며, 파괴적인 감정이 그
들의 영혼 가장 깊은 곳을 강타했다. 나는 한 여성이 넋을 잃고 이렇게 울부
짖는 걸 들은 적이 있다. "내가 그 사람의 아이들을 낳고 내 인생의 가장 좋

은 시절들을 그 사람에게 바쳤는데, 어떻게 이럴 수 있어?"

하나님이 어떤 기분이신지 감히 상상할 수 있겠는가? 우리가 신실하지 못할 때 하나님의 영혼에 어떤 감정들이 밀려들지 상상할 수 있겠는가? 바울은 "내가 하나님의 열심으로 너희를 위하여 열심을 내노니"(고후 11:2)라고 말한다.

바울은 하나님을 대신하여, 우리가 하나님의 자리에 다른 사람이나 다른 것을 두려고 할 때 하나님이 우리에게 느끼시는 감정들을 이야기한다. 예레미야도 그와 같이 말한다. "슬프다 나의 근심이여 어떻게 위로를 받을 수 있을까 내 마음이 병들었도다"(렘 8:18). 우리는 하나님의 형상으로 창조되었기에, 우리가 느끼는 감정을 하나님도 느끼신다는 것을 기억해야 한다!

하나님은 우리를 위해 그분의 생명을 주셨기 때문에 질투하신다. 그분은 지속적인 관계를 유지하기 위해 모든 것을 희생하셨다. 우리가 하나님께 충실하지 않을 때 그분의 마음과 영혼은 깊이 분노하며 슬퍼하신다. 하나님의 말씀을 들어 보자.

> 오직 내 백성은 나를 잊었나니 …… 네가 어찌 사랑을 얻으려고 네
> 행위를 아름답게 꾸미느냐 그러므로 네 행위를 악한 여자들에게까지
> 가르쳤으며 …… 그러나 너는 말하기를 나는 무죄하니(렘 2:32-33, 35).

대개 우리는 외도의 심각성은 물론, 우리가 하나님께 대하여 간음죄를 범하고 있는지도 깨닫지 못한다. 우리의 눈을 뜨게 하려면 진리가 필요하다. 죄에 빠진 우리 마음은 하나님의 상한 마음과 슬퍼하심에 대해 무감각해진다. 하나님은 "그들이 가증한 일을 행할 때에 부끄러워하였느냐 아니라 조금도 부끄러워하지 않을 뿐 아니라 얼굴도 붉어지지 않았느니라"(렘 6:15)라고

말씀하신다. 예레미야와 또 다른 이들이 이스라엘의 신실치 못함을 지적했듯이, 바울과 야고보도 신약 성경에서 그와 같이 말한 것이다.

점점 더 하나님 권위에서 멀어지는 세상

야고보의 중요한 말을 계속 분석하자면, 헬라어로 "벗"과 "벗 됨"은 각각 '필로스'와 '필리아'이다. '필로스'의 뜻을 규정하는 단어로는 "좋아하는", "친한", "어울리다" 등이 있고, '필리아'는 "친구가 되다" 또는 "친해지다"라는 의미다. 바인즈는 그의 포괄적인 사전에서 '필리아'에 대해 "'사랑하고 사랑받는다는 개념'을 포함한다"라고 말한다. 이것을 예수님의 말씀에 비추어 생각해 보자.

> 너희가 세상에 속하였으면 세상이 자기의 것을 사랑할 것이나
> 너희는 세상에 속한 자가 아니요 도리어 내가 너희를 세상에서
> 택하였기 때문에 세상이 너희를 미워하느니라(요 15:19).

당신은 한때 세상에 속한 자였으나 이제는 더 이상 세상에 속하지 않았다. 당신은 하나님께 속한 자다. 전에 당신의 몸 안에 살던 자는 당신이 예수님께 자신을 드리는 순간 죽었다. 새로운 피조물이 탄생했다. 당신은 하나님과 언약 관계를 맺은 사람으로 다시 태어났다.

예수님은 그분에게 속한 사람의 참된 특징은 세상의 미움을 받는 거라고 하셨다. 솔직히 자신에게 물어보라. '나는 세상에게 미움을 받고 있는가?' 당신이 아는 그리스도인들은 세상의 미움을 받고 있는가? 그렇다면 우

리는 세상에서 어떻게 살고, 일하며, 열매를 맺을 수 있는가? 어떻게 세상에 다가갈 수 있는가? 세상이 우리를 사랑한다면 우리가 잃어버린 자들에게 더 효과적으로 영향을 미치지 않겠는가? 이 어려운 질문에 대해선 꼭 생각할 필요가 있고, 우리는 앞으로 그것들을 다룰 것이다.

사도 요한은 예수님 말씀의 이면을 다루고 있다. 그는 대담하게 우리에게 이렇게 명령한다. "이 세상이나 세상에 있는 것들을 사랑하지 말라 누구든지 세상을 사랑하면 아버지의 사랑이 그 안에 있지 아니하니"(요일 2:15).

예수님, 야고보, 요한 모두 하나님과 관계를 맺으면서 세상과의 관계를 그대로 유지하는 사람에 대해 강한 언어를 사용했다. 그들은 세상과 벗 됨, 세상을 사랑함, 세상이 우리를 사랑하는 것의 개념에 간음, 증오, 반목, 하나님의 사랑이 우리 속에 있지 않음 같은 것들을 덧붙였다. 이런 대립적인 말들과 세상과 벗 되는 것이 무엇을 의미하는가에 대해 계속 이야기하기 전에, 먼저 세상이 무엇인지를 분명히 해야 한다.

세상을 뜻하는 헬라어는 '코스모스'다. 그것은 "그리스도의 나라와 대조되는 현재의 세상, 현재의 질서로 규정되며, 따라서 항상 덧없음, 무가치함 …… 비정상적인 열망들의 개념과 함께한다."[9] 이 용어들을 놓고 하나하나 논의해 보자.

'transience'(덧없음)의 어근 'transient'(일시적인)는 "지속되거나 오래가거나 영원하지 않은"이라는 뜻으로 정의된다. 한 걸음 물러나 천천히 우리 사회를 바라보면, 항상 변하고 있다는 걸 알 것이다. 변화는 대부분 좋은 것이다. 그것은 발전, 진보, 성장을 의미한다. 그러나 도덕적 변화는 대개 진정으로 하나님의 선에서 벗어난다.

우리 사회에서 오늘날 도덕적으로 용인되고 일반적인 것들이 종종 과거에는 일반적이지 않았고 도덕적으로나 사회적으로 잘못된 것으로 간주되었다. 일반적인 PG-13등급(13세 미만의 아동이 감상하려면 보호자의 강력한 동의가 필요)의 영화를 예로 들어 보자. 블록버스터 영화들은 노골적으로 부도덕한 내용으로 가득한 경우가 많다. 간음, 동성애, 간통을 바람직한 것으로 묘사한다. 때로는 외설적인 내용, 절도, 살인, 마술까지 포함될 것이다. 게다가 이런 행위에 가담하는 것은 이야기 속의 '악한' 인물들이 아니라 주인공과 그의 친구들이다. 하나님의 이름을 헛되이 사용하는 것을 비롯하여 온갖 불경건한 말들이 대화에 난무한 경우도 많다.

우리는 많은 영화 속에서 이것을 그냥 받아들이거나 심지어 기대하게 되었다. 그러나 똑같은 영화가 1950년대에 극장에서 상영되었다면 일반 관객들이 질겁했을 것이다! 속된 언어와 나체, 노골적인 부도덕함을 나타내는 장면에 격분했을 것이다. 아마 온 나라가 떠들썩했을 것이다. "왜 이 영화는 결혼하지 않은 두 사람이 동거하는 장면을 당연한 것처럼 보여 주는가? 심지어 둘이 침대에 있는 모습을? 왜 이것이 정상적인 생활로 묘사되는가? 부끄럽다! 충격적이다!" 그리고 사람들은 그 영화에 대해 불매운동을 했을 것이다.

그런데 무슨 일이 일어난 것인가? 하나님께서 무엇이 정상적이고, 받아들일 만하고, 선한 것인지에 대해 새로운 기준을 도입하신 걸까? 기준선이 옮겨간 걸까? 우리가 더 성숙한 걸까? 50년대에는 우리가 너무 경직되어 있었던 걸까? 이것이 발전하는 것인가?

실제 통계를 보면, 영화 속의 극단적인 변화가 우리 사회의 변화하는 도덕적 기준을 반영할 뿐이라는 걸 알게 된다. 최근 연구 결과에 의하면 남자친구와 동거하는 젊은 여성의 수가 1982년 이후로 3배 넘게 증가했다.[10]

〈유에스 뉴스 월드 앤 리포트〉(*US News & World Report*)에서는 2006년에서 2010년 사이에, 15-44세 여성의 거의 절반(48퍼센트)이 결혼 전에 파트너와 동거를 한다고 보고했다. 이는 2002년 이래 11퍼센트 증가하고, 1995년 이후로는 41퍼센트가 증가한 것이다.[11]

세상은 또한 무가치함을 조장한다. 우리 사회에서 일어나는 가치 있는 발전과 변화가 있다. 우리가 과학, 기술, 커뮤니케이션, 의학 등에서 경험한 발전들은 우리의 생산 능력을 증가시킴으로써 인류에게 유용성을 가져다 주었다. 이것은 "생육하고 번성하라"(창 1:22)라는 하나님의 첫 번째 명령과 부합하는 것이다.

그러나 우리의 도덕적 변화들은 가치를 더하고 있는가? 아니면 그 변화들이 탐심과 정욕, 또는 지위에 근거를 두고 있는가? 우리는 아이들이 자칭 부부라 하는 두 여성, 혹은 두 남성에게서 자라게 함으로써 아동 교육을 향상시켜 왔는가? 이것이 아이를 보살피는 엄마와 남자다운 아빠보다 아이에게 더 좋은 방식인가? 아니면 이 변화는 비정상적인 열망('코스모스'를 정의한 것에서 마지막 특징)을 만족시키기 위한 것이었는가?

결혼생활에 헌신하지 않고 남녀가 동거하는 것이 아이들에게 안정감을 주는가, 아니면 부모의 이기적인 갈망을 충족시키기 위한 방법인가? 진실을 왜곡하고 기만적인 기교들을 사용하는 것은 소비자의 혜택을 늘리기 위한 것인가 아니면 판매자의 탐욕을 만족시키기 위한 것인가? 이렇게 흔한 비정상적 욕구들이 우리를 창조주께 더 가까이 가게 하는가?

성경은 세상의 흐름이 우리 세대의 시민을 통해 간사하게 일하는 무법의 영들에 의해 정해진다고 말한다(엡 2:2 참조). 간단히 말하면, '코스모스'는 어두워진 마음들에 의해 만들어지는 문화다. 사도 요한은 이렇게 말함으로 의문의 여지를 남기지 않는다. "온 세상은 악한 자 안에 처한 것이며"(요일 5:19). 세상은 계속해서 하나님의 마음과 권위로부터 점점 더 멀어지고 있다. 대개 겉보기에는 노골적으로 반대되거나 악하게 보이지 않는다. 그보다 세상의 변화들은 진보나 선의 가면을 쓰고 있다. 하지만 슬픈 사실은 세상이 그곳에 거하는 자들을 꾀어 창조주의 마음에서 멀어지게 한다는 것이다.

New International Encyclopedia of Bible Words(뉴 인터내셔널 성경 백과사전)은 우리의 정의를 더 깊이 다룬다. "세상적인 것은 일부 사람들이 문제를 제기하는 행위에 관여하는 문제가 아니라, 하나님의 말씀에 비추어 판단하지 않고 우리 문화의 관점과 가치와 태도들을 생각 없이 받아들이는 것이다."[12] 간단히 말해서, 세상적인 마음을 갖고 있을 때 우리는 스스로 무엇이 선과 악으로 간주되는지에 대한 기준을 세운다는 것이다. 기준을 정하는 관점, 가치, 태도들이 사실은 육체의 정욕과 안목의 정욕, 지위와 평판과 명성에 대한 갈망에 뿌리를 두고 있다.

> 이 세상이나 세상에 있는 것들을 사랑하지 말라 누구든지 세상을
> 사랑하면 아버지의 사랑이 그 안에 있지 아니하니 이는 세상에
> 있는 모든 것이 육신의 정욕과 안목의 정욕과 이생의 자랑이니 다
> 아버지께로부터 온 것이 아니요 세상으로부터 온 것이라(요일 2:15-16).

"세상에 있는 모든 것"이라는 말을 주목하라. 이것은 세상의 영향력을 발견해 내는 방법, 또는 야고보의 표현대로 당신을 찾아다니는 간음한 자들을 적발해 내는 방법을 요약하고 있다.

친애하는 그리스도인이여, 부디 내 말을 들으라. 세상이 당신을 찾고

있다. 세상이 어떤 관계로 초청할 때는 종종 유혹적인 말, 논리, 아첨, 기회, 권력, 영향력, 그리고 항상 개인적인 이익이나 쾌락에 대한 약속을 수반한다. 그것은 뱀이 하와에게 다가간 방식과 다르지 않다. 자신의 욕망을 채워줄 남자를 바라보는 간음한 여인과 다르지 않다. 그녀는 실상은 그 모든 것이 자신의 계략이면서 마치 그 남자의 문제인 것처럼 보이게 만든다. 그 남자에 대한 자신의 욕망을 채우기 위해 은밀하게 그를 함정에 빠뜨리는 것이다.

세상의 계략은 희생자들을 은밀하게 궁지에 몰아넣는다. 그들은 곧 자칭 그리스도인이라 하는 자들이다. 세상은 신자들을 유혹하여 하나님의 임재와 생명, 축복에서 멀어지게 하려는 자기 욕망을 충족시킨다. 잠언서의 기자는 세상의 침실이 죽음의 소굴이며 세상의 길은 지옥으로 향하는 길이라고 직설적으로 말했다. 그는 많은 강한 사람이 세상의 유혹하는 힘에 의해 죽임을 당했다고 경고한다(잠 7:21-27 참조).

율법주의도 세상적인 것이다

세상을 정의함에 있어, 동기보다는 형식이 많이 강조되어 왔다. 나는 율법주의 안에서 자랐거나 지금 율법주의의 덫에 걸려 있는 진실한 신자들의 사고 과정을 들을 때면 마음이 아팠다. 율법주의는 자주 쓰는 말이지만 종종 막연하게 쓰인다. 따라서 계속 이야기하기 전에, 그 말을 정의해 보도록 하자. 사전에서는 율법주의를 "율법이나 처방을, 특히 정신보다 문자 자체를 엄격하게 고수하는 것", "정확한 율법을 지키는 것과 관련하여 행위를 판단하는 것"으로 정의한다.

우리 중 많은 이가 이런 생명 없는 기독교의 형식을 만들어 내고 확산하는 무서운 이야기들을 들어 보았다. 목사들이 강단에서 성경책을 쿵쿵 두드리며, 규정과 원칙들을 엄격하게 지키고 따라야 한다고 선포한다. 그들은 여자들이 바지를 입고, 유행하는 옷이나 보석으로 치장을 하고, 화장이나 피어싱을 하고, 또는 유행하는 짧은 머리를 하거나 염색을 하면 '세상적'이라고 꼬리표를 붙인다. 남자들도 설교를 피해갈 수 없다. 피어싱과 긴 머리를 비롯해서 최신 유행 패션을 따르고 있는지 면밀히 살펴야 한다.

그것이 끝이 아니다. 파티에서 죄인들과 함께 있었다고 비난을 받는다. 영화관에 가거나 다른 공연을 보러 가도 비판을 받는다. 용인되는 그룹 밖의 친구들에게는 눈살을 찌푸리고, 독창적인 방법으로 잃어버린 자들에게 다가가려는 시도는 종종 타락했다는 비난을 받는다. 하지 말아야 할 일의 목록에는 춤, 어떤 사회적 행사의 참여, 각종 형태의 세상적인 음악, 텔레비전, 교회에서 사용하는 조명이나 연무기 같이 분위기를 띄우는 도구들도 포함된다. '예수님을 따르고 세상을 멀리하기' 위해 요구되는 규제들은 이 밖에도 많다.

나는 율법주의자들의 명백한 목표 대상 몇 가지만 언급했다. 그러나 똑같이 위험하나 좀 더 미묘한 형태의 율법주의도 있다. 이것은 사람들이 구원을 얻고 영적으로 성장하기 위해 엄격하게 지키도록 부과되는 기준, 때로는 스스로 부과하는 기준, 또는 다른 사람들의 외적인 모습을 판단하기 위한 기준들이다. 몇 가지 예를 들자면 오랜 시간 동안 기도하기, 금식, 또는 매일 정해진 분량의 성경 읽기 같은 것들이다. 물론 이런 것들은 모두 본질적으로 이로운 행위이지만, 일종의 영적 우월감을 갖기 위한 의도로 행해져서는 안 된다.

우리는 용서를 받아들이기가 힘들 수 있다. 그래서 우리 잘못을 만회하기 위해 어떤 식으로든 자신에게 벌을 주려고 한다. 이것은 예수님의 보혈에서 눈을 돌려 다시 우리 행위에 초점을 맞추는 것이다.

율법주의는 우리가 사역이나 교회 봉사를 부지런히 하기 때문에 하나님께 더 가까이 다가갈 수 있다고 믿는 데서 나타날 수 있다. 또는 우리가 최근에 중대한 죄를 범한 적이 없기 때문에 기도가 빨리 응답될 거라고 믿는다. 말은 안 해도 마음속으로 우리의 선한 행위나 공로로 영적 은행 계좌를 채울 수 있다고 생각한다. 율법주의는 교회 일이든, 자원봉사든, 가난한 자들을 구제하는 일이든, 끊임없이 바쁘게 '하나님을 섬겨야' 한다는 압박감 때문에 쉬거나 삶을 즐기지 못하게 한다. 사랑이 동기가 아니라, 하나님의 은총을 받으려고 애쓰는 것이다.

이런 율법주의의 대표적인 예가 바리새인이다. 그는 세리의 삶과 자신의 삶을 비교함으로써 그 도시의 악명 높은 죄인을 판단했다. 그 바리새인은 자신의 선한 행위에 대해 하나님께 피상적으로 감사했다. 즉 자신은 죄를 짓지 않았고, 세리처럼 사람들을 속이지 않았으며, 간음을 범하지 않았고, 정기적으로 금식하고 기도하며, 회당에 헌금도 많이 했다고 했다. 아이러니하게도 그 영적 지도자가 자기 행위에 대해 자랑하며 세리의 단점들을 지적하는 바로 그 순간에, 악명 높은 죄인은 회당 뒤쪽에서 하나님께 자비를 구하고 있었다. 예수님은 율법을 지키던 '완벽한' 지도자가 아니라 두 번째 사람이 의롭다 함을 받았다고 말씀하셨다.

이런 유형의 율법주의는 주로 세상의 영에 뿌리를 내리고 있다. 그것은 자기 자신이나 다른 사람들이 정한 규칙을 따름으로써 얻는 지위, 자랑, 또는 자기 만족에 초점을 두고 있기 때문이다. 그것은 우리 삶 속에서 하나님의 능력을 의지하지 않고 우리 자신에게 초점을 돌리게 한다. 또한 하나님의 임재와 함께 오는 기쁨을 우리에게서 빼앗아간다.

사업가인 내 친구는 매우 효율적으로 사람들에게 다가간다. 그는 율법주의 안에서 자랐으나 그로부터 자유로워졌다. 한번은 그가 내게 이런 말을 했다. "존, 나는 재미있거나 웃기거나 즐거운 일은 다 이 세상에 속한 거라고 생각했네. 그래서 엄격하게 금해야 하는 것으로 여겼어." 그의 목회자와 지도자들은 사람의 외적인 모습에만 초점을 두고 내적인 마음의 성향은 중요시하지 않았다. 그의 교회는 그들 공동체 외의 사람에게 거의 영향을 미치지 못했다. 안타깝게도 이 교회의 지도자들은 바울의 말을 진정으로 듣지 않았다. "하나님의 나라는 먹는 것과 마시는 것이 아니요 오직 성령 안에 있는 의와 평강과 희락이라"(롬 14:17).

우리가 성령 안에 거할 때 크고 지속적인 기쁨이 있다. 기쁨은 잃어버린 자들의 마음을 끈다. 세상은 그 기쁨을 소유하지 못했기 때문이다. 예수님은 모든 진실한 사람들, 심지어 사회에서 가장 악명 높은 죄인의 마음도 끌어당기셨다. 율법적인 가르침이나 믿음을 통해 그리스도 안에서 구원을 받거나 성장하려고 노력하는 사람은 참된 기쁨을 소유하지 못한다. 그들은 자신과 똑같이 생각하지 않는 사람들은 다 걸러내기 때문에 매우 작은 세상에서 산다.

만약 내 친구가 다니는 교회의 지도자들이 다른 서신서에 나오는 바울의 말을 좀 더 묵상했더라면 좋았을 것이다.

너희가 세상의 초등학문에서 그리스도와 함께 죽었거든 어찌하여
세상에 사는 것과 같이 규례에 순종하느냐 (곧 붙잡지도 말고 맛보지도

말고 만지지도 말라 하는 것이니 이 모든 것은 한때 쓰이고는 없어지리라) 사람의
명령과 가르침을 따르느냐 이런 것들은 자의적 숭배와 겸손과 몸을
괴롭게 하는 데는 지혜 있는 모양이나 오직 육체 따르는 것을 금하는
데는 조금도 유익이 없느니라(골 2:20-23).

흥미로운 것은 바울이 율법적인 경건과 겸손, 몸을 학대하는 것에 관한
율법적인 규례들을 이 세상의 세력에 속한 것으로 보았다는 것이다. 음탕
함, 성적인 부도덕함, 살인, 절도, 술취함 등이 죄가 아니라는 말이 아니다.
그것은 단지 또 다른 형태의 세상적인 것이다. 율법주의에 매여 있는 자들
은 종종 자신들이 멀리하라고 그렇게 강하게 설파하는 세상이 바로 그들을
속박하고 있는 체계라는 것을 깨닫지 못한다.

바울의 말을 이해하는 열쇠는 바로 "육체 따르는 것을 금하는"이라는
말 속에서 발견된다. 율법주의는 한 사람의 마음을 깨끗하게 하지 못한다.
그 마음은 이 세상의 세력들이 오염시키려고 애쓰는 것이다. 그렇기 때문
에 "모든 지킬 만한 것 중에 더욱 네 마음을 지키라 생명의 근원이 이에서
남이니라"(잠 4:23)라고 했다.

예수님은 "선한 사람은 그 쌓은 선에서 선한 것을 내고 악한 사람은 그
쌓은 악에서 악한 것을 내느니라"(마 12:35)라고 말씀하신다. 우리가 마음속
에 간직하고 있고 가치 있게 여기는 것에 관한 말씀이다. 마음을 깨끗하게
하면, 외적인 삶은 하나님이 선하다고 간주하시는 것과 완벽한 조화를 이
루게 된다.

요약하면, 세상이 통제하는 것은 외적인 것이 아니라 내적인 것이다.
그것은 마음과 생각 속의 욕망, 의도, 동기들로 요약된다. 이곳은 전쟁터

다. 여기서 계략이 세워진다. 여기서 세상과 벗하거나 간음하는 일이 시작되며, 결국 완성된다. 그리고 그 일은 교회에 거의 안 나가는 사람이나 절대 예배에 빠지지 않고 열심히 사역에 참여하는 사람에게나 쉽게 일어날 수 있다.

무엇이 세상이고 무엇이 세상이 아닌지를 좀 더 잘 이해하고, 이제 우정으로 관심을 돌려보자. 우리는 어떻게 세상과 친구 관계를 맺기 시작하는가? 어떻게 세상과 간음을 범하는가? 이것을 다음 장에서 중점적으로 다룰 것이다.

Part 4

끝까지 사수해야 할

한 가지,

하나님의 임재

01

실제로 내 마음을
어디에 쏟아붓고 있는가

그의 아들의 죽으심으로 말미암아
하나님과 화목하게 되었은즉.
- 롬 5:10

    우리는 모두 친구가 있고, 또 친구를 좋아한다. 어릴 때 나의 가장 친한
친구 두 명은 대니와 글렌이었다. 나는 자유시간의 대부분을 그 친구들과
함께 보냈다. 우리는 같이 운동을 하거나, 자전거를 타거나, 탐험을 하거나,
게임을 만들거나, 시내에 놀러가거나, 그냥 앉아서 수다를 떨었다. 우리는
당시 우리에게 중요한 일에 대해 자유롭게 이야기를 나누었다. 다른 친구
들, 여학생들, 학업, 사교 모임, 운동경기, 진로 계획, 기타 여러 가지 주제들
이 있었다.

    우리의 우정은 대체로 건강했다. 우리는 서로 더 좋은 사람이 되고, 더
강해지고, 지혜로워지고, 잠재력을 발휘하도록 격려했다. 서로를 보호해
주었고, 호의를 베풀었으며, 힘든 상황들을 이겨내도록 도와주었다. 간단

무엇이든 당신의 마음이 믿고 의지하는 것,
그것이 진정 당신의 하나님이다.
- 마르틴 루터

히 말해서, 그 친구들은 내가 가장 함께 있고 싶은 사람들이었다.

당신은 어떤가? 옛날 친구들을 생각해 보라. 우정의 핵심 요소들이 무엇인지 당신 자신에게 물어보라. 무엇보다 함께 즐거운 시간을 보내는 것, 서로 대화를 나누며 이해하는 것, 공동의 관심사를 갖는 것에 동의할 거라 믿는다. 사랑, 신뢰, 존중, 유머, 서로 끌리는 마음도 중요하다. 물론 개인에 따라 더 많은 요소가 있겠지만, 우리 모두에게 가장 중요한 것은 함께 있는 것을 즐거워하는 것이다.

성경은 우정에 대해 긍정적으로 말한다. 내가 제일 좋아하는 구절은 이것이다. "로션과 향수가 감각에 기쁨을 주듯 끈끈한 우정은 영혼을 상쾌하게 한다"(잠 27:9, 메시지). 우리는 단독 비행을 하도록 만들어지지 않았다. 다른 사람들과의 교제가 우리에게 활력을 준다. 그것이 하나님의 첫 창조에 빠진 주요 요소였다. 하나님은 "사람이 혼자 사는 것이 좋지 아니하니"(창 2:18)라고 선언하셨다. 우리는 하나님의 형상으로 창조되었고, 여기에는 우정을 갈망하고 즐거워하는 것이 포함된다.

하지만 다른 면도 있다. 예수님, 야고보, 요한은 특정한 우정에 대해 비판적으로 말한다. 사도의 말을 다시 들어 보자. "간음한 여인들아 세상과 벗 된 것이 하나님과 원수 됨을 알지 못하느냐 그런즉 누구든지 세상과 벗이 되고자 하는 자는 스스로 하나님과 원수 되는 것이니라"(약 4:4). 그의 어조는 직설적이고 강하다! 그러면 이렇게 질문해 보자. 세상과 관계를 맺는 것을 나타내는 지표들은 무엇인가?

마음이 흔들리기 시작할 때 이미 간음은 시작됐다

앞 장에서 우리는 '필리아'라는 단어가 "친구가 되다" 혹은 "친해지다"라는 뜻이며, 사랑하고 사랑받는 개념을 포함한다는 것을 알았다. *Encyclopedia of Bible Words*(성경 백과사전)에서는 더 나아가 이렇게 설명한다. "그리스 세계에서는 우정의 개념이 잘 발달했다. 필리아는 …… 친분이라는 넓은 의미로도 쓰였고, 좀 더 친밀하게 개인적이고 깊은 유대관계를 뜻하는 용어로도 쓰였다." 본질적으로 야고보가 사용하는 이 단어는 광범위한 우정에 적용된다. 우리는 모두 관계에 여러 단계가 존재한다는 것을 안다. 야고보가 이야기하는 우정은 그 모든 단계를 포함하는 것이다. 따라서 모든 범위의 우정이 외도와 직접적으로 연관이 있다.

하나님께 간음죄를 범하는 것은 결혼한 남자가 외도하는 일반적인 시나리오와 별로 다르지 않다. 일반적인 외도의 단계들을 살펴보자. 대부분의 경우에 남편과 내연녀는 첫 만남에서 잠자리까지 가지는 않는다. 고의적이든 고의가 아니든 간에, 연애하는 기간이 있다. 처음엔 단순히 서로 만나 알게 되는 것으로 시작된다. 그 일은 소셜미디어를 통해서나 직접 만남으로 이루어질 수 있다. 서로 알게 되면서 불꽃이 튀기 시작한다. 종종 남자의 관심은 배우자와의 관계에서 충족되지 않은 친밀감에서 비롯된다. 좀 더 드물긴 하지만 오로지 더 많은 육체적, 감정적인 유대감에 대한 갈망에서 비롯되는 경우도 있다. 처음에 두 사람의 관계는 전혀 해롭지 않아 보인다. 하지만 만남을 거듭할 때마다 두 사람의 관심이 점점 더 커진다. 마침내 그들은 전화번호와 이메일 주소를 교환한다.

문자메시지, 이메일, 전화 통화, 또는 단지 '우연히 마주침'으로 상호작용을 할 때 서로 끌리는 마음이 점점 더 커진다. 그들의 대화 수준도 점점 더 깊어진다. 그들은 서로를 간절히 원하지만 누구도 그것을 인정하지 않는다. 서로 간에 무언의 끌림이 관계를 발전시키는 스릴을 더한다. 그들은 적절한 수준의 우정을 훌쩍 뛰어넘었다.

마침내 한걸음 더 나아가기 위한 계획을 세운다. 같이 커피를 마시거나, 점심을 먹거나, 한적한 장소에서 만나는 것이다. 보통 이 시점에서 서로에 대한 감정이 겉으로 드러난다.

그녀는 이제 항상 그의 마음속에 있다. 그는 그녀와 함께 있고 싶다. 어떻게 하면 아내와 친구들 모르게 그녀와 휴가를 갈 수 있을지 꿈을 꾸고 계획을 세운다. 그의 마음은 더 이상 그의 아내를 원하지 않으며 이 여자에게 가 있다. 아내와 함께 있을 때도 사실 그는 함께 있는 게 아니다. 그의 생각과 상상은 내연녀와 함께 있기 때문이다. 그들이 결국 잠자리를 같이하는 건 이제 시간문제일 뿐이다.

그 일은 어디에서 시작되었는가? 서로 알고 지내는 단계에서의 부적절한 생각과 대화에서 시작되었다. 어느 시점에서 간음이 되었는가? 개인 연락처를 주고받을 때였는가, 혹은 단둘이 만났을 때였는가? 아니면 그가 처음으로 그녀를 만졌을 때였는가? 혹은 첫 키스? 혹은 둘이 성관계를 했을 때?

실제로 그 일은 이러한 일들이 생기기 전에 벌어졌다. 예수님이 "그러나 단순히 동침하지 않는다고 해서 너희의 덕을 지켰다고 생각하지 마라. 너희 마음은 너희 몸보다 훨씬 빨리 정욕으로 더럽혀질 수 있다"(마 5:28, 메시지)라고 단호하게 말씀하실 때 이것을 분명히 보여 주셨다. 마음은 우리가 사는 곳이다. 외적인 행동은 그저 마음을 따라갈 뿐이다. 남자의 마음이 여자를 향해 흔들리기 시작할 때 이미 간음이 시작된 것이다. 아마 서로 알게 되는 단계의 어디쯤일 것이다.

우리 마음은 우리가 찾는 것을 생각한다

세상은 비슷한 방법으로 우리를 유혹하여 우리를 '첫 사랑'에게서 멀어지게 만든다. 그것은 우리의 관심을 자극함으로써 시작된다. 처음엔 유머, 기쁨, 편안함, 흥분, 호기심, 성공, 또는 호소력 있는 그 무엇이 될 수 있다. 방금 제시했던 예와 같이, 서로 알게 되는 단계는 미디어를 통해서나 직접적인 만남으로 시작될 수 있다. 또 그것은 종종 우리와 하나님의 관계에 만족감이 없기 때문에 발생한다. 우리는 하나님과의 우정에서 오는 스릴을 잃었다. 하나님과 교제하는 시간이 재미없고 따분하다. 우리의 우정에 대한 욕구가 우리를 다른 데로 이끌어간다.

시간을 투자하는 만큼 세상의 매력이 점점 더 커져간다. 머지않아 우리 생각과 감정이 빠져든다. 바울이 했던 말에 우리가 주의를 기울이면, 그 경고는 세상과의 간음에 빠지지 않게 우리를 보호해 줄 것이다.

그러므로 너희가 그리스도와 함께 다시 살리심을 받았으면 위의
것을 **찾으라** 거기는 그리스도께서 하나님 우편에 앉아 계시느니라
위의 것을 **생각하고** 땅의 것을 생각하지 말라(골 3:1-2).

바울의 말을 주의 깊게 읽었는가? 아니라면 다시 한 번 읽어 보고 굵은 글씨체로 표시한 두 단어, "찾으라"와 "생각하고"를 특히 주의해서 보라. 우리 마음은 우리가 찾는 것을 생각한다. 더 이야기하기 전에, 바울이 로마인들에게 한 말을 자세히 살펴보자. 이번에도 '생각하다'라는 단어를 찾아보라.

육신을 따르는 자는 육신의 일을, 영을 따르는 자는 영의 일을
생각하나니 육신의 생각은 사망이요 영의 생각은 생명과
평안이니라 육신의 생각은 하나님과 원수가 되나니(롬 8:5-7).

"원수"라는 단어에 주목해 보자. 그것은 야고보서 4장 4절에 쓰인 헬라어 '에크쓰라'와 같은 단어다. *Strong's Exhaustive Concordance*(스트롱 사전)에서는 그것을 "적대감 …… 반대의 이유"로 정의한다. 다시 한 번 바울은 세상과 유대관계를 유지하는 신자에 대해 말한다.

내가 아내를 배신하고 간음죄를 범하지 않는 이유는 아내를 향한 사랑 때문만이 아니다. 그것은 또한 그녀를 분노케 하고 싶지 않기 때문이다. 내

가 그녀를 배신하면 아내는 내게 적대감을 품을 것이다. 사랑하는 사람이 나에게 적대적이고, 분노하고, 실망하는 걸 나는 원치 않는다. 그러나 그것은 바울과 야고보가 말하는 것에 비하면 별 것 아닐 것이다. 제정신을 가진 그리스도인이라면 누구도 하나님의 반감 사는 걸 원치 않을 것이기 때문이다. 야고보와 바울이 '신자'들을 향해 말하고 있다는 것을 명심하라.

요나는 하나님의 분노에 직면했다. 그리고 결국 큰 물고기에게 삼킴을 당했다. 삼손은 그 분노에 직면하여, 노예가 되고 시력을 잃었다. 엘리는 그 분노에 직면하여, 그의 아들들이 세상을 떠난 날 그도 죽었다. 사울, 발람, 요압, 구리세공업자 알렉산더 등 그와 같은 예들이 많다. 하나님을 분노케 하는 건 좋을 게 하나 없는 나쁜 생각이다.

더 많은 예를 보기 원한다면 신약 성경의 요한계시록에서 예수님이 교회들에게 하시는 말씀을 보라. 이 교회들은 거듭난 신자들이 있는 실제 교회들이었다. 하나님과의 관계를 위태롭게 만든 교회를 향해 예수님은 그들의 촛대, 즉 그들의 빛을 옮기겠다고 위협하셨다(2:5 참조). 다른 교회는 하나님이 "그들과 싸울" 거라는 경고를 받았다(2:16 참조). 또 한 교회는 하나님께 "병상"과 "큰 환난"을 겪게 될 거라는 협박을 받았다(2:22 참조). 또 다른 교회는 하나님이 "도둑같이 이를" 거라는 경고를 받았다(3:3 참조). 하나님이 그들을 입에서 "토하여" 버리겠다는 말씀을 들은 교회도 있었다(3:16 참조). 결론은, 우리는 하나님의 분노에 직면하길 원치 않는다!

로마서 8장 5절에서 "생각하나니"(set their minds; 마음을 두다)라는 문구에 주목하라. 때가 겨울이라 당신의 집 보일러 온도조절기를 21도에 맞춰 둔다고 가정하자. 바깥 기온은 영하 20도다. 당신의 가족 중 한 명이 급히 나가느라 현관문을 제대로 닫지 않았다. 그가 나가고 나서 불과 몇 분 뒤에 바람이 불어 현관문이 활짝 열려 버린다. 당신은 집안 다른 곳에 있다가 머지 않아 집안 온도가 급속히 떨어지는 것을 느낀다. 그래서 그 이유를 찾기 시작하고, 현관문이 활짝 열려 차가운 공기가 들어오고 있다는 걸 알게 된다. 그 즉시 문을 닫지만, 이미 집안 온도는 15도 밑으로 내려가 있다. 그러면 어떻게 될까? 온도가 내려가면 온도조절장치가 온풍기에 신호를 보내 설정된 온도로 돌아올 때까지 작동하게 할 것이다. 당신이 의식적으로 관여하지 않아도 온도는 21도로 돌아오게 되어 있다.

그러면 간음죄를 범하는 남자의 예로 돌아가 보자. 오래전 아내와 연애 중일 때 그의 애정과 갈망은 오직 그녀에게 고정되어 있었다. 그는 그녀와 함께 있는 꿈을 꾸고, 그녀와 친밀해지는 꿈을 꾸고, 결국은 그녀에게 어떻게 청혼을 할까 궁리했다. 아침에 깰 때, 직장에서 일할 때, 꽉 막힌 도로에서, 특히 밤에 침대에 누웠을 때 그의 머릿속에는 그녀가 있었다. 단순하게 말하면, 그가 어떤 구체적인 목적을 위해 머리를 써야 할 때가 아니면, 그의 생각은 항상 고정된 자리로, 바로 그녀에게로 돌아갔다.

그의 친구들은 그가 대화 중에 주기적으로 딴 생각에 빠지는 것을 볼 것이다. 그래서 "야, 너 지금 뭘 생각하는 거야?"라고 말하기도 한다.

당황한 그는 대충 얼버무리며 대답한다. "미안, 얘들아. 내가 좀 생각할 게 많아서." 그가 그녀를 생각하고 있었다고 사실대로 말하면 친구들이 실망할까 봐 진실을 회피한 것이다. 그의 생각은 고정되어 있었다.

하지만 몇 년 후 약혼을 하고, 결혼을 하고, 아이를 몇 명 낳고 나서, 그는 다른 여자와 불륜 관계에 빠진다. 똑같은 패턴이 진행되었다. 그의 내연녀가 그의 마음에서 떠나지 않았다. 다른 일을 생각해야 할 때가 아니면, 그의 생각은 자연스럽게 초기 설정 상태로 돌아갔다. 심지어 아내와 함께 있을 때에도 그의 애정은 내연녀에게 가 있었다. 그가 그녀를 찾고 갈망했던 것은 그의 생각이 그녀에게 가 있었기 때문이다. 온도조절장치가 자동으로 집안의 온도를 설정 온도로 되돌려 놓는 것처럼, 생각도 본래 설정된 곳으로 돌아갈 것이다.

이 비유가 우리와 무슨 관련이 있을까? 처음에 구원받았을 때 우리는 사랑에 압도당한다. 아침에 깰 때, 아침을 먹을 때, 차 안에서, 직장에서, 점심시간 동안, 퇴근 후에, 혼자 있을 때, 특히 밤에 침대에 누웠을 때 우리는 예수님을 생각한다. 성령님과 교제하는 시간을 갈망한다. 흥분된 마음으로 다음 예배를 기다리고, 다른 사람들에게 다가가 예수님을 전하거나 동료 그리스도인들과 하나님나라에 대해 이야기를 나눈다. 즉 예수님이 우리 생각들을 사로잡고, 우리의 애정이 그분께 고정되는 것이다.

시간이 흐른다. 한때는 예배를 기다리고, 그분의 임재를 경험하고, 그분을 예배하고, 그분의 말씀을 듣곤 했었다. 지금은 몸은 그곳에 있지만 진정으로 그곳에 있지 않다. 좋아하는 스포츠팀이나 근처 백화점 세일, 곧 있을 데이트, 아직 결정되지 않은 사업상 거래, 우리가 초대받은 파티 등으로 생각이 쉽게 흘러간다. 무슨 일이 일어난 걸까? 우리도 모르는 사이에 다른 애인이 생긴 것인가?

나는 퍼듀대학교에 다녔는데, 2학년 때 남학생 사교클럽의 친구 두 명이 내 방으로 와서 CCC(대학생선교회)의 사영리를 전했다. 그때 나의 영적인 눈이 열렸고 내 삶을 예수님께 드렸다. 곧 나는 하나님을 위한 열정에 불타올랐다. 하나님은 실제로 계신 분이었고, 나는 예수님과 깊은 사랑에 빠졌으며 그분이 내게 주신 자유에 감사했다. 내 말을 들어 주는 모든 사람들, 심지어 들으려 하지 않는 사람들에게도 예수님을 전했다! 남학생 클럽 친구들은 나를 클럽에서 쫓아내려 했다. 내가 모든 파티에서 사람들에게 예수님 이야기를 했기 때문이다.

우리 클럽과 연계된 여학생들이 있었는데, 우리는 그녀들을 "작은 자매들"이라고 불렀다. 그 둘은 자매였는데, 둘이서 번갈아가며 우리 클럽에 속한 60명의 남자들 중 거의 절반과 함께 잠을 잔 적이 있었다. 남학생들 중 누구라도 성관계를 하고 싶으면 이 여학생들이 가장 빠르고 쉬운 방법이었다.

그런데 우리가 그 둘 중 한 명을 예수님께 인도했고, 하루 만에 그녀가 자신의 자매를 주님께 인도했다. 우리가 그들의 문란한 행위에 대해 말할 필요도 없이, 그들은 즉시 남학생 클럽 회원들과 성관계 갖는 것을 그만두었다. 대신 그들은 자신들과 같이 잤던 남자들에게 간증을 하기 시작했다. 사교클럽 회원들은 몹시 화를 냈다. 이 당시 나는 우리 남학생 클럽 기숙사에서 전체 캠퍼스 성경공부 모임을 인도하고 있었기 때문에, 내가 주모자로 보였던 것이다.

마침내 부회장이 내 방을 찾아와 "존, 우린 너를 클럽에서 쫓아내려고 해"라고 말했다. 그러더니 정확히 이렇게 말했다. "왜 너는 이 클럽에 속한 다른 그리스도인들처럼 될 수 없는 거니?" 그는 주일에는 교회에 가지만 여자친구들과 문란한 관계를 갖고, 파티에서 취하도록 술을 마시고, 우리 기숙사에서 일반적이었던 포르노 잡지나 동영상 돌려보기에 동참하는 다른 남학생들을 말하는 것이었다.

힘든 시간이었지만, 우리 클럽의 부회장이 나를 쫓아내겠다고 으름장을 놓았음에도 불구하고 그런 일은 일어나지 않았다. 정말 흥미롭게도, 그들은 나를 쫓아낼 수 있을 만큼 충분한 표를 받지 못했다. 우리가 그리스도께 인도한 사람들이 너무 많았고, 그들이 내 편을 들어 준 것이다.

예수님을 만나 사랑에 빠진 지 몇 달 후에, 미식축구 시즌이 돌아왔다. 이제 나는 3학년이었고, 예전처럼 정기권을 가지고 경기를 보러 갈 수 있었다. 그 전 2년 동안에는 한 경기도 놓치지 않았는데, 이제는 예수님께 푹 빠져서 축구 시합이 열리는 그 시간 동안에도 성경을 공부했다. 다들 경기를 보러 간 덕에 남학생 기숙사가 조용했다. 기도하고 하나님과 교제하기에 정말 좋은 기회였다. 아무도 나에게 "넌 축구 경기를 보러 가지 말아야 해" 라고 말한 사람이 없었고, 나 스스로 경기장에 가는 게 잘못이라 생각한 적도 없다. 사실 그다음 해에는 여러 번 경기를 보러 갔다. 내가 3학년 때 경기장에 가지 않은 것은 그때가 하나님과 함께 있을 기회였기 때문이다. 나는 정말 열정적으로 그분을 알기 원했다. 내 마음은 위에 있는 것들에 고정되어 있었다.

내가 퍼듀대학교 기계공학과를 졸업할 때 남학생 클럽 회원들과 다른 많은 학생이 예수님을 알게 되었다. 그중에는 내 아내 리사도 포함되어 있었다. 그녀는 그 당시 캠퍼스에서 가장 활발한 여학생 중 한 명으로 꼽혔다. 예수님을 향한 나의 열정적인 사랑은 전염성이 있었고, 사람들은 나를 사랑하거나 아니면 미워했다. 중간 입장은 없었다. 예수님과 사랑에 빠진 나는 스포츠팀의 열렬한 팬이나 한 여자에게 홀딱 반한 남자와 다를 바 없었다.

서서히 흐트러지는 마음

그 후 나는 텍사스 주 댈러스로 이사를 갔다. 6개월 후에 리사도 댈러스로 이사를 왔고, 우리는 곧 결혼을 했다. 나는 록웰 인터내셔널(Rockwell

International)사에서 엔지니어로 일했다. 그리고 또다시 예수님을 향한 나의 열정을 싫어하는 남자들을 만났다. 그들은 내가 너무 거침없이 말한다고 생각했고, 왜 내가 그들의 외설적인 농담과 질 나쁜 대화에 동참하지 않고 퇴근 후 행복한 모험에 함께하지 않는지 이해하지 못했다. 그러나 직장이라는 환경에서는 적어도 기숙사보다는 내 견해와 행위가 좀 더 용인되었다.

22개월 후에 나는 우리 교회 직원으로 일해 달라는 요청을 받았다. 우리 교회는 미국에서 가장 크고 유명한 교회 중 하나였고 국제적으로도 영향력이 컸다. 전도 사역을 지원하기 위한 직원이 400명이 넘었고, 그 팀으로 와달라는 요청을 받은 것은 거의 나에게 꿈만 같은 일이었다. 천국에 가는 것 다음으로 좋은 일 같았다! 나는 이제 그리스도인들과 함께 일할 테니 나의 핍박은 끝났다고 생각했다. '더 이상은 예전에 학교 기숙사와 회사에서 겪었던 치열한 싸움에 직면하지 않을 것이다!'

그 당시 댈러스 카우보이스(Dallas Cowboys)는 미국프로미식축구리그(NFL)에서 최고의 팀 중 하나였다. 사실 나는 미시간 주에서 자랐기 때문에 그 팀의 열렬한 팬은 아니었지만, 그 교회 직원들이 매주 월요일마다 카우보이스에 대한 얘기를 하는 걸 들었다. 그들은 같이 모여서 커피를 마시면서 전날 경기 결과에 대해, 잘한 경기에 대해, 승패에 대해 열정적으로 이야기를 나누었다.

나는 호기심에 텔레비전을 틀어 카우보이스의 경기를 보기 시작했다. 처음엔 경기의 4분의 1이나 2분의 1 정도만 보았다. 나는 카우보이스의 경기를 보는 게 좋았다. 너무나 흥미진진했기 때문이다. 또 다른 이점도 있었다. 교회 사무실에서 사람들과 경기에 대해 아는 척하며 대화를 나눌 기회가 생겼기 때문이다.

그 모든 일이 처음 시작할 때는 아무 해로울 것이 없어 보였다. 하지만 시간이 갈수록 카우보이스에 대한 나의 관심이 점점 더 커졌고, 급기야 모든 경기를 보기 시작했다. 얼마 뒤에 나는 굉장히 열정적으로 텔레비전과 대화를 나누고, 응원하고, 때로는 선수들에게 호통을 치고 있는 나 자신을 발견했다. 마침내 나는 한 경기도, 또는 경기의 한 부분도 놓치지 않게 되었다. 심지어 오프시즌에도 나와 동료들은 선수 선발에 대해서나 다음 해에 카우보이스가 얼마나 잘할 것인지에 대해 계속 대화를 나누었다. 나는 그 팀에 대한 생각을 자주 했다. 동료들과 그 이야기를 하지 않을 때도 그랬다. 어느 새 나는 완전히 팬이 되어 버렸다!

다음 시즌이 돌아오면 나는 흥분에 사로잡혔다. 매주일 예배가 끝나면 집으로 달려가 옷도 벗기 전에 텔레비전부터 켰다. 때로는 불편한 옷(양복과 넥타이)을 그대로 입고 화장실도 안 가고 텔레비전 앞에 붙어 있을 때도 있었다. 한 번의 플레이도 놓치고 싶지 않아서였다.

중간 휴식 시간이 되면 그제야 방에 들어가 옷을 갈아입었다. 아내가 뭘 도와달라고 해도 잊어버렸다. "여보, 카우보이스 경기 중이야." 우리는 중간 휴식 시간에 식사를 하거나, 아니면 경기가 끝나고 먹었다. 경기 중에는 절대로 식사를 하지 않았다.

이제 나는 모든 순위와 점수들을 다 꿰고 있었다. 그것을 유심히 검토했고, 늘 어떻게 하면 카우보이스가 더 잘할 수 있을지를 생각했다. 나는 직장에서 대화를 주도하는 사람이었다. 경기를 하는 날에는 여러 선수들의 성적을 줄줄 외웠다. 우리 교회에는 정기입장권을 갖고 있는 사람들이 몇 명 있었고, 나는 경기장에 가자는 초청을 받을 때마다 흔쾌히 받아들였다.

1년 후 다음 시즌이 되었다. 시즌이 시작되기 전에 내가 생각하기에 아주 단순하고 사소해 보이는 것에 대해 기도를 했다. 그러나 그것이 내 인생을 바꿀 줄은 정말 몰랐다. 내 기도는 이것이었다. "하나님, 제 마음을 정결케 해 주시기를 기도합니다. 저는 거룩해지고 싶고, 하나님을 위해 구별된 사람이 되고 싶습니다. 그러니 제 삶 속에 하나님이 기뻐하시지 않는 것이 있다면 그것을 드러내 주시고 제거해 주시옵소서." 나는 이 기도의 깊이를 몰랐고, 또 무엇이 드러나게 될지 몰랐다.

미식축구 시즌이 끝나가고 플레이오프가 다가오고 있었다. 그날도 중요한 경기가 있는 날이었다. 카우보이스와 필라델피아 이글스의 경기였는데, 그 경기에서 이기는 팀이 플레이오프에 진출하고 패한 팀은 탈락하게 되어 있었다. 나는 소파에 앉지도 않고 선 채로 텔레비전 앞에 딱 붙어 있었다. 진짜 막상막하의 경기라 앉아서 볼 수가 없었다. 후반전에다가, 경기 시간이 8분밖에 남지 않았다. 카우보이스가 4점 뒤지고 있었는데, 카우보이스의 쿼터백이 공격을 주도하고 있었다. 나는 경기를 보면서 초조하게 거실을 왔다갔다 했고, 실수라도 했을 때는 절망감에 소리를 지르고 잘할 때는 열광하며 환호성을 질렀다. 긴장감이 넘치는 짜릿한 순간이었다.

그런데 갑자기, 아무 예고도 없이 성령이 내게 기도를 시키셨다. '기도해라, 기도해라, 기도해라!' 하는 충동이 갑자기 나를 압도했다. 그것은 무거운 짐처럼 내 마음 깊은 곳을 강하고 무겁게 짓눌렀다. 나는 성령님이 우리가 물러나 기도하기를 원하실 때 이런 충동이 생긴다는 것을 알았다.

마침 아내도 가까이 있지 않았기에, 나는 큰소리로 이렇게 말했다. "주님, 이 경기가 8분밖에 안 남았어요. 끝나면 기도할게요." 그런데 그 충동은 계속되었다. 도무지 누그러질 기미가 안 보였다. 몇 분이 지났다. 나는 여전히 마음을 가라앉히려 애쓰며 이렇게 소리쳤다. "주님, 이 경기만 끝나면

6시간 동안 기도할게요. 이제 6분밖에 안 남았어요!"

마침 우리 팀이 공격을 하고 있었다. 나는 그들이 이 중요한 경기에서 이길 거라는 걸 직감했다. 하지만 기도를 해야 한다는 압박감은 여전히 나를 떠나지 않았다. 사실은 더 강해졌다. 나는 절망했다. 경기 도중에 자리를 뜨고 싶지 않았다. 그래서 큰소리로 말했다. "주님, 오늘 남은 시간 동안 기도하겠습니다. 주님이 원하신다면 밤새 기도할게요!"

나는 나머지 경기를 다 보았다. 카우보이스가 승리했고, 경기장은 흥분과 열광으로 가득했다. 나도 그들과 함께 기뻐했다. 그러나 하나님께 한 약속이 있었다. 곧바로 텔레비전을 끄고 계단을 올라가 내 서재로 들어갔다. 문을 닫고 카펫 위에 무릎을 꿇고 앉아 기도를 시작했다. 그러나 기도를 해야 한다는 압박감이 사라졌다. 더 이상 마음의 짐이 느껴지지 않았다. 정말이지 조금도 그런 느낌이 없었다. 아무것도 느껴지지 않았다.

나는 그 느낌을 되살려내려고 노력했다. 기도하려고 노력했다. 하지만 내 입에서 나오는 말들은 진부하고 생기가 없었다. 오래지 않아, 무슨 일이 일어났는지 깨달았다. 나는 하나님의 요청보다 댈러스 카우보이스의 경기를 선택한 것이다. 카펫에 얼굴을 묻고 탄식했다. "하나님, 누가 저에게 '네 인생에서 누가 더 중요하냐, 하나님이냐 댈러스 카우보이스냐?'라고 묻는다면 저는 주저함 없이 '당연히 하나님입니다!'라고 대답할 겁니다. 그런데 저는 방금 제 행동으로 누가 더 중요한지를 드러냈습니다. 하나님이 저를 필요로 하셨으나, 제가 하나님보다 축구 경기를 선택했습니다. 제발 저를 용서해 주십시오!"

그 즉시 내 마음속에서 이런 음성이 들렸다. '아들아, 나는 네가 5시간 기도를 제물로 바치는 걸 원치 않는다. 내가 바라는 것은 순종이다.'

이제 내 인생에 미식축구는 없다?

나는 나를 위해 생명을 주신 분께 충실하지 못했다는 것 때문에 슬픔에 사로잡혔다. 그것은 모두 이 세상에 속한 것 때문이었다. 우리에겐 다른 생명의 근원이 없는데, 그런 우리 마음과 영혼과 생각을 세상 것들이 가득 채우고 있다. 나의 애정은 분명 축구팀을 향해 있었다.

이와 관련하여, 야고보의 글을 다시 한 번 잘 살펴보자.

간음한 여인들아 세상과 벗 된 것이 하나님과 원수 됨을 알지
못하느냐 그런즉 누구든지 세상과 벗이 되고자 하는 자는 스스로
하나님과 원수 되는 것이니라 너희는 하나님이 우리 속에
거하게 하신 성령이 시기하기까지 사모한다 하신 말씀을 헛된
줄로 생각하느냐 …… 하나님을 가까이하라 그리하면 너희를
가까이하시리라 죄인들아 손을 깨끗이 하라 두 마음을 품은 자들아
마음을 성결하게 하라(약 4:4-5, 8).

내 마음은 나뉘어 있었다. 충성심은 단지 우리가 내뱉는 말이 아니라 우리가 내리는 결정에 의해 드러난다. 자신은 충성스럽다고 주장하지만 행동은 다르게 하는 사람이 많다. 그래서 하나님이 "많은 사람이 각기 자기의 인자함을 자랑하나니 충성된 자를 누가 만날 수 있으랴"(잠 20:6)라고 말씀하신 걸까?

그 당시 나는 확신을 가지고 "예수님이 내 삶에서 다른 무엇, 누구보다 더 중요합니다!"라고 말했다. 하지만 내 선택은 그와 다르게 나타났다. 행동이 말보다 더 높은 수준의 커뮤니케이션이라 할 수 있다.

사도 요한은 잠언 20장 6절을 신약 성경 버전으로 말해 준다. "자녀들아 우리가 말과 혀로만 사랑하지 말고 행함과 진실함으로 하자"(요일 3:18). 사실은 댈러스 카우보이스가 나의 첫사랑을 대신하고 있었다. 나는 내 안에 계시는 성령님이 시기하시게 만들었다. 성경의 경고를 읽었음에도 불구하고 그 말씀을 잊고 있었던 것이다. 그런데 자비로우신 하나님이 나의 잘못을 보여 주셨다.

요한은 또한 이렇게 기록한다.

자녀들아 너희 자신을 지켜 우상에게서 멀리하라(요일 5:21).

이것은 야고보가 아니라 사랑받는 자 요한의 경고다. 이것이 그의 긴 편지의 마지막 말이라는 걸 주목해야 한다. 그 당시 사도들은 사랑하는 이들에게 전화를 하거나, 문자메시지를 보내거나, 페이스북을 하거나, 빠른 편지를 보낼 수가 없었다. 편지를 배달하는 데 많은 노력이 필요했다. 따라서 만일 당신이 성령의 영감을 받아 편지를 쓰고 있었다면, 아마 성령이 가장 중요한 정보는 마지막을 위해 아껴 두셨을 것이다.

야고보와 요한과 함께, 바울 또한 예수님께 드릴 충성을 세상이 빼앗지 못하게 하라고 경고한다.

여러분은 둘 다 가질 수 없습니다. 여러분이 한 날은 주님과 잔치를 벌이고, 이튿날에는 마귀들과 잔치를 벌일 수 없습니다. 주님은 그런 것을 참으시는 분이 아닙니다. 주님은 우리의 전부를 원하십니다. 전부가 아니라면 우리는 아무것도 아닌 것이 됩니다. 그런데도

여러분은 여러분보다 못한 것과 어울리시겠습니까? 여러분은
한 면만 보고 이렇게 말할지도 모르겠습니다. "뭐든지 괜찮아.
하나님은 한없이 관대하시고 은혜로우시잖아. 그러니 우리가 무슨
일을 할 때마다, 그것이 그분의 기준을 통과할지 일일이 따져보거나
조사하지 않아도 돼"라고 말입니다. 그러나 무사히 잘 빠져나가는
것이 핵심이 아닙니다. 우리가 제대로 살아야 하겠지만……(고전
10:21-24, 메시지).

나는 이 말씀이 두렵다. 이것은 우리가 살고 있는 시대에 매우 적합한
말씀이다. 나는 또한 다른 성경 번역도 좋아한다. "그러면 우리가 주를 노
여워하시게 하겠느냐 우리가 주보다 강한 자냐 모든 것이 가하나 모든 것
이 유익한 것은 아니요"(22-23절).
　이제 이런 의문이 떠오를 것이다. 나는 이제 어떤 스포츠 경기도 보지
말아야 하는가? 세상에 사로잡힌 일에는 함께하지 말아야 하는가? 그러면
어떻게 이 세상에서 살며 내 역할을 할 수 있을까?
　이런 비유로 답해 보겠다. 결혼한 남자로서 나는 아내 외에 어떤 여자
와의 만남도 피해야 하는가? 그렇지 않다. 나는 계속해서 여자들과 함께 어
울려 지낸다. 비행기에 탈 때도 여자들 옆에 앉는다. 이 책을 쓰고 있는 지
금도 비행기 안인데 내 옆에 한 여자분이 앉아 있다. 나는 여자들과 함께 일
한다. 다른 많은 장소와 상황 속에서 여자들과 상호작용을 한다.
　결혼한 남자로서 나는 여자들에게 친절하게 대하려고 노력한다. 특히
요즘 많은 여성이 실제로는 남성들에게 홀대를 받기 때문에 더 그렇게 하
려고 한다. 너무나 자주 여자들은 한 남자의 정욕을 만족시키기 위한 수단

정도로 취급받았고, 남자와 동등한 대우를 받지 못했다. 나는 그것이 너무나 화가 난다. 하나님이 남자와 여자를 자신의 형상으로 만드셨다는 것을 알기 때문이다. 하나님은 남자와 여자 모두에게 선물을 주셨다. 하나님과 언약을 맺은 남자와 여자에게 똑같이 그리스도의 마음을 주셨다. 하나님은 여자보다 남자를 더 편애하지 않으신다. 그런데 왜 우리는 교회에서조차 그렇게 해 온 것일까?

그러나 나는 다른 여자를 향해 로맨틱하거나 부적절한 방법으로 내 마음과 애정을 주지 않으려고 조심한다. 나에게는 아내 리사가 있다. 내가 그녀와 결혼할 때 연애와 관련해서는 지구 상의 모든 여자와 작별을 고했다. 그러므로 나는 다른 모든 여자와 적절하게 관계를 맺는다.

이것을 세상과 친구 되는 것과 비교해 보자. 나는 여전히 미식축구 보는 것을 즐길 수 있다. 비록 경기 전체를 재미있게 보기는 어렵지만 말이다. 과거에 내 마음이 카우보이스에 고정되어 있던 때만큼 열정이 있지 않다. 나의 애정은 우리 주님의 갈망을 만족시키는 데 있다. 내 가족을 사랑하고 보살피는 것, 다른 사람들을 돕기 위해 일하는 것, 우리 사역을 위해 일하는 것, 그리고 하나님의 지혜와 조언에 귀 기울이는 것 등이 나의 온전한 관심과 애정을 차지하고 있다.

나의 삶 속에서 다른 것들이 그 자리를 차지했던 때가 있었는가? 오, 그렇다! 그리고 내가 성령께 간구했기 때문에 성령이 그러한 것들을 깨닫도록 도와주셨다. 골프, 음식, 영화, 심지어 사역까지도 내려놓아야 할 때가 있었고, 나의 애정을 제자리로 되돌리기 위해 한동안 그것을 끊어야 할 때도 있었다.

내 골프 사랑이 지나쳤을 때, 어느 날 성령이 나의 골프채 세트를 전부 다른 목사에게 주도록 인도하셨다. 왜 성령이 나에게 그렇게 하라고 하셨을까? 골프가 목사의 삶에 합당치 않은 건 아니지만, 그때의 나에겐 그랬다!

골프를 치지 않고 지낸 지 1년 반 정도 지났을 때 하나님이 어느 프로 골프 선수의 마음을 감동시켜 수천 달러의 가치가 있는 그의 골프 장비를 내게 주도록 하셨다. 나는 어리둥절했다. 이 골프 선수는 기도하는 사람이 었는데 "목사님, 꼭 이렇게 해야 할 것 같아요"라고 말했다.

몇 달 후에, 한 목사가 내게 말하기를, 하나님이 그의 마음에 내게 골프 채 세트를 주어야겠다는 생각을 주셨다고 했다. 이때 나는 정말 혼란스러 웠다! 그래서 하나님께 물었다. "제가 이 골프채들을 가지고 뭘 할까요?"

'가서 골프를 쳐라.' 내 마음속에 들린 음성이었다.

"하지만 1년 반 전에는 제 골프채들을 전부 다른 사람에게 주게 하셨잖 아요."

그러자 하나님이 이렇게 말씀하셨다. '이제는 골프가 더 이상 부적절하 지 않다. 그것은 이제 너에게 오락이고 즐거움이다.'

그 이후로 나는 골프를 쳤다. 하나님은 이것을 아름답게 사용하셔서 내 가 휴식과 회복을 얻게 하셨고, 내 아들들과 다른 교회 지도자들, 그리고 사 역 파트너들과 교제할 수 있는 수단으로 사용하셨다. 사실 이 책을 쓰기 전 3년 동안 메신저 인터내셔널에 선교비로 기부된 3백만 달러 넘는 돈이 바 로 친구들, 동역자들과 함께 골프를 침으로써, 또 우리 메신저컵 골프 대회 를 통해 들어온 것이었다. 내가 만일 남은 인생 동안 골프를 완전히 끊었다 면 이런 일이 일어나지 않았을 것이다.

우리는 하나님이 순종을 요구하실 때 절대 두려워해선 안 된다. 하나님의 요구가 우리의 열정과 일치할 때는 사실 순종하는 것이 쉽다. 그러나 그렇지 않을 땐 힘든 일이다.

하나님의 뜻대로 하는 근심

야고보는 하나님의 영 안에 질투를 일으키는 것이 무엇인지를 분명히 밝힌다. 바로 세상과 벗 되는 것이다. 나는 이 우정이 수반하는 것의 한 면을 이미 다루었는데, 다른 면들도 있다. 다음 장에서는 그것의 근본 원인을 논하겠으나, 지금은 우리의 애정이 잘못된 방향으로 흘러갈 때 어떻게 대응해야 하는지를 다루겠다. 세상과 부적절한 관계에 빠진 신자들을 향한 야고보의 조언을 살펴보자.

> 죄인들아 손을 깨끗이 하라 두 마음을 품은 자들아 마음을 성결하게
> 하라 슬퍼하며 애통하며 울지어다(약 4:8-9).

하나님이 내가 기도보다 댈러스 카우보이스를 선택했다는 걸 보여 주셨을 때 마음이 너무 아팠다. 내 부적절한 '관계'로, 나를 위해 생명을 내어 주신 분의 마음을 아프게 했다는 걸 깨달았다.

최근에 자기 아내에게 간음죄를 범했다가 회복된 남자와 대화를 나누었다. 그는 자기가 6개월 동안 어떻게 죄를 범했는지 이야기했고, 나에게 고백하는 동안 펑펑 울었다. 그는 강한 남자였다. 전 대학축구 선수였고, 성공한 사업가였다. 이 '남자다운 남자'가 우는 것을 보고 나는 깜짝 놀랐다. 그는 하나님과 아내에게 용서받지 못한 것 같아서 운 게 아니었다. 사

실 그의 결혼생활은 과거 어느 때보다 더 단단해졌다. 그는 자기가 깊이 사랑하는 사람에게 이런 짓을 했다는 사실 때문에 울었다. 자기가 그녀에게 너무나 큰 고통을 준 것 때문에 슬퍼했다. 아내를 향한 그의 깊은 감정과 배려를 보고 나는 감동했다.

이 남자의 행동에서 진실이 드러났다. 그것은 참된 신자가 세상과 부적절한 관계를 가졌던 것을 돌이킬 때 해야 하는 행동과 똑같다. "슬퍼하며 애통하며 울지어다."

이 남자는 자기의 부정을 정당화하기 위해 아내의 부족했던 점을 조금도 이야기하지 않았고 진심으로 아내에게 미안해했다. 그의 진정한 겸손을 보니 마음이 상쾌해졌다. 나는 배우자에게 간음죄를 범한 다른 사람들과도 이야기를 나누어 보았는데, 그들의 반응은 달랐다. 그들의 '고백'이나 '증언'을 들으면 어떻게든 결국 배우자의 잘못이나 애정 결핍을 외도의 한 이유로 얽어매려 했다.

성경은 하나님의 뜻대로 하는 근심과 세상 근심에 대해 말한다(고후 7:10 참조). 다윗 왕은 경건한 근심의 전형적인 예를 보여 주었다. 그는 간음죄와 살인죄를 범함으로써 자기가 사랑하는 하나님의 마음을 아프게 한 것 때문에 깊은 슬픔에 잠겼다. "내가 주께만 범죄하여 주의 목전에 악을 행하였사오니"(시 51:4)라고 울부짖었다. 다윗은 몇 날 며칠 동안 울부짖으며 얼굴을 묻고 애통해했으며, 그를 시중들던 사람들이 그의 슬퍼하는 모습에 대해 어떻게 생각하든 신경 쓰지 않았다. 그는 체면을 세우려 하지 않았다. 다윗은 비탄에 빠졌고, 그러고 나서 회복되었다.

사울 왕은 달랐다. 그 또한 하나님의 말씀에 순종하는 대신 자기 만족과 자랑을 즐기기로 선택함으로써 하나님의 마음을 아프게 했다. 사울도

자기가 한 일을 후회했다. 하지만 사울의 슬픔은 세상적인 것이었다. 그는 다윗이나 자신의 간음으로 인해 슬퍼한 한 남자처럼 깨끗해져서 나오지 않았다. 사울은 스스로를 기만하여 생각이 오염되어 있었다. 잠깐 동안은 달라진 것 같았지만, 결국 그의 참된 동기가 드러났다. 그것은 교만과 자기 만족이었다. 그의 사고방식은 결코 달라지지 않았다.

사도 바울은 "하나님의 뜻대로 하는 근심은 후회할 것이 없는 구원에 이르게 하는 회개를 이루는 것이요"(고후 7:10)라고 선언했다. 이 근심은 하나님이 주신 것이다. 그것의 뿌리는 하나님을 향한 사랑에 있다. 만일 우리가 하나님보다 하나님이 우리를 위해 해 주실 수 있는 것을 더 사랑한다면, 우리 행동은 사울과 다를 바 없을 것이다.

다음 두 장에서 우리는 세상과 벗하는 것이 하나님과의 경험적 관계에 어떤 영향을 미치는지 알아볼 것이다. 개인적으로나 교회 공동체로서나, '하나님' 대신 '우리가 생각하기에 선한 것'을 택하는 것이 우리에게 얼마나 큰 대가를 치르게 했는지 밝혀낼 것이다.

다음 장으로 넘어가기 전에, 잠시 기도하자. 자신의 삶 속에서 세상과 부적절한 관계를 맺고 있는 부분을 볼 수 있도록 하나님께 도움을 구하라.

아버지, 예수님의 이름으로 구하오니, 제 행위와 동기를 살펴
주소서. 제 삶 속에 당신을 향한 애정과 사랑을 대신하고 있는
것이 있다면, 주의 성령으로 그것을 드러내 주소서. 아무것도 덮어
두지 않겠습니다. 제가 참으로 주님의 연인이 되고, 저의 주 예수
그리스도를 따르고 섬기기 위해 자기를 부인하는 사람이 되게 해
주소서. 예수님의 이름으로 기도합니다. 아멘.

02

더는 거룩을
회피하지 말라

거룩함을 따르라 이것이 없이는
아무도 주를 보지 못하리라.
– 히 12:14

　"거룩." 이 단어를 꺼내면 사람들이 움찔하며 얼른 화제를 바꾼다. 많은 이에게 그것은 반갑지 않은 인상을 준다. 어쩐지 세련되지 못한 듯하고 삶의 흥을 깰 것만 같기 때문이다.

　거룩은 많은 사람들에게 '행위를 통해 구원을 얻으려는 것'과 같은 뜻으로 받아들여진다. 또는 율법주의의 한 면처럼 보이기도 한다. 거룩이라는 말을 꺼내면, 종종 이런 반박을 들을 것이다. "나는 자유롭고 하나님의 은혜 안에 살고 있으니, 나를 율법 아래 두려고 하지 마라."

　하지만 신약 성경의 거룩함은 율법의 행위나 율법주의와 조금도 연관이 없다. 그것은 실제로 여러 가지 차원에서 바람직한, 아름다운 삶의 모습이다. 그러나 우리 시대에는 의심할 여지없이 그것이 크게 오해받고 있다.

거룩함을 따분한 것으로 생각하는 사람들은 정말 뭘 모르는 사람들이다.
진정한 것을 만날 때 …… 그것은 도저히 거부할 수가 없다.
- C. S. 루이스

왜 거룩에 대해 말하지 않는가

성경은 "거룩함을 따르라 이것이 없이는 아무도 주를 보지 못하리라"(히 12:14)라고 단호하게 말하는데, 왜 하나님의 자녀가 거룩에 대해 논하는 것을 회피하려 하는가? 이 얼마나 단순명쾌한가? 거룩함이 없다는 건 곧 주를 보지 못한다는 것이다!

미국 대통령을 생각해 보자. 나는 이 나라 국민이고 그는 우리나라의 지도자이므로, 나는 그와 '관계'가 있다. 나는 3억2천만 명의 다른 미국인들과 마찬가지로 그의 통치권 아래에 있고 그의 결정들에 의해 영향을 받는다. 하지만 내가 대통령과 이런 관계가 있다고 해도, 지금까지 그를 개인적으로 접견하는 특권은 받은 적이 없다. 사실 미국인으로서 50년 이상을 살

앉어도 대통령을 개인적으로 본 적이 한 번도 없었다.

한편, 정기적으로 대통령을 만나는 다른 미국인들도 있다. 그들은 대통령의 친구들이거나 대통령과 가까이서 일하는 사람들이다. 어느 경우든, 그들은 백악관 안에서 대통령을 나보다 더 잘 안다.

마찬가지로, 예수 그리스도의 통치 아래 있는 수많은 그리스도인이 있다. 그리스도는 그들의 공언된 왕이다. 그분은 그들을 보호하고, 그들의 필요를 공급해 주며, 그들을 사랑해 주고, 그들의 요청을 들어 주신다. 하지만 문제는, 그들이 그분을 볼 수 있는가 하는 것이다. 다시 말해서, 그들이 그분의 임재를 경험하고 있는가? 성경에 의하면, 우리는 모두 그것을 경험해야 한다. 히브리서에서는 우리가 "예수를 보니"(2:9)라고 말한다. 바울은 이 특권에 대해 자세히 설명한다.

우리가 다 수건을 벗은 얼굴로 거울을 보는 것 같이 주의 영광을
보매(고후 3:18).

예수님은 그분의 임재를 보거나 경험할 사람들이 누구인지 말씀하신다. 최후의 만찬에서 예수님이 하신 말씀을 보면 "이제 잠시 후면 세상은 더 이상 나를 보지 못하겠지만, 너희는 나를 보게 될 것이다. 내가 살아 있고, 너희도 살아날 것이기 때문이다"(요 14:19, 메시지)라고 했다. 여기에 두 가지 분명한 사실이 있다. 첫째, 기독교의 매우 실제적인 면은 그리스도를 보는 것이다. 둘째, 세상은 볼 수 없지만 우리는 주님을 볼 수 있다.

하나님을 보는 것이 왜 중요한가? 우선, 대통령과 마찬가지로 우리가 하나님을 보지 못하면 하나님을 알 수 없다. 단지 하나님에 '대해서' 알 수

있을 뿐이다. 또 하나님을 보지 못하면 우리가 그분의 형상으로 변화될 수 없기 때문이다. 앞에서 인용한 구절에서, 바울은 주님을 보는 자들이 "그와 같은 형상으로 변화하여 영광에서 영광에 이르니"(고후 3:18)라고 말한다. 신자의 삶에서 변화는 매우 중요하다.

예수 그리스도를 안다고 고백하고, 한참 전부터 그렇게 말해 왔지만, 마치 하나님을 한 번도 만난 적이 없는 것처럼 사는 사람을 만난 적이 있는가? 그 이유는 무엇일까? 이 사람은 단지 변화의 과정을 경험하지 않은 것이다. 그들은 하나님의 형상으로 변화되고 있지 않다.

바울은 우리 시대가 달라질 거라고 예언했다. 흥미롭게도 그는 이 스트레스 많은 시대가 그의 시대처럼 신앙에 대한 박해 때문에 생기는 결과가 아니라 자칭 그리스도인이라 하는 자들이 예수님의 말씀을 지키지 않기 때문에 올 거라고 했다. 그들은 여전히 하나님과 아무 관계가 없는 사람들처럼 행동할 것이다. 여전히 자기 자신과 돈을 사랑하고, 부모에게 불순종하며, 상스럽게 말을 하고, 용서하지 않고, 명예와 명성을 추구하고, 친구를 배신하며, 하나님보다 쾌락을 더 사랑한다. 말하자면 끝도 없다.

바울은 "경건의 모양은 있으나 경건의 능력은 부인하니"(딤후 3:5)라고 분명히 말했다. 그들이 부인하는 능력은 우리를 변화시키는 은혜의 능력이며, 참된 기독교의 핵심적인 사실이다. AMP(The Amplified Bible) 성경은 "그들의 행위를 보면 그들의 고백이 진실하지 않음을 알 수 있다"라고 말한다.

이 자칭 그리스도인들은 스스로 속고 있다. 그들은 "항상 배우나 끝내 진리의 지식에 이를 수 없을"(딤후 3:7) 것이기 때문이다. 앞에서 말했듯이, 기만에는 중요한 문제가 있다. 바로 스스로를 속인다는 것이다! 우리는 사실은 그렇지 않은데도 하나님과 잘 지내고 있다고 온전히 믿을 수 있다. 그러한 많은 '신자들'이 교회에, 컨퍼런스에, 저녁예배에, 성경학교에, 소그룹에 참석한다. 그들은 배우는 걸 좋아하지만 여전히 인격과 행동이 변화되지 않는다.

요점은 이것이다. "거룩하게 행하는 자들만 하나님을 볼 수 있다. 즉 하나님의 임재 안에 들어갈 수 있다." 예수님은 그 사실을 더없이 명쾌하게 말씀하셨다. "조금 있으면 세상은 다시 나를 보지 못할 것이로되 너희는 나를 보리니 이는 내가 살아 있고 너희도 살아 있겠음이라 …… 나의 계명을 지키는 자라야 나를 사랑하는 자니 나를 사랑하는 자는 내 아버지께 사랑을 받을 것이요 나도 그를 사랑하여 그에게 나를 나타내리라"(요 14:19, 21).

나타낸다는 말은 "뚜렷하게 눈에 보이거나 깨닫게 한다, 분명하게 보여준다"라는 뜻이다. *The Complete Word Study Dictionary*(성경 학습 사전)에서는 이 단어, '엠파니조'를 "분명하게 드러내다, 보이게 하다, 보여 주다"라는 뜻으로 정의한다. 좀 더 구체적으로는 "한 사람에 대하여 …… 자신을 친밀하게 알리고 이해받으려 하는 것"이라고 한다.

예수님은 그분의 계명을 지키는 자들에게만 자신을 나타낼 거라고 말씀하셨다. 그들은 주님을 볼 것이며, 주님의 임재 안에 들어가 그분을 친밀하게 알게 될 것이다. 이 특권은 모든 신자에게 약속된 게 아니라, 오직 하나님의 말씀에 순종하려 하는 자들, 거룩을 추구하는 자들에게만 약속된 것이다.

1980년대에 나는 한국에서 온 조용기 목사를 접대하는 일을 맡은 적이 있다. 그가 담임으로 섬기는 교회는 당시에 75만 명의 교인이 모이고 있었다. 우리 교회에서 그를 초대했는데, 나의 임무는 그를 호텔에서 예배 장소까지 모시고 가는 것이었다.

조 목사는 그의 교회에서 온 15명 정도의 수행원들과 같이 다녔다. 집회가 열리던 날, 제일 앞에 있던 수행원이 내게 다가와 근엄한 표정으로 이렇게 말했다. "긴히 드릴 말씀이 있습니다. 무엇보다, 집회 장소까지 차로 이동하는 중에는 조 목사님께 말을 걸지 마십시오. 목사님은 말씀을 전하기 전에 누구와 대화 나누는 걸 좋아하지 않으십니다." 이건 가장 중요한 지시사항이었다.

나는 그날 밤 호텔로 가서 조 목사와 함께 온 사람들이 차 문을 열 때까지 차 안에서 기다렸다. 조 목사가 내 옆 자리에 타자 하나님의 임재가 차 안에 가득했다. 매우 압도적이었다. 하나님의 위엄과 사랑이 매우 실제적이고 분명하게 나타났다. 운전을 하는 동안, 내가 평소에 잘 우는 사람이 아님에도 불구하고 두 뺨 위로 눈물이 흘렀다. 집회 장소로 가는 도중에 신호등에 걸려 멈췄는데, 더는 참을 수가 없었다. 그래서 수행원이 절대로 하지 말라고 했던 일을 하고 말았다. 나는 정중하게 말했다. "조 목사님, 하나님이 이 차 안에 임재하십니다."

그는 나를 보더니 "네, 알고 있습니다"라고 답했다.

나는 그가 미국을 방문한 기간 동안 그와 많은 시간을 함께 보냈다. 다른 행사 장소까지 차로 데려다 주었고, 식사를 했고, 공항까지 같이 오고갔다. 모든 상황에서, 사람들이 보든 안 보든, 조 목사의 태도와 행동은 경건하고 진실하고 겸손했다. 나는 그가 매일 하나님과 함께 보낸 시간들을 생각했다. 하나님의 임재가 그의 삶에 그토록 강하게 나타난 이유를 분명히 알 수 있었다. 그는 진실로 예수님의 말씀을 지키려고 애쓰고 있었다.

나는 종종 예배 시간에, 기도하는 동안, 하나님의 말씀을 읽으면서, 또는 그냥 일상 속에서 그와 비슷하게 하나님의 임재를 경험했다. 왜 모세가 이 장엄한 임재를 경험하기 위해 모든 것을 버렸는지 이해가 간다. 내 인생에서 하나님의 임재가 멀게 느껴지던 때가 있었다. 때로는 내가 하나님의 말씀을 지키지 않았기 때문에 그랬다. 또 내가 혹독한 시련 가운데 있을 때도 있었다. 후자는 피할 수 없다는 걸 알지만, 전자는 막을 수 있는 것이다.

나타낸다는 것은 보이지 않던 것을 보게 하고, 들리지 않던 것을 듣게 하고, 모르던 것을 알게 하는 것을 의미한다. 하나님이 우리 마음과 감각에 그 자신을 알리실 때 그런 일이 일어난다. 하나님이 그 자신과 그분의 길에 대한 친밀한 이해와 지식과 통찰을 주시는 것이다. 히브리서 기자는 이런 특권을 입은 자들을 "하늘의 은사를 맛보고 성령에 참여한 바 된"(6:4) 자들이라고 묘사했다. 우리에게 나타나는 하나님의 임재는 하나님의 자녀라면 누구나 다가갈 수 있지만, 오직 그분의 말씀에 순종하는 자들(참으로 거룩하게 행하는 자들)만이 이 특권을 경험한다.

바울은 모세에게 들려주신 하나님의 말씀을 인용한다. 이 말씀은 구약뿐 아니라 신약까지 포괄하는 변치 않는 진리다. 그것은 이미 하나님의 자녀가 된 자들을 향한 말씀이다.

> 그러므로 너희는 그들 중에서 나와서 따로 있고 부정한 것을 만지지
> 말라 내가 너희를 영접하여(고후 6:17).

그것은 명백하다. 하나님이 우리를 그분의 임재 안으로 들어오게 하시는 것은 저절로 되는 게 아니라 조건이 있다. 우리가 하나님을 만나려면 먼저 그분의 요구를 실행해야 한다. 바울의 말은 예수님의 말씀과 완벽하게 일치한다. 《메시지 신약》은 이 구절을 다음과 같이 풀어놓았다.

그러니 타락과 타협의 행위를 그만두어라. 영원히 그만두어라. 너희를 타락시키는 자들과 어울리지 마라. 나는 너희가 나하고만 있기를 원한다.

그리고 바울은 하나님의 조건적인 약속에 대한 우리의 합당한 반응을 제시한다.

하나님을 두려워하는 가운데서 거룩함을 온전히 이루어 육과 영의 온갖 더러운 것에서 자신을 깨끗하게 하자(고후 7:1).

다시 한 번 우리는 진정한 거룩을 추구하는 목적이 하나님의 명백한 임재 안으로 들어가는 영광임을 알게 된다.

분위기인가 임재인가

사도들, 예수님, 그리고 성부 하나님으로부터 온 이 모든 신약 성경의 인용구들을 본 후, 우리는 이렇게 질문해 봐야 한다. 왜 신약 성경의 이 중요한 부분을 기독교에서 더 자주 이야기하고, 가르치고, 선포하지 않았을까? 우리가 진정한 거룩함이 없는 구원을 받아들이도록 부추기려고 원수가 고안해 낸 교묘한 계획이 아니었을까? 그로 인해 우리는 하나님을 바라보지 못하고, 변화되지 못하는 것이다. 원수의 이 교활한 전략은 개인적인 차원뿐 아니라 집단적으로도 나타났다. 우리 모임과 관련하여, 우리가 분위기로 하나님의 임재를 대신해 왔던 것은 아닐까?

지난 20년 동안 교회가 이룬 큰 발전 중에 하나가 예배 분위기를 더 좋게 만드는 것이었다. 옛날에는 일반적인 교회에 가면 종종 열악한 건물에 시대에 뒤떨어진 실내장식, 지루한 예배를 쉽게 볼 수 있었다. 음악은 매력 없었고, 메시지는 기이하고 우리와 무관했으며, 교인들의 옷차림은 그야말로 유행에 뒤처졌다. 우리는 음악 연주나 성도들에게 전하는 메시지에 관해서, '주님의 이름으로' 행해지는 것은 거의 무엇이든 허용했다. 드물게 예외가 있긴 했지만, 이것이 20년 전 교회의 일반적인 모습이었다.

　　현명한 리더십 덕분에 우리는 이 패러다임을 바꾸었다. 이제 우리는 정말 영감이 가득하고 훌륭한 음악을 연주한다. 최첨단 음향과 조명 시스템을 갖춘 편안한 교회 건물을 설계했다. 우리 예배는 꽉 채워져 있고, 적절하다. 또한 우리는 재미있고 매력적인 어린이용 공간과 청소년용 모임 장소를 만들었다. 이제 많은 교회의 로비에는 사람들이 서로 교제할 수 있는 간단한 카페가 있고 잘 갖춰진 서점이 있다. 우리는 더 이상 비신자들에게 혐오감을 주지 않도록 예배를 인도한다. 간단히 말하면, 우리의 모임 분위기를 아주 좋게 만들었고, 나는 하나님이 이 탁월함을 매우 기뻐하신다고 믿는다.

　　하지만 우리가 외적인 것들을 우리의 최종 목적으로 삼았는가? 분위기는 정말 중요한 것으로 들어가는 데 도움이 된다. 그 중요한 것이 바로 하나님의 임재다. 분위기는 사람이 만드는 것이다. 할리우드, 라스베가스, 디즈니, 브로드웨이, 그 외 엔터테인먼트 산업들은 감정을 불러일으키는 데 능숙하다. 우리도 그들의 방법을 사용해 왔는가? 단지 우리 예배에 참석하는 사람들의 감정을 자극하는 것에 만족하는가? 참된 하나님의 임재가 우리 성전을 가득 채우고 있는가, 아니면 단지 세상 사람들이 다른 곳에서 잘하는 것을 우리가 기독교의 영역 안에서 하고 있는 것인가? 기독교 신앙에 흥미를 가지고, 예배를 사랑하고, 계속해서 배우지만, 변화되지 않는 사람들이 있는 게 이 때문일까? 그렇다면 우리는 굉장히 큰 대가를 치른 것이다. 이 사람들은 예수님의 형상을 닮아 가지 않을 것이다.

오래전에 우리는 촌스럽고 세련되지 못한 교회 분위기를 견뎠지만, 그래도 종종 엄청난 하나님의 임재로 충만한 예배를 드렸다. 그 일이 어떻게 일어났는지 항상 설명할 수는 없지만 나는 참으로 변화되었다. 우리가 달라지려면, 하나님의 임재가 필요하다!

따라서 문제는 이것이다. 왜 우리는 분위기와 하나님의 임재를 둘 다 가질 수 없을까? 우리는 선택할 필요가 없다! 하지만 하나님의 임재를 누리려면, 거룩함을 추구해야 한다.

또 다른 면에서, 거룩함이 빠진 기독교를 만들려는 원수의 교활한 계획이 예수 그리스도의 복음을 많은 비신자들에게 힘없는 종교처럼 보이게 만들었고, 따라서 예수님을 따르는 것을 재미없는 일로 만들어 버렸다. 사실은 가장 매혹적인 삶인데 말이다.

거룩, 오로지 하나님의 것이 되는 것

그렇다면 참된 거룩함은 무엇인가? 헬라어로는 '하기오스'다. 테이어의 *Greek-English Lexicon of the New Testament*(신약 헬라어-영어 사전)에서는 그것을 "하나님을 위해 구별된, 말하자면 오로지 하나님의 것이 되는 것"으로 정의한다. 이 의미에 비추어서, 다시 하나님의 말씀을 인용해 보겠다. "너희를 타락시키는 자들과 어울리지 마라. 나는 너희가 나하고만 있기를 원한다"(고후 6:17, 메시지).

리사와 내가 결혼했을 때 그녀는 오로지 내 것이 되었고 나는 오로지 그녀의 것이 되었다. 아내는 나에게 헌신했고, 나를 위해 살기로 했고, 나 또한 그러했다. 리사를 만나 결혼하기 전에 나는 그녀가 뭘 원하는지 신경 쓰지 않았다. 그녀를 알지 못했다. 리사는 어두운 색 가구를 싫어하고, 프로 스포츠 경기나 특정 장르 영화를 싫어하고, 재즈나 빅 밴드 음악을 좋아하지 않고, 사우전드 아일랜드 드레싱이나 블루치즈를 싫어하고, 그 밖에 싫어하는 것들이 많다. 그런데 나는 이런 것들을 거의 다 좋아했다! 하지만 결혼 후에는 내가 이런 것을 피했다. 아내가 싫어한다는 걸 알았기 때문이다. 우리가 함께 즐길 수 있는 다른 일들이 얼마든지 많았다.

뿐만 아니라 나는 다른 여자들과 부적절하게 만나지 않으려 했다. 결혼 전에는 여자 친구들이 많았다. 하지만 내가 리사와 서약을 한 날, 다른 여자들과의 관계도 영원히 달라졌다. 한마디로 나는 열정적으로 리사와 사랑에 빠졌다. 이제는 더 이상 내가 원하는 대로 살지 않고 그녀가 원하는 것을 위해 사는 것이 내 기쁨이 되었다.

그런데 나는 자기 아내가 뭘 원하는지 거의 관심이 없는 남편들을 보았다. 그들은 이기적으로 생각한다. 법적으로 결혼을 했지만, 이런 남편과 아내들은 친밀감을 경험하지 못한다. 결혼이라는 언약 관계에 들어갈 때 우리는 남은 평생 동안 배우자를 섬기기로 서약하는 것이다. 좋은 결혼생활에는 이기심이 들어올 자리가 없다.

우리가 예수님과 언약 관계에 들어가기 전에는 이 세상에 속했고 세상이 우리를 사랑했다. 우리 육신을 만족시키고 우리 눈을 자극하는 것에 이끌려 사는 것이 지극히 정상이었다. 우리는 지위와 명성, 그 밖에 우리의 교만과 이기심을 만족시키는 것들을 추구했다. 그러나 예수님을 만나고 그분과 관계를 맺었으니, 이제 정직하게 물어야 한다. '우리는 우리 자신을 위해 살고 있는가, 아니면 주님을 위해 살고 있는가?' 법적으로는 예수님과 관계를 맺었지만 친밀감을 경험하지 못할 수 있다(주님의 명백한 임재가 없다). 이것은 결혼했지만 이기적으로 행동하는 남편과 다를 바 없다.

바울은 "다시는 그들 자신을 위하여 살지 않고 오직 그들을 대신하여 죽었다가 다시 살아나신 이를 위하여 살게 하려 함이라"(고후 5:15)라고 했다. 이것이 하나님과 건강한 관계를 경험하는 유일한 길이다.

야고보가 세상과 간음하는 것으로 표현한 행위를 살펴보면, 그가 이기적인 삶으로 돌아간 신자들과 맞서고 있다는 걸 알게 된다.

그러나 너희 마음속에 독한 시기와 다툼이 있으면 자랑하지 말라 진리를 거슬러 거짓말하지 말라 이러한 지혜는 위로부터 내려온 것이 아니요 땅 위의 것이요 정욕의 것이요 귀신의 것이니 시기와 다툼이 있는 곳에는 혼란과 모든 악한 일이 있음이라 너희 중에 싸움이 어디로부터 다툼이 어디로부터 나느냐 너희 지체 중에서 싸우는 정욕으로부터 나는 것이 아니냐 너희는 욕심을 내어도 얻지 못하여 살인하며 시기하여도 능히 취하지 못하므로 다투고 싸우는도다 너희가 얻지 못함은 구하지 아니하기 때문이요 구하여도 받지 못함은 정욕으로 쓰려고 잘못 구하기 때문이라 간음한 여인들아 세상과 벗 된 것이 하나님과 원수 됨을 알지 못하느냐 그런즉 누구든지 세상과 벗이 되고자 하는 자는 스스로 하나님과 원수 되는 것이니라(약 3:14-16; 4:1-4).

이 구절에서 "시기", "정욕" 같은 단어들이 자주 쓰이는 게 보이는가? 야고보가 그렇게 말하는 이유는 두 종류의 행동 양식이 있기 때문이다. 그것은 '주는 것'과 '받는 것'이다. 받는 것은 자기의 유익을 구하고, 세상적이고, 하나님께 충실하지 않은 것이다. 이러한 삶의 동기를 가진 신자는 간음하는 자로 드러난다. 이 시나리오에서 예수님의 계명은 최우선순위가 아니다. 대신 내가 원하는 것이 우선순위다.

세상은 이기심에 의해 움직인다. 거룩하지 못한 신자도 마찬가지다. 하나님께 온전히 헌신하지 않는 사람은 행동이 자기중심적이다. 따라서 그는 육신과 안목의 정욕을 만족시키거나 지위와 명성을 주는 것의 유혹을 받는다.

죄의 배후에 있는 동기는 이기심이다. 남의 물건을 훔치는 것은 자신을 위해서다. 거짓말을 하는 것은 자신을 보호하거나 자신의 유익을 위해서다. 아내를 배신하고 간음죄를 범하는 사람은 아내와 아이들을 생각하지 않고 자신의 욕정만 생각한다. 살인을 하는 것도 자신을 위해서다. 권위에 불순종하는 것은 자기가 더 잘 알고 있다고 믿기 때문에, 그리고 자신을 위해 더 좋은 것을 원하기 때문이다. 인기와 명성을 추구하는 사람은 자신의 불안과 교만을 달래기 위해 그러는 것이다. 내가 미식축구 경기를 보다가 하나님의 말씀에 순종하여 텔레비전을 끄고 기도하지 않은 것도 나 자신을 위해서였다.

새로운 내적 본성을 받았다

이 세상 시민들은 육신의 이기적인 정욕과 갈망의 지배를 받고 있기 때문에 그렇게 행동할 수밖에 없다. 그리스도인은 이 노예 상태에서 해방되었다(롬 6:11-14 참조). 하나님의 아들이 참으로 우리를 자유케 해 주신 것이다!

구약 성경에서 하나님의 백성은 죄를 범하지 말라는 명령을 받았으나 그들의 본성이 악하기(이기적이기) 때문에 순종할 수가 없었다. 구약 성경은 사람이 자기 힘으로 결코 하나님 보시기에 선한 삶을 살 수 없다는 것을 분명히 보여 준다. 사람들은 자신의 이기적인 정욕과 욕구에 매여 있다. 이것은 하나님의 갈망과 정반대되는 것이다.

우리는 이제 새로운 피조물로서 새로운 본성을 갖게 되었다. 우리는 내적으로 살아 있고, 참으로 선한 삶을 살 수 있는 내적 능력을 가진 예수님의 형상으로 재창조되었다. 바울의 말을 들어 보자.

그러므로 내가 이것을 말하며 주 안에서 증언하노니 이제부터

너희는 이방인이 그 마음의 허망한 것으로 행함 같이 행하지 말라

그들의 총명이 어두워지고 그들 가운데 있는 무지함과 그들의

마음이 굳어짐으로 말미암아 하나님의 생명에서 떠나 있도다

그들이 감각 없는 자가 되어 자신을 방탕에 방임하여 모든 더러운

것을 욕심으로 행하되(엡 4:17-19).

비신자는 육신의 정욕에 매여 있다. 그의 영은 죽었다. 즉 생명이 없다. 그는 하나님 앞에서 선하게 살아갈 내적인 능력이 없다. 나는 그리스도인들이 비그리스도인들의 행동에 충격을 받는 것이 이해가 안 간다. 거듭나지 않은 사람은 오로지 자기 본성을 따라 행한다는 것을 이해하지 못해서 그런 것이다. 믿지 않는 자는 죄를 짓는다. 이기적이다. 만일 그가 강한 의

지를 가졌다면 바르게 보일 수 있고 심지어 이타적으로 보일 수도 있다. 하지만 착각하지 말라. 그는 자신의 타락한 본성에 따를 수밖에 없다.

바울은 계속해서 참된 신자를 구분 짓는다.

> 진리가 예수 안에 있는 것 같이 너희가 참으로 그에게서 듣고 또한
> 그 안에서 가르침을 받았을진대 너희는 유혹의 욕심을 따라 썩어져
> 가는 구습을 따르는 옛 사람을 벗어 버리고 오직 너희의 심령이
> 새롭게 되어 하나님을 따라 의와 진리의 거룩함으로 지으심을 받은
> 새사람을 입으라(엡 4:21-24).

구원받지 못한 사람과 달리, 신자는 새로운 내적 본성을 받았다. 우리는 그것에 복종하여 거룩한 삶을 살도록 가르침을 받는다. 그리스도인은 비신자들이 갖지 못한 선택권을 가지고 있다. 즉 그리스도인은 새로운 피조물의 강력한 내적 본성에 따르거나, 혹은 육신의 욕망에 계속 굴복할 수 있다. 결정은 우리가 하는 것이다.

이 시점에서 명확히 할 것이 있다. 거룩함의 두 가지 중요한 면이 있고, 신약 성경에서는 둘 다 이야기하고 있다. 혼란은 항상 그 둘을 같이 묶음으로써 생긴다.

첫째는 그리스도 안에서 우리의 지위와 관련이 있다. 바울은 "창세 전에 그리스도 안에서 우리를 택하사 우리로 사랑 안에서 그 앞에 거룩하고 흠이 없게 하시려고"(엡 1:4)라고 말한다. 이 거룩함은 오로지 예수님이 우리를 위해 하신 일에서 기인하며, 그리스도 안에서 우리가 어떤 위치에 있는지를 말해 주는 것이다. 우리는 결코 이 지위를 우리 행위로 얻을 수 없었

다. 그것은 우리에게 주신 하나님의 선물이다.

거룩함의 두 번째 측면은 이 지위를 얻은 결과로 나타나는 행위다. 리사가 내 아내가 되자, 그녀의 행동에는 나에 대한 충성심이 나타났다. 그녀는 더 이상 다른 남자들에게 추파를 던지거나 관계를 맺으려 하지 않았다. 물론 그녀의 남편으로서 나 역시 그렇게 행동했다.

우리와 하나님의 관계도 그와 같다. 베드로가 이것을 분명히 말해 준다.

> 너희가 순종하는 자식처럼 전에 알지 못할 때에 따르던 너희
> 사욕을 본받지 말고 오직 너희를 부르신 거룩한 이처럼 너희도
> 모든 행실에 거룩한 자가 되라 기록되었으되 내가 거룩하니 너희도
> 거룩할지어다 하셨느니라 외모로 보시지 않고 각 사람의 행위대로
> 심판하시는 이를 너희가 아버지라 부른즉 너희가 나그네로 있을
> 때를 두려움으로 지내라(벧전 1:14-17).

베드로는 분명 잃어버린 자들이 아니라 하나님의 자녀들을 향해 말하고 있다. 하나님이 우리 행위대로 심판하시거나 상을 주실 거라고 한다. 이것은 그리스도 안에서 우리의 지위가 아니라 우리 행동과 관련된 것이다. 예수님의 보혈이 우리의 죄를 사해 주지만, 우리 행위에 대해 하나님의 자녀들에게 임할 심판이 분명히 있다. 바울은 고린도후서 5장 9-11절에서 이것을 단호하게 말한다. 고의로 불순종하며 사는 것은 사소한 문제가 아니다. 우리가 정말로 하나님의 자녀라면 죄 가운데 삶으로써 하나님의 마음을 아프게 하지 않기를 자나 깨나 원해야 할 것이다.

야고보와 바울과 마찬가지로, 베드로도 우리가 예전에 육신의 욕망을

따라 살았다고 단언하며, 우리의 모든 행실에 있어 거룩한 자가 되라고 권면한다. 다시 한 번 말하겠다. 그는 그리스도 안에서 우리의 지위에 대해서 말하는 것이 아니라 우리 행위와 삶에 대해 말하고 있다. 다른 번역본의 같은 구절에서는 우리가 "모든 행위와 삶의 태도에 있어 거룩해져야"(15절, AMP) 한다고 말한다. 베드로가 말하는 것에 관해서는 중간지대나 혼란이 없다. 바울과 마찬가지로, 베드로는 우리가 은혜로 구원받았으면 새로운 본성의 선물을 힘입어 세상과 다른 삶을, 거룩한 삶을 살 수 있다고 말한다.

우리에게 거룩함을 따르라고 명령하는 히브리서 12장 14절을 기억하라. 나는 최근에 이 구절에 대한 찰스 스펄전의 설교를 발견했는데, 그것이 나의 관심을 사로잡았다. 다음 글을 보면 그 이유를 알 수 있을 것이다.

> 일부 율법 폐기론자들은 여기서 성령이 강요하려 하는 명령(거룩함을 따르라)을 제거하려고 필사적으로 노력했다. 그들은 이것이 우리에게 전가된 그리스도의 거룩함이라고 말했다. 그들이 말씀을 노골적으로 왜곡하여 그렇게 말할 때 잘못된 말을 하고 있다는 것을 모를까? …… 우리는 거룩함을 따라야 한다. 이것은 실제적인 거룩함이어야 한다. 이것은 불결함과 반대되는 것이다. 기록된 바와 같이 "하나님은 우리를 불결함이 아니라 거룩함으로 부르셨다." …… 이것은 또 다른 종류의 거룩함이다. 그것은 사실상 …… 이 경고의 요지인 실제적이고 필수적인 거룩함이다. 그것은 하나님의 뜻에 따르는 것이며, 하나님의 명령에 순종하는 것이다.[13]

스펄전이 1800년대에 이렇게 가르친 것을 보니, 분명 교회에서 거룩함의 개념이 약해진 게 요즘만 그런게 아니었다. 하지만 우리 이해가 성경의 진리를 기반으로 할 때 우리는 거룩함이 그리스도 안에서 우리가 누구인지, 그리고 우리가 그를 위해 어떻게 사는지와 관련이 있다는 걸 알 수 있다.

중요한 점은 이것이다. 그리스도 안에서 우리가 가진 지위와 우리 행위, 둘 다 우리의 노력으로 얻은 것이나 우리 자신의 공로나 힘으로 만들어 낸 것에서 비롯되지 않는다는 것이다. 둘 다 우리에게 거저 주어진 것의 산물이다. 하지만 우리 삶에 관해서는, 선한 행위를 이끌어내는 우리의 새로운 본성에 협력하거나 순응할 필요가 있다.

내가 할 수 없는 거룩

지금 살펴본 대로, 거룩함은 단지 하나님의 자녀가 되는 것 이상의 의미가 있다. 그것은 도덕적으로 하나님께 용인되는 행동을 하는 걸 말한다. 이것은 우리를 또 다른 거룩의 정의로 인도한다. 헬라어 '하기오스'는 "순결한", "죄 없는", "바른" 행동을 뜻한다. 이 단어의 의미를 알고 두려워하는 사람들도 있지만 그럴 것 없다. 내가 어린 시절에 겪었던 당혹스러웠던 일화를 통해 이를 설명해 보려 한다.

우리 집에서 나는 육남매 중 유일한 남자아이였다. 그래서 밖에서 하는 허드렛일은 모두 내 차지였다. 세차하기, 잔디 깎기, 낙엽 쓸기, 눈 치우기 등. 내 친구들과 나는 운동을 너무나 좋아했기 때문에 우리는 보통 밖에서 놀 시간을 확보하기 위해 서둘러 허드렛일을 마치려 했다.

봄이 오니, 잔디가 긴 겨울을 보낸 후 다시 자라고 있었다. 하루는 아버지가 나에게 내일 친구들과 놀러 나가기 전에 꼭 잔디를 깎으라고 하시면서 아버지가 퇴근해서 오시기 전에 다 해 놓아야 한다고 당부하셨다. 나는 다음 날 친구들과 하교 후에 운동 시합을 하기로 약속이 되어 있었다.

　다음 날 나는 방과 후 서둘러 집에 와 옷을 갈아입고 그해 봄에 처음으로 잔디 깎는 기계를 창고에서 꺼냈다. 친구들이 곧 올 것이라 생각하니 마음이 급해졌다. 기계를 작동시키는 코드를 여러 번 잡아당겼다. 그런데 엔진이 돌아가질 않았다. 기화기 안에 공기를 더 넣기 위해 공기흡입조절장치 버튼을 두 번 눌렀다. 코드를 계속 잡아당겨 보았지만 결과는 똑같았다. 아무 일도 일어나지 않았다.

　'내가 기화기를 가득 채워 놓아서 아마 공기가 빠질 때까지 조금 기다려야 하나 봐' 하면서 기다리는 동안 기름을 점검해 보았다. 그리고 모든 스위치들을 다시 점검했다. 다 괜찮아 보였다. 몇 분만 기다리면 될 것 같았다. 그래서 기다렸다가 다시 해 보았으나 여전히 엔진이 작동하질 않았다. 실망한 나는 점화 플러그가 더러운지 살펴보았다. 그것도 괜찮아 보였다. '뭐가 문제지?' 시간이 갈수록 점점 더 화가 났다. 기계가 작동하지 않으면 나는 잔디를 깎지 못할 것이고, 놀러 나갈 수도 없을 것이다.

　'내가 저 기계를 수리점에 가져가면 어두워질 때까지 수리가 끝나지 않을 테고, 그러면 나는 친구들과 시합을 하지 못할 거야. 다른 집 기계를 빌려올 수도 있지만, 그러면 시간이 많이 걸리겠지.' 수동으로 깎는 가위가 있지만, 그 많은 잔디를 일일이 손으로 자르려면 밤늦게까지 해도 모자랄 것이다. 또 그렇게 하면 잔디가 고르지 않고 정원이 쥐가 파먹은 것처럼 될 게 뻔했다. 나는 그 고물덩어리에 화가 났다. '이것이 내 즐거운 시간을 빼앗고 있어!'

　그때 나와 같이 놀기로 한 친구가 와서 말했다. "준비됐어, 존?"

　"아니, 아버지가 나가기 전에 잔디를 깎아 놓으라고 하셨는데, 잔디 깎는 기계가 작동이 안 돼. 오늘은 못 놀 것 같아."

나보다 조금 더 영리했던 내 친구는 이렇게 말했다. "내가 볼게."

"그래, 한번 봐!" 나는 자포자기하는 심정으로 말했다.

그 친구가 제일 먼저 한 일은 연료 통을 여는 것이었다. 그리고 안을 들여다보더니 웃기 시작했다. "통 안에 기름이 하나도 없잖아!"

나는 당황했지만 마음이 놓이기도 했다. '이런! 제일 먼저 살펴봤어야 하는 걸 안 보다니!'라고 마음속으로 생각했다. 나는 즉시 연료 통을 채웠고 잔디 깎는 기계는 바로 작동했다. 우리는 얼른 잔디를 깎아 놓고 다른 친구들과 놀러 나갔다.

이 이야기가 거룩과 무슨 연관이 있을까? 우리가 "순결한", "죄 없는", "올바른" 같은 단어들을 거룩함의 정의로 여길 때는 실망하며 '아, 그건 불가능해'라고 생각한다. 그것은 우리가 자기 힘으로 그렇게 사는 것을 상상하기 때문이다. 마치 놀러 나갈 시간에 맞춰 수동식 가위로 마당의 잔디 전체를 깎으려 하는 것과 같다. 그건 불가능한 일이다! 마당 한 부분도 다하기 전에 밖이 어두워지고 말 것이다. 하지만 우리에겐 새로운 본성이 있다. 그것은 잔디 깎는 기계를 소유하는 것에 비유할 수 있다. 하지만 연료 통 안에 기름이 없으면 잔디 깎는 기계가 없는 것과 똑같이 절망적인 상태다. 기계를 작동시키려면 연료 통 안에 연료가 있어야 한다.

다음 장에서는 우리의 새로운 본성에 연료를 공급하는 것이 무엇인지, 즉 우리가 하나님 앞에서 순결하게 행할 수 있도록 능력을 주는 것이 무엇인지 알아볼 것이다.

Part 5

좋은 말씀이

아닌

하나님의 모든 말씀을

먹으라

01

이런 세상에서
경건한 삶을 살 수 없다고 변명하지 말라

하나님께서 마게도냐 교회들에게 주신 은혜를
우리가 너희에게 알리노니 ……
그들이 힘대로 할 뿐 아니라
힘에 지나도록 자원하여.
- 고후 8:1-3

거룩함을 추구하는 건 그 자체가 목적이 아니다. 그것은 예수님의 임재로 들어가는 관문이다. 예수님이 명확하게 말씀하셨다. "나의 계명을 지키는 자라야 나를 사랑하는 자니 …… 나도 그를 사랑하여 그에게 나를 나타내리라"(요 14:21). 우리가 주님의 말씀을 지킬 때 그분을 친밀하게 알게 된다.

히브리서 기자는 이렇게 단언한다. "거룩함을 따르라 이것이 없이는 아무도 주를 보지 못하리라"(12:14). 간단하다. 거룩함이 없으면 예수님을 보지 못하고, 예수님의 임재 안에 들어가지 못한다!

거룩함은 오로지 하나님의 사람이 되고, 하나님을 위해 구별되는 것이다. 또한 순결하고, 죄 없고, 올바른 것을 의미한다. 이러한 정의는 긴밀히 연관되어 있다. 하나님께 속한 사람이 되는 건 곧 하나님을 위해 사는 것이 온전해지라는 것은 …… 가능한 일을 하라는 명령이 아니다.
하나님이 우리를 그 명령에 순종할 수 있는 피조물로 만들어 주실 것이다.
- C. S. 루이스

며, 우리 행위로 하나님을 기쁘시게 해 드리는 것이다. 골로새서 1장 10절은 하나님께서 당신이 "주께 합당하게 행하여 범사에 기쁘시게" 하기를 원하신다고 기록하고 있다.

결국 하나님은 "티나 주름 잡힌 것이나 이런 것들이 없이 거룩하고 흠이 없는"(엡 5:27) 영광스러운 교회를 위해 돌아오신다. 흥미로운 사실은, 이것이 영광스러운 교회에 대한 유일한 묘사라는 것이다. 성경은 주님의 신부를 강하거나, 적절하거나, 체계적이거나, 리더십을 잘 따르거나, 연줄이 좋거나, 고매하거나, 유쾌한 자로 묘사하지 않는다. 그것은 모두 좋은 특성이지만, 주님이 그분의 신부에게 원하시는 가장 중요한 특징은 바로 거룩하고 흠이 없는 것이다.

또한 거룩함은 하나님이 자신을 묘사하는 두드러진 특성이다. 이사야 선지자와 사도 요한은 각각 하나님의 보좌를 바라봤던 때를 기록했다. 둘 다 오랫동안 하나님을 둘러싸고 "거룩하다, 거룩하다, 거룩하다"라고 외치는 강한 천사들을 주목해서 봤다(사 6:3; 계 4:8 참조). 천사들은 '신실하시다', '사랑이 많으시다', '친절하시다', 또는 '관대하시다'라고 외치지 않는다. 하나님은 이 아름다운 성품을 다 가지고 계시지만, 거룩함이 그 모든 것을 능가한다.

인간은 약하니 어쩔 수 없다?

순결하고, 죄 없고, 올바른 사람이 되라는 요구는 아주 오래된 질문을 불러일으킨다. '우리가 어떻게 이렇게 살 수 있나?' 우리는 자기 힘으로 노력해 보았고 처참하게 실패도 해 봤다. 우리 양심 속에 거하시는 하나님의 법에 순종하고 싶었지만(롬 2:14-15 참조), 우리는 거듭 실패했다.

하지만 그때 은혜가 임했다. 우리는 선한 행위로 은혜를 받을 수 없었고 지금도 그렇다. 우리는 은혜를 받을 자격이 없었고 지금도 여전히 없다. 그러나 하나님의 선물은 우리를 완전히 용서해 주고, 우리가 부족할 때마다 계속 용서해 줄 것이다. 우리는 우리 죄에서 구원받았다!

우리에게 이 놀라운 지식이 있지만, 그럼에도 우리는 하나님의 명령을 따르지 못하는 것 때문에 절망한다. 왜 그것이 그토록 힘든 걸까? 새로운 본성으로 거듭났는데, 왜 계속 실패하는 걸까?

이 시점에서 우리에게 빠져나갈 길을 주는 한 가지 선택이 떠오를 수 있다. 즉 우리는 거룩함이 오직 그리스도 안에서 우리 지위와 관련된 것이라고 가르치고, 우리에게 거룩한 행위를 요구하는 성경 말씀을 완전히 무시해 버릴 수 있다. 그렇게 함으로써 죄책감을 완화하는 것이다. 우리는 한낱 인간에 불과하고 계속 잘못을 범할 것이기 때문에 우리가 변하지 않는 것을 변명할 수 있다. 우리는 오로지 축약된 은혜 교리에 초점을 맞출 것이다. 즉 은혜가 어떻게 과거와 현재와 미래의 모든 죄를 덮어 주는가에 집중할 것이다. 그러나 만일 우리가 이것만 가르치고 믿는다면 잘못된 안도감을 조성하는 것이다. 우리가 우리 양심을 침묵시켜 왔기 때문이다. 그러나 마음의 소리에 좀 더 주의를 기울이면 이렇게 외치는 소리를 들을 수 있을 것이다. '그게 전부가 아니다!'

슬프게도 우리 중 많은 사람이 이 선택에 만족했고, 그렇게 함으로써 우리에게 경건한 삶을 요구하는 신약 성경의 많은 말씀을 무시해 왔다. 이 주제에 관한 성경 구절을 여러 쪽에 걸쳐 나열할 수 있지만, 일단 한 본문만 제시해 보겠다.

> 나의 자녀들아 내가 이것을 너희에게 씀은 너희로 죄를 범하지 않게
> 하려 함이라 …… 우리가 그의 계명을 지키면 이로써 우리가 그를
> 아는 줄로 알 것이요 그를 아노라 하고 그의 계명을 지키지 아니하는
> 자는 거짓말하는 자요 진리가 그 속에 있지 아니하되 누구든지 그의
> 말씀을 지키는 자는 하나님의 사랑이 참으로 그 속에서 온전하게
> 되었나니 이로써 우리가 그의 안에 있는 줄을 아노라 그의 안에
> 산다고 하는 자는 그가 행하시는 대로 자기도 행할지니라(요일 2:1,
> 3-6).

요한은 '너희가 죄를 짓더라도 염려하지 마라. 결국 우리는 인간이기 때문이다'라고 말하지 않았다. 오히려 그는 직설적으로 "너희로 죄를 범하지 않게 하려 함이라"라고 말한다. 이것이 우리의 목표가 되어야 한다. 물론 우리가 그 목표를 달성하지 못하더라도, 우리를 깨끗하게 해 주는 예수님의 보혈이 우리에게 있다. 그러나 우리의 목적은 예수님처럼 사는 것이다. 성경에 의하면, 그것은 불가능한 게 아니다. 그러므로 인간의 본성 때문에 반복되는 죄를 묵인하는 건 요한의 말이나 다른 수많은 신약 성경의 말씀과 일치하지 않는다.

뭔가 빠진 것이 있는가? 하나님은 우리의 딜레마를 예견하시고 이미 계획을 세워 두지 않으셨을까? 맞다. 하나님은 그렇게 하셨다! 그 선택에 대해선 잘 이야기하지 않지만, 그것은 신약 성경의 전반적인 조언과 완벽히 일치한다. 그것은 많은 사람이 인식하지 못하는 은혜의 측면이다. 하나님은 우리의 새로운 본성에 동력을 공급하는 연료를 예비하셨다. 요약하면, 은혜는 우리에게 선한 삶을 살 수 있는 능력을 부여해 준다.

2009년에 미국의 수천 명의 그리스도인들을 대상으로 한 조사가 이루어졌다. 조사를 받은 이들은 교회에 다니는 거듭난 신자들, 성경을 믿는 신자들이었다. 질문은 이것이었다. "하나님의 은혜에 대한 정의나 묘사를 세 가지 이상 말해 보시오." 압도적인 다수가 "구원", "값없는 선물", 그리고 "죄 사함"이라고 대답했다.

미국에 있는 그리스도인들은 다행히 우리가 오직 은혜로 구원받는다는 사실을 이해하고 있었다. 구원은 물세례를 받거나, 교회에 소속되거나, 종교적인 율법을 지키거나, 나쁜 행동보다 선한 행동을 더 많이 함으로써 얻는 것이 아니다. 대부분의 미국 복음주의 신자들은 하나님의 은혜에 관한 이 근본적인 진리를 확실히 알고 있다. 강단에서 그것을 꾸준히 강조해 왔기 때문이다. 나는 하나님이 이것을 기뻐하신다고 믿는다.

그렇지만 비극은 조사에 응한 그 수천 명 중에 단 2퍼센트만 은혜가 하나님의 능력 주심을 의미한다고 말한 것이다.[14] 하나님이 그분의 은혜를 바로 이렇게 정의하고 묘사하셨는데 말이다. 하나님의 말씀을 보자.

> 내 은혜가 네게 족하도다 이는 내 능력이 약한 데서
> 온전하여짐이라(고후 12:9).

하나님은 그분의 능력을 부여하는 걸 은혜라고 말씀하신다. 여기서 "약한 데"라는 건 무능력을 의미한다. 즉 하나님은 이렇게 말씀하신 것이다. '내 은혜는 내 능력을 주는 것이다. 그리고 그것은 네 능력으로 불가능한 상황에서 가장 잘 나타난다.'

베드로도 하나님의 은혜를 그와 같이 정의한다. "은혜와 평강이 너희에게 더욱 많을지어다 그의 신기한 능력[은혜]으로 생명과 경건에 속한 모든 것을 우리에게 주셨으니"(벧후 1:2-3). 다시 한 번 은혜는 "그의 신기한 능력"으로 언급된다. 베드로는 경건하고 거룩한 삶을 살기 위해 필요한 모든 자원이나 능력은 은혜의 권능을 받음으로써 얻을 수 있다고 말한다.

그러므로 우리가 하나님으로부터 받으려면 믿어야 한다. 그런 이유로 신약 성경을 "믿음의 말씀"(롬 10:8)이라고 부르는 것이다. 즉 우리가 믿지 않으면 받지 못한다.

그런데 98퍼센트의 그리스도인들이 하나님의 은혜가 하나님의 능력 주심이라는 걸 모른다면, 그 98퍼센트는 자기 힘으로 거룩한 삶을 살려고 애

쓰고 있는 것이다. 이것은 좌절과 패배로 이어진다. 그들의 새로운 본성이 능력을 받지 못했다. 다시 말해서, 그들의 연료탱크에 가스가 없는 것이다!

신약 성경에서 '은혜'를 나타낼 때 가장 자주 쓰이는 단어는 '카리스'다. *Strong's Exhaustive Concordance*(스트롱 사전)에서는 이 단어를 "선물, 유익, 은총, 자비로운, 관용"으로 정의한다.

로마서, 갈라디아서, 에베소서에서 선별한 구절들과 이 정의를 결합해 보면, 대다수의 미국인들에게 익숙한 은혜의 정의를 찾아낼 수 있을 것이다. 하지만 이 사전은 계속해서 은혜의 정의를 이렇게 설명한다. "마음에 미치는 거룩한 영향력, 그것이 삶 속에 나타나는 것." 우리는 마음속에서 이루어진 일이 겉으로 나타난다는 걸 안다.

사도행전에서 바나바가 안디옥 교회에 도착했을 때 "하나님의 은혜를 보았다"(행 11:23). 그는 은혜에 대해 들은 게 아니라, 은혜의 증거를 보았다. 사람들의 외적인 행동이 그들의 마음속에 은혜의 능력이 부어졌음을 입증했던 것이다.

야고보 사도가 "행함이 없는 네 믿음을 내게 보이라 나는 행함으로 내 믿음[은혜]을 네게 보이리라"(약 2:18)라고 말한 이유도 바로 이것이다. 내가 "믿음"이라는 단어에 "은혜"를 끼워넣은 이유는 우리가 믿음으로(하나님 말씀을 믿음으로) 하나님의 은혜에 들어가기 때문이다. "우리가 믿음으로 서 있는 이 은혜에 들어감을 얻었으며"(롬 5:2). 믿음이 없으면 능력(은혜)을 받지 못한다. 야고보는 "내가 능력을 받은 증거를 보여 주겠다"라고 단호하게 말한다. 그것은 우리가 믿음으로 은혜를 받았다는 참된 지표다.

은혜는 선물이다. 우리가 배운 것을 가지고, 이 지식을 좀 더 확장해 보자. 구원, 용서, 치유, 공급은 은혜의 선물이다. 하나님의 본성을 받은 건 은혜의 선물이다. 능력을 받은 건 은혜의 선물이다. 이 모든 것이 우리 삶에 임한 하나님의 은총을 나타내며, 모두 값없이 거저 받은 것이다.

은혜는 우리의 자연적인 능력을 훨씬 초월하는 능력을 우리에게 준다. 우리는 우리 자신을 지옥에서 구원할 능력이 없었다. 그러나 은혜가 이루었다. 우리는 자유롭게 살면 안 되는 존재였으나, 은혜가 그렇게 살 수 있게 해 준다. 우리는 우리 본성을 변화시킬 수 없었지만 은혜가 변화시켜 주었다. 우리는 거룩하게 살 능력이 없으나, 은혜가 그렇게 살 수 있게 해 준다. 이건 정말 놀라운 선물이다!

예수님의 충만함을 우리에게 주셨다!

최근 기도하는 중에 주님이 내게 물으셨다 '아들아, 내가 나의 책, 신약 성경에서 은혜를 어떻게 소개했느냐?'

여러 권의 책을 쓴 작가로서, 그 질문은 내게 중요한 의미가 있었다. 나는 한 책에서 대부분의 사람들에게 익숙지 않은 새로운 용어를 쓸 때마다 처음에 그 용어의 기본 정의를 제시하려 한다. 그리고 뒤에 가서 부차적인 정의를 제시한다. 그래서 경험 많은 작가의 책에서 새로운 용어가 소개될 때는 기본 정의를 수반할 거라고 추정한다.

그런데 하나님의 질문에 대한 내 대답은 "모르겠습니다"였다. 머뭇거리지 않고 곧바로 성경 사전을 꺼내 하나님이 신약 성경에서 은혜를 어떻게 소개하셨는지 찾아보았다. 그리고 이 말씀을 발견했다. "우리가 다 그의 충만한 데서 받으니 은혜 위에 은혜러라"(요 1:16).

요한이 "은혜 위에 은혜"라고 쓴 것에 주목하라. 나에게는 그리스 아테

네에 사는 친구가 있다. 친구는 그곳에서 태어났고 그리스어를 주 언어로 사용할 뿐만 아니라 고대 그리스어(헬라어)를 공부해 왔다. 그래서 난 헬라어에 관해 질문이 생길 때마다 그에게 도움을 요청한다. 그는 사도의 말이 실제로 하나님이 우리에게 '가장 풍성한 은혜를 주셨다'는 뜻이라고 말해 주었다. 다시 말해서, 사도 요한은 우리를 위해 차고 넘치는 은혜는 바로 예수 그리스도의 충만함을 우리에게 주시는 것이라고 말한 것이다. 예수 그리스도의 충만함이라니! 그것은 특히 본성, 능력, 힘에 관해 많은 것을 말해 준다!

두 가지 예를 통해 이것의 중요성을 강조하려 한다. 내가 어느 고등학교 농구 선수에게 다가간다고 가정해 보자. 그는 그가 속한 팀의 선발선수가 아니다. 사실은 경기가 약 20분 정도 남았을 때나 그 팀이 20점을 앞서거나 뒤지고 있을 때가 아니면 그는 늘 벤치에 앉아 있었다.

나는 그의 옆으로 다가가 이렇게 말한다. "우리는 지금 르브론 제임스의 완벽한 능력을 당신에게 줄 수 있는 과학 기술을 가지고 있습니다." 르브론 제임스는 가장 훌륭한 농구 선수 중 한 명이다. 그가 어떻게 반응할 거라고 생각하는가? 자신의 미래에 대해 심각하게 고민하고 있을 어린 농구 선수는 "네, 지금 당장 해 주세요! 제가 뭘 어떻게 해야 합니까?"라고 말했을 것이다.

우리가 이 일을 해 주면, 그는 고등학교 농구팀의 선발선수가 될 뿐만 아니라 그가 속한 팀이 주 챔피언십에서 우승을 거둘 것이다. 그는 전액 장학금을 받고 대학에 들어갈 것이고, 결국 미국프로농구(NBA)에 첫 번째로 선발될 것이다.

또는 내가 자기 능력의 부족함을 절실히 느끼는 사업가에게 다가가 이렇게 말한다고 가정해 보라. "우리는 도널드 트럼프, 스티브 잡스, 빌 게이츠의 능력을 결합한 완벽함을 당신에게 줄 수 있는 새로운 과학 기술을 가지고 있습니다."

그의 반응이 어떠할 거라고 생각하는가? "그걸 갖고 싶어요. 당장 해 주세요!"라고 흥분해서 소리칠 것이다. 이들의 온전한 능력을 받은 후에 그는 무엇을 할까? 예전에 생각도 해 보지 못한 투자 방법들을 생각해 내기 시작하고, 매우 잘나가는 사업가가 될 것이다.

은혜는 우리에게 르브론 제임스, 스티브 잡스, 도널드 트럼프, 빌 게이츠의 완전함을 주지 않았다. 혹은 알버트 아인슈타인, 요한 세바스티안 바흐의 능력을 우리에게 주지 않았다. 은혜는 예수 그리스도의 충만함을 우리에게 준다! 이것이 얼마나 어마어마한 일인지 이해가 가는가?

깜짝 놀랄지도 모르지만, 신약 성경에서 하나님은 은혜를 거저 주는 선물, 구원, 또는 죄 사함으로 소개하지 않으셨다! 나는 이 놀라운 혜택에 영원히 감사한다. 하지만 그것들은 신약 성경에서 나중에 나타나는 것들이다. 하나님은 은혜를 예수 그리스도의 충만함을 나누어 주는 것으로 소개하셨다. 그것은 하나님의 본성과 능력을 소유하는 것을 의미한다! 그래서 요한이 담대하게 "주께서 그러하심과 같이 우리도 이 세상에서 그러하니라"(요일 4:17)라고 말하는 것이다.

사역자가 이런 식으로만 말하는 걸 들은 적이 있는가? "우리는 사실 죄인들과 다를 바 없습니다. 단지 용서받았을 뿐입니다." "우리는 보잘것없는 벌레에 불과합니다." "우리는 죄성을 가진 인간이기에 죄를 지을 수밖에 없습니다." 성경을 읽은 사람이라면 어떻게 이런 말을 할 수 있는가! 차라리 자연계의 가르침이 더 나을 것이다.

사자가 다람쥐를 낳는다는 얘길 들어 봤는가? 혈통 좋은 경주마가 벌레를 낳는다는 얘길 들어 봤는가? 그런데 성경은 우리가 주님의 뼈 중의 뼈요 살 중의 살이라고 말한다(엡 5:30 참조). 나중에 우리가 천국 갈 때가 아니라, 지금 하나님의 자녀인 것이다. 어떻게 하나님이 보잘것없는 벌레를 낳으실 수 있단 말인가? 우리는 하나님에게서 태어났다. 우리 안에는 하나님의 씨 앗이 있고, 하나님의 거룩한 본성이 있다. 주께서 그러하심과 같이 우리도 이 세상에서 그러하다! 내세가 아니라 바로 이 세상에서 말이다!

베드로의 말을 다시 살펴보자.

은혜와 평강이 너희에게 더욱 많을지어다 그의 신기한 능력으로
생명과 경건에 속한 모든 것을 우리에게 주셨으니(벧후 1:2-3).

능력 주심에 관하여, 은혜의 선물은 구원의 순간에 한 번 주어지는 것이 아니다. 그것은 우리에게 계속해서 필요한 것이다. 즉 우리는 더욱더 많은 은혜가 필요하다. "그러므로 우리는 긍휼하심을 받고 때를 따라 돕는 은혜를 얻기 위하여 은혜의 보좌 앞에 담대히 나아갈 것이니라"(히 4:16)라고 하는 이유가 여기에 있다. 은혜는 우리 연료탱크에 필요한 연료다!

이제 야고보가 신자들의 이기적이고 불순한 삶을 드러낸 후에 그들에게 하는 말을 들어 보자.

간음한 여인들아 세상과 벗 된 것이 하나님과 원수 됨을 알지
못하느냐 …… 그러나 더욱 큰 은혜를 주시나니 …… 겸손한 자에게
은혜를 주신다 하였느니라(약 4:4, 6).

이 말씀을 다시 주의 깊게 읽어 보라. 하나님은 우리가 이기적인 욕망에 맞서도록 더욱 큰 은혜를 주신다. AMP 성경을 보면 "그러나 하나님이 우리에게 점점 더 큰 은혜를 주시나니"라고 표현하고 있다. 하나님의 값없는 은혜는 우리가 예전에 갖지 못했던 능력을 부여해 준다. 즉 거룩한 삶을 살 수 있는 능력을 준다.

하나님 말씀을 믿음으로 겸손하게 자신을 낮추는 이들에게 미치는 이 은혜는 우리 존재 안에 하나님의 거룩한 본성의 힘을 주입시킨다. 교만한 자는 자기 능력에 초점을 두지만, 겸손한 자는 하나님의 능력 주심에 의존한다. 다윗의 큰형, 엘리압은 하나님이 주시는 능력에 의존하지 않고 자신의 힘으로 거인 골리앗에게 맞선 교만한 사람이었다(삼상 16-17장 참조). 반면에 다윗은 하나님의 능력으로 거인에게 맞선 겸손한 사람이었다. 우리는 그 결과가 어떠했는지 알고 있다.

예수님은 하나님의 은혜를 의지한 전형적인 본보기시다. 겟세마네 동산에서 예수님은 치열한 싸움을 하셨다. 그분의 육신은 아버지가 명하신 일을 피하기 원했으나, 예수님은 제자들이 자고 있는 동안에도 겸손하게 기도하셨다. 이기심과의 가장 큰 싸움에서 이기기 위해 연료를 공급해 달라고 부르짖으셨다. 참으로 어려운 때에 예수님은 아버지의 능력을 부여하는 은혜를 받으려고 담대히 나아가셨다. 제자들은 실패했으나 처음엔 예수님께 이런 권면을 들었다. "마음에는 원이로되 육신이 약하도다"(마 26:41).

내가 놀러 나가기 전에 잔디를 깎아야 했던 그 이야기에서, 잔디 깎는 기계나 가스는 내가 산 게 아니었고, 가질 자격도 없었다. 둘 다 우리 아버지가 주신 선물이었다. 잔디 깎는 기계는 우리의 새로운 본성을 나타낸다고 할 수 있다. 우리는 그것을 단 한 번만 받으면 된다. 그것을 소유하면 잔디를 깎을 수 있다. 하지만 가스가 없으면 나는 기계가 없을 때와 똑같이 궁색해졌다. 가스는 나에게 능력을 부여하는 은혜다. 그리고 가스는 한 번만 주어지는 선물이 아니다. 나는 잔디를 깎을 때마다 더 많은 가스가 필요했다. 우리가 구원을 받을 때 하나님의 본성이 우리에게 주어지는 은혜가 있었다. 그러나 우리가 예수님처럼 살 수 있으려면 우리 본성에 능력을 부여해 주는 더 많은 은혜가 필요하다.

제안이 아니라 명령이다

에베소 교인들을 향한 바울의 말을 다시 살펴보자. 지금까지 이야기한 내용을 생각하면, 그 말씀이 더 큰 의미를 갖게 될 것이다.

> 그러므로 내가 이것을 말하며 주 안에서 증언하노니 이제부터
> 너희는 이방인이 그 마음의 허망한 것으로 행함같이 행하지 말라
> …… 그들이 감각 없는 자가 되어 자신을 방탕에 방임하여 모든
> 더러운 것을 욕심으로 행하되 …… 하나님을 따라 의와 진리의
> 거룩함으로 지으심을 받은 새사람을 입으라(엡 4:17, 19, 24).

믿는 자와 믿지 않는 자는 분명히 달라야 한다. 믿는 것뿐만 아니라 사는 방식도 달라야 한다. 우리는 새로운 본성을 가졌기 때문이다. 하지만 '우리가' 새사람을 입어야 한다. 다시 말해서, 은혜의 능력을 믿고 그것을 따름으로써 겸손히 행해야 한다. 이런 식으로 생각해 보자. 우리 아버지는 나에게 잔디 깎는 기계를 주셨지만, 내가 그 안에 가스를 넣고 작동시켜서 사용

하지 않으면 아무 소용없는 것이다. 이것이 새사람을 입는 것이다.

바울은 계속해서 이것이 실제적으로 어떻게 나타나는지를 설명한다.

> 그런즉 거짓을 버리고 각각 그 이웃과 더불어 참된 것을 말하라
> 이는 우리가 서로 지체가 됨이라 분을 내어도 죄를 짓지 말며 해가
> 지도록 분을 품지 말고 마귀에게 틈을 주지 말라 도둑질하는 자는
> 다시 도둑질하지 말고 돌이켜 가난한 자에게 구제할 수 있도록 자기
> 손으로 수고하여 선한 일을 하라 무릇 더러운 말은 너희 입 밖에도
> 내지 말고 오직 덕을 세우는 데 소용되는 대로 선한 말을 하여 듣는
> 자들에게 은혜를 끼치게 하라(엡 4:25-29).

나는 어떤 사람이 이렇게 말하는 것을 들었다. "구약 성경은 해야 할 일들과 하지 말아야 할 일들로 가득하지만, 신약 성경은 모두 은혜에 관한 것입니다." 지금도 각종 컨퍼런스와 교회에서는 하나님의 은혜가 우리를 계명에서 자유롭게 해 준다고 가르치며, 많은 사람이 그것을 확고하게 믿는다. 하지만 예수님은 그분의 계명을 듣고 지키는 자들만이 하나님의 분명한 임재를 경험하게 될 거라고 말씀하셨다. 이런 점에서 잘못되게 가르치는 자들은 자신들이 청중들을 자유롭게 해 준다고 생각하지만, 사실은 우리를 하나님의 임재 안으로 인도하는 것으로부터 멀어지도록 유도하는 것이다. 참으로 가슴 아픈 일이다.

예수님이 우리에게 계명을 주시는 건 사실이다. 그분은 우리에게 "그러므로 너희는 가서 모든 민족을 제자로 삼아 …… 내가 너희에게 분부한 모든 것을 가르쳐 지키게 하라"(마 28:19-20)라고 말씀하셨다. 예수님은 '내가 너

회에게 제안한 모든 것'이라고 말하지 않으셨다. 요즘은 많은 사람이 주권에 관한 하나님의 말씀은 사랑하지만, 경건한 행위를 요구하는 말씀은 가볍게 여긴다. 하나님은 참으로 주권자이시지만, 인간의 선택의 자유를 의식하지 않으면 우리는 경건한 행위를 명하는 하나님의 말씀을 단순한 제안으로 여길 수 있다.

사도들은 예수님의 계명을 우리에게 전해 주었다. 요한의 말을 다시 들어 보자. "우리가 그의 계명을 지키면 이로써 우리가 그를 아는 줄로 알 것이요"(요일 2:3). 그리고 그는 계속해서 이렇게 말한다. "하나님을 사랑하는 것은 이것이니 우리가 그의 계명들을 지키는 것이라"(요일 5:3).

바울은 "우리가 주 예수로 말미암아 너희에게 무슨 명령으로 준 것을 너희가 아느니라"(살전 4:2)라고 말한다. 그다음 "하나님의 뜻은 이것이니 너희의 거룩함이라"(살전 4:3)라고 기록하고 있다. 우리가 거룩하게 살려면 예수님의 명령을 지켜야 한다.

베드로도 거룩하게 살라는 명령을 분명하게 전달한다. 그는 훗날 사람들이 믿음에서 떨어져 나갈 것이라는 비극적인 사실을 밝힌다. 그들이 "받은 거룩한 명령을 저버릴"(벧후 2:21) 거라고 말한다.

에베소서 4장 25-29절에 나오는 사도 바울의 말을 살펴보면 거룩하게 살라는 직접적인 명령을 볼 수 있다.

거짓말하지 말라.

분노가 당신을 지배하게 함으로써 죄를 짓지 말라.

도둑질하지 말라.

모욕을 주는 말이나 폭력적인 말을 하지 말라.

이런 말씀이 분명히 있는데도 신약 성경에 무엇을 하지 말라는 말이 없다고 정직하게 말할 수 있는가? 이런 것들이 분명 나에게는 무엇을 하지 말라는 명령으로 들린다.

이렇게 생각해 보자. 내가 어릴 때 우리 아버지는 나에게 이렇게 말씀하셨다. "아들아, 공을 잡으러 무작정 도로로 뛰어가면 안 되고, 반드시 양옆을 잘 살펴야 한다." 그것은 하지 말라는 명령이었지만, 아버지는 결코 매정하거나 부정적으로 말씀하지 않으셨다. 단지 내가 갑자기 사고를 당하지 않고 오래 살 수 있도록 이 명령을 내리신 것이다.

하나님은 단지 우리가 충만하고 생산적으로 오래 살기 위해 하지 말아야 할 일을 말씀하신 것이다. 그리고 더 좋은 것은 우리가 그 명령을 수행할 수 있는 거룩한 본성과 은혜의 연료를 가지고 있다는 것이다.

거짓말하지 말라

위에 열거한 '하지 말아야 할' 행동들을 하나하나 살펴보자.

나는 여행을 하면서 그리스도인 사이에 부정직함으로 인해 발생한 가슴 아픈 사연들을 많이 들었고, 또 그 결과들을 직접 보았다. 최근에 나는 15명의 사업가들을 데리고 4일 동안 잉카 트레일(Inca Trail) 도보여행을 하기 위해 마추픽추에 갔다. 각 사람과 함께 몇 시간씩 걸으면서, 나는 판매나 거래를 위해 거짓말을 한 다른 그리스도인 사업가에 대한 경험담들을 여러 차례 들었다. 믿는 사람과 거래를 할 때 무의미한 약속을 하거나 약속을 지키지 않는 것은 예외가 아니라 일반적으로 일어나는 일 같았다. 나는 표준 이하의 재료들을 사용하고, 규정을 어기고, 법을 지키지 않고, 완성되지 않은 서비스를 제공하고, 보증서를 무시하는 그리스도인들에 대해 들었다.

그중 한 사람은 동료 건축가에 관한 이야기를 나눴다. 두 사람이 같은 개발지에서 건물을 짓고 있었다. 그런데 이 '형제'가 다른 소유주들의 부지에 구덩이를 파고 거기에 폐기물들을 버렸다. 그 소유주들 가운데 나와 함께 하이킹을 했던 사람들도 있었다. 그 '형제'는 비용을 들여서 폐기물을 적절하게 처리하는 대신 그냥 덮어 버린 것이다. 이보다 더 안 좋은 얘기들도 많이 들었지만, 이 이야기가 특히 마음에 남았던 이유는 그 '형제'가 그 지역에 있는 어느 복음주의 교회의 예배인도자였기 때문이다.

거짓말은 시장뿐 아니라 정부, 교육, 사역, 의료계, 가족들과 친구들 사이에서도 나타난다. 우리는 체면을 지키기 위해, 우리의 명성을 보호하기 위해, 우리가 바라는 지위에 오르기 위해, 또는 바라는 목표를 빨리 이루기 위해 거짓말을 한다. 거짓말은 매력적이다. 즉 거짓말은 우리가 하나님의 공급을 믿고 기다려야 하는 일이 더 빨리 진행되게 해 줄 수 있다.

우리는 기도하지 않으면서 사람들에게 그들을 위해 기도하고 있다고 말할 때가 얼마나 많은가? 자녀들에게 어떤 약속을 해놓고 지키지 않을 때도 많다. 약속을 했다가 취소하기도 한다. 자신의 주장을 관철하기 위해 과장을 하기도 한다. 이런 것들은 모두 거짓말이며, 반드시 사람들에게 상처를 주게 되어 있다.

중요한 사실을 다시 강조해야겠다. 예수님의 명령을 지킴으로써 얻는 유익은 바로 그분의 임재에 대한 약속이다. 시편 기자는 "여호와여 주의 장막에 머무를 자 누구오며"(시 15:1)라고 물음으로써 이 진리를 확실히 보여주었다. 그의 대답은 "마음에 서원한 것은 해로울지라도 변하지 않는"(4절) 자들이었다. 《메시지 구약 시가서》에서는 "손해가 나더라도 약속을 지키고"라고 번역했다.

바울이 에베소 교인들에게 거짓말하지 말라고 명령한 것을 우리가 못 보고 지나간다 해도, 야고보의 명령을 볼 수 있다. 그는 "진리를 거슬러 거짓말하지 말라"(약 3:14)라고 말한다. 그리고 바울은 골로새 교인들에게도 비슷한 명령을 했다. "너희가 서로 거짓말을 하지 말라"(골 3:9). 상상해 보라! 하나님이 가장 풍성한 은혜의 계시를 전달하기 위해 사용한 메신저인 바울이 우리에게 '하지 말라'는 명령을 내렸다.

그런데 우리의 모든 논의가 오로지 우리를 보호해 주는 은혜에만 집중되어 있고, 신자들에게 은혜에 수반되는 능력의 행위(이 경우에는 거짓말하지 않는 것)를 가르치지 않는다면 우리는 바라는 목적을 이루기 위해 거짓말하는 것을 정당화하는 교회를 갖게 될 것이다. 거룩함을 강조하지 않고 은혜에 관한 불균형한 교훈과 신념을 가르칠 때 이렇게 되지 않을까?

분노가 당신을 지배하게 하지 말라

또한 우리는 분노의 지배를 받아 죄를 지어서는 안 된다. 나는 분노하는 배우자와 함께 사는 사람들의 피폐한 얼굴을 많이 봤다. 이 자칭 그리스도인들이 불같이 화를 낼 때 온 집안이 공포에 휩싸인다는 이야기를 들었다. 분노로 학대와 폭력을 일삼는 부모와 함께 사는 아이들은 어떨까? 그런 분노의 폭발로 재산 피해와 신체적인 상해까지 일어날 수 있다. 피해자들은 다음에 일어날 일을 걱정하며 두려움 속에 살아간다. 분노는 가정의 평화를 파괴한다. 그 가정은 더 이상 피난처가 아니다. 주일날 교회에서는 문제없는 가족처럼 보일 수도 있지만 그건 겉모습에 불과하다. 슬프게도 우리는 분노로 죄짓지 말라는 이 명령을 가볍게 여기거나 무시하는 쪽을 택했다.

서신서에는 분노하지 말라는 명령들이 많이 있다. 바울은 더 직접적으로 "너희는 모든 악독과 노함과 분냄과 떠드는 것과 비방하는 것을 모든 악의와 함께 버리고"(엡 4:31)라고 말한다. 야고보는 "사람마다 …… 성내기도 더디 하라 사람이 성내는 것이 하나님의 의를 이루지 못함이라"(약 1:19-20)라고 명령한다. 바울은 또다시 골로새인들에게 "이제는 너희가 이 모든 것을 벗어 버리라 곧 분함과 노여움과"(골 3:8)라고 명령한다.

이 모든 말씀이 하나님의 은혜의 계시를 받은 사람들에게서 나온 명령처럼 들리는가? 여기서 우리가 중요한 것을 놓치고 있었는가?

도둑질하지 말라

우리는 돈을 빌리고 갚지 않을 때가 얼마나 많은가? 큰 빚을 질 때가 얼마나 많은가? 그러다간 결국 파산을 선언하게 될 것이다.

우리는 회사의 자원들을 개인적인 용도로 사용한 적이 얼마나 많은가? 그것은 '횡령'이다. 우리는 아무렇지도 않게 그런 일을 저지르고는 자신 있게 "나는 하나님의 은혜로 구원받은 그리스도인입니다"라고 말할 것이다. 그러나 우리는 예수님이 사도들을 통해 주신 명령에 순종하지 않고 있다.

나와 함께 일했던 어느 목사는 모든 예배에 참석하고, 기적이 일어나는 것을 보았으며, 자신은 오랜 금식 기도를 쉽게 할 수 있다고 나에게 자랑을 하곤 했다. 그러나 그렇게 하는 동안 그는 교회로부터 수천 달러를 횡령하고 있었다. 결국 그 사실은 발각되었다. 남의 것을 훔치고 그것을 어떻게든 정당화하는 그리스도인에 대한 이야기는 이뿐만이 아니다.

우리 중 많은 이들이 소득신고를 거짓으로 하고, 수입을 제대로 보고하지 않는다. 이 경우에는 바울의 또 다른 명령을 무시하는 것이다. 즉 "조세를 바치라"(롬 13:6)라는 것이다. 우리는 국가 지도자들이 행하는 '잘못'을 핑계로 우리의 도둑질을 정당화한다. 하지만 악을 악으로 갚아 봐야 좋을 게 없다는 걸 우리는 언제쯤에야 배울 것인가?

더러운 말, 폭력적인 말을 그치라

AMP 성경은 그다음 명령을 이렇게 표현한다. "더러운 말이나 오염시키는 말, 악한 말이나 해로운 말이나 무가치한 말은 입 밖에도 내지 말라(엡 4:29). 나는 교회 다니는 사람에게 언어적으로 학대를 당한 사람들을 너무나 많이 만나 봤다. 그들은 상처 주는 날카로운 말을 듣고 마음이 찢어졌다. 그들의 영혼은 상처를 입었고, 치유하는 데 시간이 걸렸다.

나는 신자들 사이에 무가치한 대화들이 오가는 것도 수없이 들었다. 심지어 교회 사무실에서 음란한 이야기와 농담들이 오고 가기도 한다. 설교단에서 불경건한 말을 하는 것도 더 이상 유별난 일이 아니다. 최근에 나는 어느 큰 교회를 감독하는 한 젊은 부부와 저녁식사를 함께 했다. 그들이 존경하고 우러러보는 세계적인 사역단체가 있는데, 이 기관의 유명한 지도자 중 한 사람과 그들이 저녁식사를 함께할 기회가 주어졌다고 했다. 그런데 식사를 하는 동안 그 지도자가 여러 번 노골적으로 불경건한 말을 했다는 것이다. 그 부부는 그 후 몇 달이 지난 후에도 여전히 충격에서 벗어나지 못하고 있었다.

우리는 은혜를 싼값에 팔아넘겼다

대체 무슨 일이 일어난 것인가? 우리가 경건한 행동을 버릴 만큼 냉담해진 것일까? 좀 더 적절한 사람이 되기 위해 우리의 증언을 포기한 것일까? 나는 적절하고 진보적이고 진취적인 사고를 하는 사람이 되는 데는 100퍼센트 찬성한다. 하지만 하나님의 말씀을 타협하면서까지 그렇게 되는 것은 반대한다.

사도들은 우리를 경건한 행동으로 이끄는 명령이 꼭 필요하다고 봤다. 그런데 왜 우리는 그것을 말하지 않는가? 우리가 그들보다 더 많이 알고 있는가? 우리가 예수님보다 더 많이 알고 있는가?

원수가 하와를 유혹했던 것처럼 우리를 유혹했을까? 이번에는 조금 다르다. 하와는 선악을 알게 하는 나무의 열매를 먹지 말라고 한 명령을 잘 알고 있었다. 원수는 하나님의 말씀을 정면으로 반박함으로써 자신의 정체가 탄로 날 위험을 감수해야 했다. 그래서 하와를 유혹하는 건 그에게 섬세하고 정교한 일이었다.

그런데 우리는 마귀가 그 일을 하기 더 쉽게 만들었다. 편의상 하나님 말씀의 일부를 배제해 버렸기 때문이다. 하나님이 "동산 각종 나무의 열매는 네가 임의로 먹되 선악을 알게 하는 나무의 열매는 먹지 말라"(창 2:16-17)라고 명령하신 것을 기억하는가? 그에 반해 오늘날 어떤 사람들은 "동산 각종 나무의 열매는 네가 임의로 먹으라"라고 말하면서 "먹지 말라"라는 명령을 빼 버릴 것이다. 경건치 못한 행동에 관한 금지명령을 무시해 버리는 것이다.

본질적으로 우리는 하나님의 은혜를 싼값에 팔아넘겼다. 그 은혜가 우리를 구원하고, 용서하며, 값없는 하나님의 사랑의 선물이라고 말한 것은 옳다. 하지만 그것이 우리의 본성을 변화시켰고, 우리가 예전과 같이 살지 않도록 능력을 부여해 준다는 것은 사람들에게 말하지 않았다. 이제 그들이 경건치 못한 행위를 버릴 수 있는 능력을 부여받았다고 말하지 않았다. 그러한 침묵의 결과 신자들이 경건함을 알지 못하고 하나님의 임재를 경험하지 못하는 것이다.

최근에 아침 성경읽기를 하는 중이었다. 나는 시편과 히브리서를 읽고 있었다. 시편에서 읽을 분량을 다 읽고 히브리서로 넘어갔는데, 그때 성령님이 "아니, 히브리서를 읽지 말고 요한계시록을 읽어라" 하고 말씀하시는 것을 강하게 느꼈다.

사실 나는 몇 주 전에 요한계시록을 읽은 적이 있었는데, 그 또한 성령의 강권하심에 의해서였다. 처음 두 장을 읽었으나, 애석하게도 흥미를 잃어버렸다. 그래서 다음 날은 다시 내 계획대로 성경을 읽었다. 그로부터 2주가 지나서, 다시 요한계시록 3장으로 돌아간 것이다. 그런데 예수님이 사데 교회에 하신 말씀에 어안이 벙벙해졌다.

내가 네 행위를 아노니 네가 살았다 하는 이름은 가졌으나 죽은
자로다(1절).

첫째, 예수님이 '내가 네 믿음을 아노니'라고 말씀하시지 않고 "내가 네 행위를 아노니"라고 하신 것을 주목하라. 그분은 '내가 네 의도를 안다'라고 하지 않으신다. 예수님이 교회의 '믿음으로 얻는 의'가 아니라 그들의 외적인 거룩함, 즉 그들의 일, 행위, 삶의 선택 등에 대해 말씀하신 것이 분명하다.

주님은 이 교회가 살았다 하는 이름을 가졌다고 말씀하신다. 무엇이 이

런 인상을 주었을까? 그 교회가 성장하면서 인기가 많아지고, 모임이 흥미진진하고, 분위기가 열광적이지 않았을까? 우리가 무심코 하나님의 임재를 분위기로 대신할 수 있다는 걸 명심하라. 당신이 팝콘서트에 간다면 많은 사람이 모인 걸 보면서 들뜨고 열광적인 분위기에 휩싸이고 또 멋진 저녁에 대한 기대가 가득할 것이나, 이런 쇼들이 하나님의 마음과 일치하는가?

성도들이 살아 있는지 죽었는지 판단하는 데 있어 중요한 질문은 우리가 예수님의 말씀에 순종하고 있는가, 아니면 실제로 예수님의 명령과 동떨어져서 서로 인간적으로 친밀한 공동체를 발전시키고 있는가 하는 것이다. 또 다른 질문은 우리가 행동의 변화를 낳는 마음 상태로 성도들을 성숙하게 하는 진리를 선포하고 있는가, 아니면 감정을 어루만지고 지성을 자극하는 메시지를 선포하고 있는가 하는 것이다.

첫 문장에 이어 예수님은 계속해서 이렇게 말씀하신다.

너는 일깨어 그 남은 바 죽게 된 것을 굳건하게 하라 내 하나님 앞에 네 행위의 온전한 것을 찾지 못하였노니(계 3:2).

또다시 예수님은 그들의 믿음이 아니라 행동에 대해 말씀하신다. 앞에서 말했듯이, 신약 성경에도 해야 할 일과 하지 말아야 할 일에 대한 명령이 있다. 이 명령들은 우리의 행동을 다루고 있다. 예수님의 말씀에 의하면, 이 교회는 거룩한 삶을 추구하지도, 받아들이지도 않고 있다. 그다음 말씀을 보자.

그러므로 네가 어떻게 받았으며 어떻게 들었는지 생각하고 지켜

회개하라 만일 일깨지 아니하면 내가 도둑같이 이르리니 어느 때에
네게 이를는지 네가 알지 못하리라(3절).

예수님은 사데 교회를 대상으로 말씀하고 계신 것이다. 그렇지만 만일
예수님의 말씀이 오로지 이 역사적인 교회를 향한 것이었다면 성경에 기록
되지 않았을 것이다. 그 말씀이 성경에 기록되었다는 것은 곧 오늘날에도
예언적으로 적용된다는 뜻이다. 그리고 처음 그 말씀을 들은 사람들과 마
찬가지로 오늘날 신자들에게도 적용된다. 이 말씀은 우리를 향한 것이다.
하나님의 말씀은 살아 있기 때문이다. 그러므로 나는 앞으로 그런 맥락에
서 예수님의 말씀을 언급할 것이다.

예수님은 우리에게 처음 믿은 것으로 돌아가라고 하신다. 우리는 거룩
한 삶에서 멀어졌다. 믿지 않는 자들과 다를 바 없이 살도록 허용하는 은혜
의 교리를 만들어 냈다. 그것은 좋은 가르침처럼 보이지만, 그게 정말 하나
님의 말씀인가?

예수님은 교회를 향해 회개하고 그분의 말씀으로 돌아가라고 하신다.
우리가 그리스도인이 된 이상, 과거와 현재와 미래의 모든 죄가 자동적으
로 사해졌기 때문에 더 이상 회개할 필요가 없다고 말하는 현대의 선생들
이 있다. 이것이 사실이라면, 왜 예수님이 그분의 교회인 우리를 향해 회개
하고 주님께로 돌아오라고 하시는가?

오늘날 많은 사람의 마음을 끌고 있는 불균형한 은혜의 가르침을 보면,
많은 경우에 실제로 거룩에 관한 율법주의적이고 왜곡된 메시지를 전하는
지도자들에 의해 전파되고 있다. 여러 집단에서 거룩이 잘못 전해져 왔던
게 사실이지만, 그렇다고 해서 거룩이 기독교의 기본이라는 사실이 달라지

는 건 아니다. 교회사를 보면, 거룩한 삶에 대한 소명이 우리의 집단적인 사명과 개인적인 사명의 본질적인 부분이 되어 왔음을 알 수 있다. 우리는 기본으로 돌아가야 한다. 그것은 바로 우리가 처음에 듣고 믿은 것이다.

또 예수님은 이렇게 말씀하신다.

그러나 사데에 그 옷을 더럽히지 아니한 자 몇 명이 네게 있어 흰 옷을 입고 나와 함께 다니리니 그들은 합당한 자인 연고라(계 3:4).

'그 옷을 더럽히지 않았다'라는 표현을 쓴 것에 주목하라. 바울은 우리에게 하나님 앞에 나아갈 준비를 하라고 했다. "우리는 하나님을 두려워하는 가운데서 거룩함을 온전히 이루어 육과 영의 온갖 더러운 것에서 자신을 깨끗하게 하자"(고후 7:1). 예수님은 거룩한 삶으로 돌아오고, 경건치 못한 삶으로 영과 육신의 옷을 더럽히지 말라는 명령을 통해 교회를 바로잡고 계신다. 이것은 우리가 하나님의 임재와 재림을 둘 다 대비하게 해 준다. 예수님이 "누구든지 깨어 자기 옷을 지켜 벌거벗고 다니지 아니하며 자기의 부끄러움을 보이지 아니하는 자는 복이 있도다"(계 16:15)라고 말씀하시기 때문이다. 그분은 다음과 같이 결론을 내리신다.

이기는 자는 이와 같이 흰 옷을 입을 것이요 내가 그 이름을 생명책에서 결코 지우지 아니하고 그 이름을 내 아버지 앞과 그의 천사들 앞에서 시인하리라 귀 있는 자는 성령이 교회들에게 하시는 말씀을 들을지어다(계 3:5-6).

당신의 이름이 생명책에서 지워지는 건 정말 심각한 문제다. 그런데 이 말씀이 바로 우리 구세주의 입에서 나왔다. 중요한 것은 하나님의 성령이 기록된 하나님의 말씀을 통해 하시는 말씀을 듣고 주의를 기울이고, 이 말씀이 우리가 예전에 믿었거나 일반적으로 가르쳐 왔던 것과 일치하지 않더라도 무시하지 않는 것이다.

하나님은 우리를 의롭게 하셨다. 우리는 그리스도 안에서 의롭다 함을 받기 위해 할 수 있는 일이 아무것도 없었다. 그러나 그에 합당한 거룩한 행위는 분명 하나님 보시기에 매우 중요한 것이다.

바울은 이렇게 말한다. "모든 사람에게 구원을 주시는 하나님의 은혜가 나타나 우리를 양육하시되 경건하지 않은 것과 이 세상 정욕을 다 버리고 신중함과 의로움과 경건함으로 이 세상에 살고"(딛 2:11-12). 이것은 명백한 지침이다. 그렇다면 왜 우리는 설교단에서 이 진리를 전하지 않는가?

우리의 노력으로 하나님의 은혜, 용서, 또는 구원을 받을 수 없다는 것을 계속 가르치자. 그 좋은 소식을 계속 전파하자. 그러나 하나님의 은혜를 싼값에 파는 일은 그만두자. 온전한 진리를 전하자!

02

'살리는' 메시지를
먹고 전하라

모든 것이 가하나 모든 것이 유익한 것은 아니요.
- 고전 10:23

사람들에게 자주 말씀을 전하는 사역자로서, 나 역시 다른 하나님의 사람으로부터 메시지를 들으면 크게 힘이 된다. 최근에 그런 기회가 있어서 매우 기뻤다. 말씀을 전한 목사님은 미국에서 굉장히 존경받는 분으로 큰 교회를 감독하고 있고, 또 지역 교회 성장에 대한 통찰로 잘 알려진 분이다.

목사님의 메시지는 흥미롭고, 격려가 되고, 경이로웠다. 그곳에 모인 수많은 사람이 집중해서 말씀을 들었다. 그런데 어느 시점에서 그가 유익하고 지혜롭고 겸손한 것 같은 말을 했는데, 그 말은 사실 옳지 않았다. 바로 이 부분이었다. "제가 드리려는 말씀이 조금 부정적으로 들릴지도 모릅니다. 저는 제 메시지로 사람들에게 유죄판결을 내리지 않기 때문에 보통 이런 식으로 말하지 않습니다. 죄의 선고는 모두 성령께 맡깁니다."

온전한 성화는 천국에 들어가는 조건으로 반드시 필요할 뿐만 아니라
그리스도인이 이 세상에 살면서
가장 고귀한 결과를 얻기 위해서도 꼭 필요한 것이다.
- 두건 클라크

나는 동요하는 마음을 가라앉히려 했지만 그럴 수가 없었다. 예전에 다른 지도자들이 그와 비슷한 말을 하는 걸 들었다. 그 논리는 건전하게 들렸다. 그런데 왜 나는 그렇게 마음이 불편했을까? 그때 사도 바울이 디모데라는 어린 훈련생에게 한 말이 떠올랐기 때문이다. 예배 후에 나는 그 구절을 찾아보았다.

너는 말씀을 전파하라 때를 얻든지 못 얻든지 항상 힘쓰라 범사에
오래 참음과 가르침으로 경책하며 경계하며 권하라(딤후 4:2).

먼저 이 성경 말씀의 문맥을 이야기해 보겠다. 바울이 이 편지를 쓸 당

시 디모데는 에베소의 큰 교회에서 목회를 하고 있었다. 신약 성경의 이 장에는 바울이 마지막으로 남긴 글이 포함되어 있다. 그것은 그의 어린 제자에게뿐 아니라 우리 모두를 향한 말씀이다. 나는 그가 마지막임을 직감하고 주제와 단어들을 매우 신중하게 골라 썼을 거라고 상상해 본다.

나는 바울의 "경책하며 경계하며 권하라"라는 말뜻을 표면적으로만 알고 지나가기 싫어서 좀 더 깊이 연구하기 시작했다. 처음엔 뜻을 명확히 알기 위해 AMP 성경을 찾아보았다. 그러나 앞에 인용한 구절을 보기 전에 그 전 구절이 먼저 나의 시선을 끌었다.

> 하나님 앞과 살아 있는 자와 죽은 자를 심판하실 그리스도 예수
> 앞에서 …… 엄히 명하노니(딤후 4:1).

나는 헬라어를 오랫동안 연구한 학자인 내 친구 릭 레너에게 연락해서 "엄히 명하노니"의 정확한 의미에 대해 물었다. 다음은 그의 대답이다.

> 헬라어로 '엄히 명한다'는 '디아마르튀로마이'다. 대개 공직자들이
> 취임 선서를 할 때 쓰던 단어다. 그들에게 취임 선서를 시키는
> 사람은 모든 신에게 보고, 들어 달라고 부탁한다. 그만큼 진지하게
> 선서하라는 뜻이다. 그다음에 취임 선서를 시키는 사람이
> 그들에게 책임감 있게 맡은 일을 하고 신들이 지켜보고 있다는
> 것을 명심하라고 '엄밀히 명할' 것이다. 디모데에게 쓴 편지에서,
> 바울은 이렇게 말하고 있었다. '내가 너에게 하려는 말을 네가 받을
> 때 하나님이 지켜봐 주시기를 바란다.' 너무나도 엄숙하고 엄숙한

말이니, 디모데에게 진지하게 들으라고 한 것이다. 하나님이 보고 계시고 듣고 계시기 때문이다. 그래서 그 구절의 나머지 부분에서 심판에 대해 이야기하는 것이다. …… 바울은 자기가 하려는 말이 굉장히 중요하다는 것을 디모데가 이해하길 원했다. '엄히 명한다'라는 이 단어는 듣는 사람에게 큰 책임감을 부여하는 단어였다.

바울은 이 젊은 목사에게(그리고 우리에게) 매우 강하게 말했고, 그의 명령이 선택사항으로 보이지 않도록 했다. 릭이 말한 바와 같이, 바울은 하나님과 예수 그리스도 앞에서 이것을 명했다. 다시 말해서, 디모데가 이 명령에 주의를 기울이지 않으면 다른 사역자와 마찬가지로 하나님이 디모데를 심판하실 거라는 뜻이다. 그 명령은 다음과 같다.

너는 말씀을 알리고 전파하라! 기회가 좋아 보이든 안 좋아 보이든, 늘 긴급함을 의식하고 있어라[편하든 불편하든, 환영받든 천대받든, 말씀 전하는 자로서 너는 사람들에게 그들의 삶이 어떤 면에서 잘못되었는지 보여 주어야 한다. 늘 준비하고 대기하고 있어라](딤후 4:2, AMP).

복음 사역자는 "사람들에게 그들의 삶이 어떤 면에서 잘못되었는지 보여 주어야 한다." 이것이 중요하다!

말씀을 확인하고 나니 이제야 마음이 진정되면서 내 머릿속에는 이런 생각이 떠올랐다. '그 목사님의 말이 수긍되지 않았던 게 당연하군.' 그 말은 언뜻 좋아 보였지만, 사실은 진리가 아니었다. 알고 그랬든 모르고 그랬든, 그는 하나님보다 좋아 보이는 것을 택했다. 이런 지도자는 성령께 책임을 미루지만, 바울은 분명히 그 책임이 우리에게 있다고 말한다.

매우 인기 있는 한 목사 부부가 최근에 국제 뉴스 프로그램에서 인터뷰를 했다. 기자가 성적인 부도덕에 관해 질문하자 그들은 이렇게 답했다. "누구에게 어떻게 살아야 한다고 조언하는 건 우리 역할이 아닙니다."

나는 이 부부가 사람들을 사랑한다는 것을 안다. 그들은 잃어버린 자들이 복음을 듣고 예수님을 알게 되길 원한다. 그들의 비전은 매우 훌륭하다. 만일 모든 사역자가 그들과 같은 열정적인 결단을 했다면 기가 막히게 좋았을 것이다. 하지만 '사람들에게 그들의 삶이 어떤 면에서 잘못되었는지 보여 주라'는 하나님의 직접적인 명령을 우리 마음대로 바꾸고, '사람들에게 그들이 어떻게 살아야 한다고 말하지 않는다'라는 좋은 철학으로 그것을 대신하려 하는가?

이것이 사도들의 전략이었나? 한번은 바울이 구원받지 못한 왕에게 그의 전략을 이야기한 적이 있다.

> 아그립바 왕이여 그러므로 하늘에서 보이신 것을 내가 거스르지
> 아니하고 먼저 다메섹과 예루살렘에 있는 사람과 유대 온 땅과
> 이방인에게까지 회개하고 하나님께로 돌아와서 회개에 합당한 일을
> 하라 전하므로(행 26:19-20).

구원받지 못한 사람에게 "회개하라"라고 말하고, 회심한 후에는 "회개에 합당한 일을 하라"라고 말하는 건 '어떻게 살아야 하는가'를 직접 다루는 것이다. 슬픈 사실은 바울과 좀 전에 말한 부부의 복음 전도에 관한 철학이

서로 정반대라는 것이다. 전자는 하나님의 방법이고 후자는 단지 좋은 방법이다. 바울은 아직 구원받지 못한 유명한 지도자와 그의 아내에게 말할 기회가 생겼을 때 하나님의 방법을 고수하겠다는 결단을 보여 주었다. 바울이 다룬 주제들을 통해 그의 전략을 살펴보자.

> 며칠 후에 벨릭스와 그의 유대인 아내 드루실라가, 바울을 불러다가 예수 그리스도를 믿는 삶에 대해 이야기를 들었다. 바울이 하나님과 그분의 사람들과의 바른 관계, 도덕적으로 훈련된 삶, 다가올 심판을 계속 강조하자, 벨릭스는 마음이 너무 조여 오는 것 같아 불편해서 그를 내보냈다. "오늘은 됐소. 시간이 있을 때 다시 부르겠소"(행 24:24-25, 메시지).

벨릭스와 그의 아내는 영생에 관한 바울의 메시지에 관심이 있었기 때문에 바울을 불러왔다. 바울이 이 구원받지 못한 부부에게 이야기한 두 가지 주요 주제는 도덕적인 훈련과 다가올 심판이었다. 바울이 너무 강하게 이야기해서 그들을 매우 불편하게 만들었다. 이것이 잃어버린 자들에게 다가가는 오늘날의 전략에 견줄 만한가? 일부 교회 지도자들은 구도자들이 다음 주일 예배에 다시 오게 하는 걸 주요 목표로 잡는다. 물론 사람들을 다음 주일날 교회에 다시 오도록 만드는 건 칭찬받을 만한 일이다. 하지만 그것이 궁극적인 목적은 아니다. 바울의 목표는 사람들 안에 그를 다시 만나고 싶어 하는 마음을 불어넣는 게 아니었다. 그의 목표는 진리를 충실하게 말하는 것이었다.

얼마 전 어느 인기 있는 젊은 목사의 집회에 가 봤다. 그는 지방 순회를 다니며 하나님의 사랑에 대한 메시지를 선포하고 있었다. 천 명 넘는 사람들이 그의 말씀을 듣기 위해 모여 강당을 빽빽이 채웠다. 분위기가 매우 뜨거웠다. 사람들은 이 젊은 지도자의 말을 들을 생각에 매우 흥분해 있었다.

메시지를 전하기 전에, 그는 그날 밤 우리가 "좋은 소식"만 들을 것이며 "부정적인" 얘기를 하지 않을 거라는 사실을 두 번이나 알렸다. 한번은 그 지도자의 매니저가, 그다음엔 그 지도자가 직접 말했다. "좋은 소식"은 "부정적인" 말의 정반대로 소개되었다. 하지만 때로는 좋은 소식이 처음에는 부정적으로 보일 때도 있다. 특히 우리 삶에서 궤도를 수정해야 할 때 그렇다. 하지만 그 궤도 수정이 결국 우리를 사망의 길에서 구해 낸다면, 우리는 그것을 어떻게 봐야 하는가?

강단에 올라온 이 목사는 처음 20분 동안 지혜로운 유머를 사용해서 청중과 유대관계를 형성했다. 그러고는 우리를 향한 예수님의 열정적인 사랑에 대해 이야기했다. 마음을 따뜻하게 하고 용기를 주는 메시지였다. 그 후에 그는 구도자들에게 궤도 수정을 요구하지 않고, 즉 세상에 대한 사랑이나 하나님에 대한 불순종을 버리라고 요구하지 않고 구원의 기회를 제공했다. 죄를 회개하는 것, 구원에 수반되어야 할 근본적인 가르침에 대해선 아무 말도 하지 않았다(히 6:1 참조). 그리고 많은 이들이 그날 밤 그의 제안에 응했다.

이 목사의 메시지는 바울이 아그립바 왕이나 벨릭스와 드루실라에게 전한 메시지와 같은 것이었을까? 그의 메시지는 구원을 갈망하는 자들에게 엄격하게 말한 베드로의 말과 같았을까? "너희가 회개하고 돌이켜 너희 죄 없이 함을 받으라"(행 3:19). 그렇다면 과연 그날 밤 구도자들은 구원을 받고 그 집회 장소를 떠난 걸까?

양 극단을 오가는 기독교

완전히 정반대인 양극단 사이를 왔다 갔다 하기 쉬운 이유가 무엇일까? 즉 우리가 경멸하는 율법주의에서 멀어지다 못해 이제는 복음의 핵심 요소를 생략하기에 이른 것이다.

오늘날 많은 지도자가 지금 엄격한 교부로 여겨지는 이들의 가르침을 배우며 세워졌다. 20세기에 이 교부들은 죄에 직면하고 죄를 드러내는 걸 두려워하지 않았다. 교부들은 우리에게 거룩한 삶을 살라고 명령했다. 그때는 오늘날처럼 대형교회들이 많지 않았다. 유죄를 선고하는 성경의 확고한 메시지들이 종종 진실하지 못한 구도자들을 돌려보냈다.

그 후에 전략적인 대응책으로, 일부 지도자들이 오로지 긍정적이고 희망을 주는 메시지를 전함으로써 많은 사람을 따르게 하겠다는 결정을 내렸다. 우리는 성경에서 용기를 주는 메시지들을 찾으면서, 죄를 깨닫게 하고 책망하고 바로잡는 일은 경시했다. 사람들에게 그들의 삶이 어떤 면에서 하나님의 말씀에 순종하지 않고 있는지 말하지 않게 되었다. 이것이 21세기에 우리의 전략이 되었다. 그러나 바울이 디모데에게 한 명령을 보자.

[말씀 전하는 자로서 너는 사람들에게 그들의 삶이 어떤 면에서 잘못되었는지 보여 주어야 한다.] 그리고 지칠 줄 모르는 무한한 인내와 가르침으로 그들을 납득시키고, 책망하며 바로잡고, 경고하고 권면하고 격려하라(딤후 4:2, AMP).

이 구절에서 세 가지 중요한 헬라어 단어, '엘렉코', '에피티마오', '파라칼레오'의 의미는 다음과 같다. *Strong's Exhaustive Concordance*(스트롱 사전)

에서 엘렉코는 "죄를 지적하다, 잘못을 말해 주다, 책망하다, 꾸짖다"라는 뜻으로 정의된다. *The Complete Word Study Dictionary*(성경 학습 사전)은 더 구체적으로 정의한다. "신약 성경에서 죄를 지적하고 잘못을 입증하여 부끄럽게 하는 것." 이것은 매우 강한 단어다!

두 번째 단어, 에피티마오는 "(직설적으로) 비난하다, 꾸짖다"라는 뜻으로 정의된다. 이것은 직접적이다! 세 번째 단어, 파라칼레오는 "위로하다, 격려하다"라는 뜻이다. 이것은 희망을 주는 것으로, 꼭 필요하다.

처음 두 단어에 초점을 두고, 바울은 사역자들에게 죄를 지적하고, 책망하고, 꾸짖고, 잘못을 말해 주고, 잘못을 입증하는 메시지를 전하라고 명령했다. 이 단어들의 정의를 들으면서 우리는 오늘날 서구 교회의 리더십에 대해 질문해 봐야 한다. 오늘날의 전략은 하나님의 지혜인가, 아니면 인간이 만들어 낸 좋은 지혜인가? 25년 넘게 여러 컨퍼런스와 교회들을 다니면서 솔직하게 말할 수 있는 건 우리가 '인간적으로 좋은 것'으로 서서히 이동해 왔다는 것이다.

이런 이야기들은 끝도 없이 할 수 있지만, 한 가지만 더 이야기하겠다. 나는 미국 북서부의 어느 큰 교회에서 말씀을 전해 달라는 요청을 받았다. 나는 그 교회의 목사와 그의 사역을 매우 존경하여, 그와 그의 아내와 그들의 리더십팀, 그리고 교회와 함께 보낼 시간을 기대하며 기다렸다.

행사가 있기 몇 주 전에, 그 목사로부터 이런 이메일을 받았다. "존, 당신이 메시지를 준비할 때 우리 문화에 대해 미리 알아 두는 게 좋을 것 같아서 메일을 보냅니다. 우리는 매우 긍정적인 교회입니다. 우리 교인들은 부정적인 메시지를 듣는 것에 익숙하지 않아요. 그러니 우리 교인들에게 말씀을 전할 때는 용기를 주는 긍정적인 주제로 메시지를 전해 주세요."

다시 그 질문이 떠오른다. 이 '지혜'를 바울이 디모데에게 명령한 일과 비교하면 어떠한가? 비교를 위해 원래 본문에 나온 '긍정적인 것들'과 오늘날 우리가 '부정적인 것들'로 간주하는 것을 나열해 보겠다.

긍정적인 것 : 1) 파라칼레오: 위로, 격려

부정적인 것 : 1) 엘렝코: 죄를 지적하다, 잘못을 말해 주다, 꾸짖다, 책망하다, 잘못을 입증하다

2) 에피티마오: (직설적으로) 비난하다, 꾸짖다

바울의 세 가지 명령이 있다. 그중 두 가지는 '부정적인' 것으로 간주되고 오직 하나만 '긍정적인' 것이다. 그것을 다르게 말해 보겠다. 67퍼센트는 '잘못을 바로잡는' 것이고 33퍼센트는 '긍정해 주는' 것이다. 이것은 우리가 전하는 메시지의 67퍼센트가 책망하는 내용이어야 한다는 뜻이 아니다. 그러나 이 질문은 해 봐야 할 것이다. '우리는 균형을 맞추고 있는가?'

만일 우리 목적이 교회 안에서 100퍼센트 격려와 희망을 주는 말씀만 전하는 것이라면, 교회 안에 긍정적인 사람들이 점점 더 많아질까? 그렇게 되면 하나님의 성품과 임재에서 점점 더 멀리 벗어나고 있는데 하나님과 같은 목표를 향해 가고 있다고 믿는, 긍정적인 사람들로 가득 차는 비극이 일어날지 모른다.

히브리서 기자는 우리에게 이렇게 말한다.

무릇 징계가 당시에는 즐거워 보이지 않고 슬퍼 보이나 후에 그로 말미암아 연단 받은 자들은 의와 평강의 열매를 맺느니라(12:11).

여기에 두 가지 요점이 있다. 첫째, 징계는 슬퍼 보인다! 격려는 슬프지

않지만, 책망, 바로잡음, 잘못을 드러내는 것은 모두 고통스러운 일이다. 둘째, 히브리서 기자가 말하는 징계는 거룩한 삶을 위한 연단이다.

지금 우리가 해야 할 질문은, 하나님이 어떻게 우리를 연단하시는가 하는 것이다. 바울이 디모데에게 쓴 글을 다시 살펴보자.

> 모든 성경은 하나님의 감동으로 된 것으로 교훈과 책망과 바르게
> 함과 의로 교육하기에 유익하니 이는 하나님의 사람으로 온전하게
> 하며 모든 선한 일을 행할 능력을 갖추게 하려 함이라 하나님
> 앞과 살아 있는 자와 죽은 자를 심판하실 그리스도 예수 앞에서
> 그가 나타나실 것과 그의 나라를 두고 엄히 명하노니 너는 말씀을
> 전파하라 때를 얻든지 못 얻든지 항상 힘쓰라 범사에 오래 참음과
> 가르침으로 경책하며 경계하며 권하라(딤후 3:16-4:2).

여기서 "책망, 바르게 함, 의로 교육하기"라는 단어를 주목해서 봤는가? 또 성경이 우리를 연단하여 거룩한 삶을 살게 한다고 기록했다. 그리고 나서 바울은 디모데와 우리에게 말씀을 전파하라고 명령했다. 그 모든 것을 종합해 보면, 바울은 본질적으로 이렇게 명령한 것이다.

> 디모데와 다른 복음 전하는 자들에게 전해 줄 사실이 있다. 하나님의
> 징계는 고통스럽지만, 하나님은 그것으로 거룩한 삶을 위해 우리를
> 연단하신다. 하나님은 그분의 영감으로 쓰인 성경 말씀을 통해 이
> 연단(훈련)을 집행하시며, 그것은 또한 하나님을 대변할 사람들을
> 적절히 준비시킨다. 그러므로 말씀을 전파하라. 너희는 하나님의

사자로서 사람들에게 그들의 삶이 어떤 부분에서 잘못되었는지 알려 주어야 한다. 이것은 성경 말씀을 바르게 사용하여 사랑으로 책망하고, 죄를 깨닫게 하고, 꾸짖고, 바로잡고, 순종을 훈련시키고, 격려함으로써 완성된다. 이것이 거룩한 삶을 위한 하나님의 훈련 과정이다.

바울이 명령한 것은 정말 놀라울 정도로 21세기 교회 문화와 완전히 대조된다. 하지만 강한 교회를 원하는가, 아니면 잘못된 길로 가는 교회를 원하는가? 건강한 사람들을 세우기 원하는가, 아니면 착각에 빠진 사람들을 원하는가? 이러한 가르침들은 우리가 자기도 모르게 하나님의 마음에서 멀어지는 일이 없게 하려고 주어진 것이다.

우리가 확실하게 예수님과 동행하려면 성경에 기초를 두어야 한다. 현재 우리 문화와 신약 성경의 명령을 서로 조화시키는 것은 불가능한 일이다. 바울이 제자들에게 명령한 대로 변화를 일으키고, 건강한 교회가 탄생하는 것을 지켜보자!

듣기 편한 메시지 vs 정말 필요한 메시지

바울은 성령께 받은 통찰력으로, 사역자들과 다른 신도들이 이 명령을 지키지 않을 것을 예견했고, 그로 인한 결과까지 예언했다.

때가 이르리니 사람이 바른 교훈을 받지 아니하며 귀가 가려워서 자기의 사욕을 따를 스승을 많이 두고(딤후 4:3).

그때가 이르렀다! 이제 무엇이 더 바람직한지 질문해 보자. 우리를 격려해 주고, 듣기만 해도 행복하고, 긍정적이고, 가벼운 메시지가 더 바람직한가, 아니면 경고하고, 책망하고, 바로잡고, 잘못을 지적하고, 죄를 깨닫게 하는 메시지가 더 바람직한가?

나를 비롯한 모든 사람이 첫 번째 유형의 메시지를 더 듣기 원할 것이다. 나는 긍정적인 사람이다. 따라서 자연히 긍정적인 메시지에 이끌린다. 선택할 수 있다면, 보통 사람들은 누구나 같은 선택을 할 것이다.

서로 이웃한 두 교회가 있다고 하자. 당신은 그중 한 교회에 가면 당신의 악한 행동을 날카롭게 지적하는 설교를 듣고, 다른 교회에 가면 긍정적이고 용기를 주는 얘기만 들을 거라는 사실을 안다. 그러면 당신은 결국 후자를 택할 것이다. 바울은 이런 일이 일어날 거라고 말했다. 즉 사람들은 '하나님' 대신 '자기 생각에 좋다고 여겨지는 것'을 택할 것이다. 그러므로 정확하게 질문하려면 무엇이 더 바람직한가가 아니라, 무엇이 더 이로운가를 물어야 한다.

대부분의 사람들은 이 중요한 메시지의 선택에 대해 솔직히 듣고 싶어하지 않는다. 하지만 이 예를 한번 생각해 보자. 스티브라는 사람이 암 진단을 받았다. 종양이 아직 초기 단계라서 수술로 제거하면 그 위험을 쉽게 없앨 수 있다. 의사는 이렇게 말한다. "간단한 수술로 그것을 제거할 수 있습니다."

그런데 스티브는 다른 의사의 소견을 듣기 위해 간다. 이 두 번째 의사는 자기가 배운 의학적 지식이나 연구 자료에 주의를 기울이지 않는다. 그는 다만 자기 방식으로 사람들을 도와주길 원한다. 그래서 스티브에게 걱정하지 말라고 말한다. 모든 게 다 괜찮으니 앞으로 멋진 삶을 살게 될 거라고 말한다. 이 의사는 "스티브, 당신의 건강은 아무 문제 없습니다"라고 열정적으로 말한다.

스티브는 안심하며 두 번째 의사와 헤어진다. '정말 훌륭한 의사야. 이렇게 좋게 말해 주다니! 용기가 생겼어'라고 생각한다. 지금 그는 첫 번째 의사에게 약간 화가 났다. 그렇게 부정적으로 말하고, 불필요하고 고통스럽고 돈만 많이 드는 수술을 하라고 했으니 말이다. 그는 스티브에게 그의 상태가 심각하다는 것을 알려 주었다. 첫 번째 의사의 태도는 매우 무뚝뚝했고 특히 스티브를 격려해 주지 않았다.

두 번째 의사의 소견 덕분에, 스티브는 걱정할 것이 아무것도 없다고 믿었다. 하지만 2년 후 스티브는 아파서 아무것도 할 수 없는 지경에 이르렀고, 생이 2주밖에 남지 않게 됐다. 작은 종양이 그동안 생명을 위협할 정도로 커졌고, 몸의 여러 주요 장기들까지 퍼져 버렸다. 고통을 조금 덜 느끼게 해 주는 것 외에는 어떤 치료를 받아도 소용없을 것이다.

2년 전에는 긍정적인 의사의 말을 듣는 것이 더 편했다. 하지만 진실과 듣기 좋은 말, 문제를 해결하기 위한 조치와 긍정적인 말 중에 무엇이 더 필요했을까? 스티브는 사실상 건강하지 않은데도 건강하다는 말을 들었다. 이제는 돌이키기에 너무 늦어 버렸다. 그는 진실에 귀 기울이지 않은 것을 후회한다.

이것이 서구 교회의 영적 현실이 아닐까? 이스라엘 역사에서 종교 지도자들이 오로지 긍정적인 사역만 하던 때가 있었다. 그들은 대립을 피했고 희망을 주는 말만 했다. 하나님은 그들의 메시지에 대해 이렇게 말씀하셨다. "그들이 딸 내 백성의 상처를 가볍게 여기면서 말하기를 평강하다, 평강하다 하나 평강이 없도다"(렘 8:11). 재미있는 것은, 그들이 전한 메시지가 본질상 두 번째 의사가 스티브에게 해 준 말과 다를 바 없다는 것이다.

진리의 책망을 받아들이지 않는 건 오래된 문제다. 다른 시대에, 한 이스라엘 왕이 어떤 일을 시도하려고 계획하고 있었다. 그는 수많은 영적 조언자를 불러서 그의 계획이 성공할지 물었다. 이 조언자들은 왕에게 진실을 말할 좋은 기회가 주어졌으나 저마다 "네, 성공할 것입니다"라고 대답했다. 더 나아가 그의 모험으로 인해 좋은 일이 생길 거라고 예언했다.

유다의 왕도 등장했는데, 그는 하나님을 향해 부드러운 마음을 가지고 있었다. 그는 진리를 갈망했고, 그로 인해 분별력을 갖게 되었다. 모든 영적 조언자가 같은 말을 하는데도, 그는 하나님의 음성이 느껴지지 않았다. 그래서 계속 그의 예민한 마음속에 낭랑하게 울려 퍼지는 말씀을 듣고자 했다.

마침내 유다 왕은 이스라엘의 지도자에게 물었다 "사실을 정확하게 말해 줄 다른 조언자가 없습니까?"

이스라엘 왕이 대답했다. "사실 한 사람이 있기는 합니다. 이믈라의 아들인데, 나는 그를 싫어합니다. 그는 내게 좋은 말을 전한 적이 한 번도 없고, 오직 파멸만을 예언합니다"(왕상 22:8, 메시지). 그럼에도 이스라엘 왕은 유다 왕의 요청을 들어 주기 위해 이 '부정적인' 조언자를 불러오라고 했다.

이 선지자의 이름은 미가야였다. 왕의 사신이 그에게 말하기를 "선지자들의 말이 하나 같이 왕에게 길하게 하니 청하건대 당신의 말도 그들 중 한 사람의 말처럼 길하게 하소서"(왕상 22:13)라고 했다.

그러자 미가야의 대답은 이러했다. "여호와께서 살아 계심을 두고 맹세하노니 여호와께서 내게 말씀하시는 것 곧 그것을 내가 말하리라"(왕상 22:14). 그는 정말 그렇게 했고, 그 바른 말은 왕을 분노케 했다. 하지만 결과적으로 모든 긍정적인 조언자들의 말이 틀렸고 미가야의 예언이 정확했던 것으로 드러났다.

오늘날 미가야와 같은 조언자나 사역자가 어디에 있는가? 왜 우리는 그들의 확신에 찬 말과 경고를 더 주기적으로 듣지 못하는 걸까? 왜 우리에게 거룩함을 요구하는 책들이 베스트셀러가 되지 못하는 걸까? 왜 그들이 가장 인기 있는 컨퍼런스 강사가 되지 못하는 걸까? 왜 그들이 유튜브에서 가장 많이 검색되지 않는 걸까?

하나님은 바울을 통해 그분의 리더십을 명백하게 보여 주셨는데, 우리는 다르게 가르치고 있다. 실제로 어느 날 매우 유명한 목사가 점심을 같이 하며 나에게 이렇게 말했다. "존, 잘되는 교회의 목회자들을 보면 대부분 희망과 은혜와 격려의 메시지를 전하고 있어요." 그러자 그와 함께 있던 사람이 덧붙여 말했다. "존, 당신이 은혜의 주제에 대해 가르쳐 온 것들을 재고해 보면 좋겠어요."

우리에겐 희망과 격려가 필요하다. 하지만 책망과 징계, 죄의 깨달음 역시 필요하다. 이것이 바울이 디모데에게 맡긴 일이다. 왜 그것이 서로 극과 극이어야 하는가? 왜 우리는 정반대의 극단으로 왔다 갔다 해야 하는가? 바울이 디모데에게 한 말을 전부 전달하자.

참된 사랑은 아첨하지 않는다

교활하고 정직하지 않은 중고차 판매인은 당신이 듣고 싶은 말만 해 줄 것이다. 그는 당신에게 미소를 지어 보이며 당신을 칭찬해 주고, 또 당신의 안목이 얼마나 예리한지 가장 좋은 차를 골랐다고 말해 줄 것이다. 그 이야기를 계속 들으며 기분 좋아진 당신은 이렇게 생각할 것이다. '와, 내 아내도 이렇게 나를 격려해 주진 않아!' 그 이유는 당신의 아내가 당신을 사랑하기 때문이다. 이 사람은 당신의 돈을 뜯어내려고 당신에게 아첨하는 것이다. 이것은 우리의 메시지를 구성하는 데 있어 가장 중요한 요소를 알려 준다. 그것은 바로 사랑이다. 그리스도의 몸 안에서 우리의 메시지는 사랑에 잠겨 있어야 하며, 긍휼히 여기는 마음에서 나와야 한다.

한번은 집회 후에 한 청년이 나를 찾아왔다. 청년은 웃으며 말했다. "저도 목사님처럼 교회의 잘못을 지적하며 예언적인 말씀을 전하도록 부름을 받았습니다."

그가 이런 식으로 말하는 것이 나는 좀 불편했다. 그는 진정으로 사람들의 행복에 관심이 있다기보다, 사람들에게 호통 치는 걸 즐긴다는 느낌이 들었다.

"예언적인 말씀을 전하는 비결을 알기 원합니까?" 내가 물었다.

그는 성공적인 사역의 비결을 기대하는 듯 두 눈이 반짝거렸다.

"책망하거나 도전하는 말을 할 때는 항상 당신 앞에 있는 사람들을 전적으로 사랑해야 합니다."

그는 놀란 표정으로 나를 쳐다보았다. 몇 분 후에 그는 이렇게 대답했다. "하나님이 제 안에서 더 하실 일이 있는 것 같습니다." 나는 그렇게 인정한 그가 자랑스러웠다.

때로는 나도 강경한 메시지를 전하는 것이 너무 힘들었다. 나는 진심으로 사람들을 사랑하고, 교회를 사랑하고, 하나님의 지도자들을 사랑한다. 잘못을 지적하는 말을 할 때 나는 마음이 아프다. 나도 사람들을 격려해 주고 싶고 긍정해 주고 싶기 때문이다. 하지만 한편으로 참된 사랑은 아첨하지 않는다는 것을 안다. 사랑은 진실하다. 듣는 자들을 건강하게 해 주기 위해 필요한 말을 전하는 게 사랑이다. 바울은 사랑 안에서 진리를 말해야 하며, 그렇게 함으로써 듣는 자들이 그리스도 안에서 성장하고 성숙해질 거라고 말한다(엡 4:15 참조).

우리 가운데는 책망하는 메시지를 선포하고 가차 없이 거룩함을 강조하는 사역자들이 있었다. 그들은 말씀 듣는 자들에 대한 동정심이 거의 없었다. 그것이 비극이었고 대가가 매우 컸다. 말씀을 전할 때 듣는 사람들을 사랑하는 마음이 우리에게 동기를 부여하고, 심지어 그 사랑에 사로잡혀야만 한다. 그렇지 않다면 어떤 말도 해서는 안 된다.

우리는 다른 무엇보다 더 열정적으로 그들의 행복을 갈망해야 한다. '내가 그렇다고 했잖아'라든가 '내가 너보다 더 잘 알아'라든가 '내가 너보다 더 낫다'는 태도로 말해서는 안 된다. 우리는 그들에게 가장 좋은 것을 주고 싶은 마음으로 열심히 전해야 한다. 우리의 청중이나 다양한 환경에서 만나는 사람들을 우리 자신보다 더 중요하게 여겨야 한다. 이것이 하나님, 예수 그리스도, 성령의 마음이다.

03

경건한 삶을
지켜 내라

친구의 아픈 책망은 충직으로 말미암는 것이나
원수의 잦은 입맞춤은 거짓에서 난 것이니라.
- 잠 27:6

인생 코치는 의뢰인의 삶의 질을 높여 주는 일을 하는 사람이다. 그런데 어떤 면에서 사도 바울은 우리에게 영적인 삶의 코치가 되라고 가르친다. 하나님이 정해 주신 길들을 따라감으로써 우리는 우리 삶뿐만 아니라 우리가 코치하는 사람들의 삶의 질까지 향상시킨다.

우리는 하나님의 길보다 나은 길로 갈 수 없다. 아담과 하와가 그것을 시도했다가 처참하게 실패하지 않았던가. 그들을 선두로 많은 사람이 이런 어리석은 일을 시도했다. 그러므로 코치로서 우리는 가르칠 뿐만 아니라 경고하고 바로잡아야 한다.

우리가 "그들의 인생"이라고 말하면서 방치하는 건, 사람들이 슬픔과 파멸의 길을 계속 가도록 내버려 두는 것이다. 다시 말하지만, 이런 이유로 바울은 디모데에게 이렇게 권면했다. "너는 말씀을 전파하라 때를 얻든지 못 얻든지 항상 힘쓰라 범사에 오래 참음과 가르침으로 경책하며 경계하며 권하라"(딤후 4:2).

바울이 에베소 교회에 보낸 편지의 첫 부분에서 그는 능력을 주는 은혜와 우리의 새로운 본성을 결부해서 이야기한다. 이 두 가지 특성의 결합으로 신자는 변화된 삶을 살게 된다. 이것은 신자에게 해로운 길을 멀리하게 할 뿐만 아니라 그리스도를 닮아갈 수 있는 능력을 부여해 준다.

그리고 바울은 이 삶을 규정하는 명령들을 나열한다. 그것은 구약 성경의 명령들처럼 부담스럽거나 불가능한 것이 아니다. 단지 우리가 새로운 본성을 가졌기 때문에 기대되는 행위인 것이다.

이제 그의 남은 명령들을 읽어 보자.

음행과 온갖 더러운 것과 탐욕은 너희 중에서 그 이름조차도 부르지
말라 이는 성도에게 마땅한 바니라 누추함과 어리석은 말이나
희롱의 말이 마땅치 아니하니 오히려 감사하는 말을 하라 …… 술
취하지 말라(엡 5:3-4, 18).

이 또한 하지 말아야 할 일의 목록처럼 보인다. 거듭 말하지만, 이것은
우리가 지켜야만 구원을 얻는 명령들이 아니다. 그보다는 우리가 세상과
부정한 관계를 갖지 않고, 예수님의 명백한 임재 안에 계속 머물 수 있도록
지켜야 하는 명령들이다. 그 모든 악한 행위를 다시 나열해 보겠다.

다음은 앞 장에서 논의했던 것들이다.

거짓말하지 말라.
분노가 당신을 지배하게 함으로써 죄를 짓지 말라.
도둑질하지 말라.
모욕을 주는 말이나 폭력적인 말을 하지 말라.

나머지 명령들은 다음과 같다.

음행하지 말라.
불결해지지 말라.
탐욕을 품지 말라.

음란한 이야기를 하지 말라.

어리석은 말을 하지 말라.

희롱하는 말을 하지 말라.

술 취하지 말라.

신약 성경은 은혜의 메시지다. 그러나 많은 사람이 명령이나 금지사항이 포함되어 있지 않다고 말하는 은혜의 메시지에서 이 목록이 길게 이어지고 있다! 이것은 신약 성경 27권 중 단 한 권에서 뽑은 목록이다. 더 아이러니한 것은 깊은 은혜의 계시를 받은 사도가 그 목록을 작성했다는 사실이다! 이 명령을 무시할 것인가, 진지하게 받아들일 것인가?

음행하지 말라

우리의 새로운 목록에서 첫 번째 항목은 음행하지 말라는 것이다. 하나님의 아들, 딸로서 우리는 간음하거나 동성애에 가담하거나 결혼하지 않은 상태에서 어떤 성행위도 하면 안 된다.

나는 자칭 그리스도인이라고 하면서 동거하는 커플들을 너무나 자주 봤다. 이것은 드문 경우가 아니다. 이들 중 많은 이가 복음주의 교회에 다니고, 거리낌 없이 신앙을 고백하며, 종종 그들의 삶 속에서 '하나님이 행하시는 일들'에 열광한다. 죄책감이나 후회나 슬픔은 조금도 찾아볼 수 없다.

그들은 단지 결혼하지 않았다고 해서 동거하는 게 잘못이라고 믿지 않는다. 왜 그럴까? 아마 바울, 베드로, 야고보, 요한, 유다의 메시지처럼 경건하고 순결한 삶을 요구하는 메시지를 교회에서 듣지 못했기 때문일 것이다. 그들의 목사들이 전하는 주일 설교는 희망과 용기를 주지만 대립하거나 죄를 지적하지 않는다. 그들은 거룩한 삶의 훈련을 받지 못하고 있다.

우리 사회에서는 동거, 혼전 성관계, 동성 간의 결합이 허용되고 있고 심지어 옳고 좋은 생각이라고 간주되고 있다. 안타깝게도 복음주의자로서 우리의 성경 지식은 매우 피상적인 경우가 많다. 하나님의 말씀을 집중적으로 살펴보지 않고, 많은 이들이 우리 문화의 사상들을 그냥 받아들였다. 그래서 '사랑하는데 왜 같이 살면 안 되는가?'라는 생각이 지배적인 것이다.

동성애에 대해서는 어떤가? 이것 또한 걷잡을 수 없이 횡행하지만, 교회와 관계없는 이들에게만 해당되는 일이 아니다. 최근에 한 선교단체의 부서장을 맡아 왔던 한 여성의 페이스북 페이지를 보게 됐다. 그녀는 다른 여성과 사랑에 빠져 있었고, 그들은 결혼 계획을 세웠다. 나는 그들의 약혼 사진과 다른 친밀한 순간들을 담은 사진을 슬픈 눈으로 바라보았다.

과거에 하나님과의 관계에서 타락했던 사람들은 그 사실을 알았다. 하지만 이 여자는 하나님의 사랑에 대해, 하나님을 향한 자신의 헌신에 대해 열정적으로 말했다.

"너희는 창조주께서 본래 남자와 여자를 서로를 위해 지어 주신 것을 성경에서 읽어 보지 못했느냐? 남자와 여자의 이 유기적인 연합은 하나님께서 창조하신 것이다. 그러니 누구도 그들을 갈라놓아서 그분의 작품을 모독해서는 안 된다"(마 19:4, 6, 메시지)라고 예수님이 분명히 말씀하시는데 어떻게 동성과 결혼할 수 있는가? 예수님은 결혼이 남자와 여자를 위한 것이라고 말씀하신다. 그런데 왜 이 여성은 자기가 하나님의 제도를 모독하고 있다는 걸 인식하지 못하는가? 설교단에서 그것을 분명히 말하지 않았기 때문인가?

사회가 결혼에 대한 하나님의 본래 의도에서 멀어지는 것은 이해한다. 구원받지 못한 자들은 죄악의 본성을 갖고 있기 때문이다. 잃어버린 자들은 이 세상에서 하나님 없이 살아가며, 무엇이 참으로 선하고 악한 것인지를 제한된 지식으로 알 뿐이다. 우리는 그들의 행동을 보고 괴로워해선 안 된다. 그들은 자기 본성이 시키는 대로 생각하고 행할 뿐이다. 정말 큰 문제는 세상이 선하다고 말하는 것을 신자들이 하나님께 합당한 것으로 받아들이는 것이다. 통계상으로 동성애와 동성 간의 결혼을 지지하는 교회들이 늘어나고 있다. 그러나 교회가 어떤 말을 함으로써 동성애를 부추기는 것뿐만 아니라, 어떤 말을 하지 않는 것도 동성애를 부추기는 것이다. 다음 말씀을 잘 들어 보라.

또 의인이 그의 공의에서 돌이켜 악을 행할 때에는 …… 그가
죽을지니 이는 네가 그를 깨우치지 않음이니라 그는 그의 죄 중에서
죽으려니와 그의 핏값은 내가 네 손에서 찾으리라(겔 3:20).

이것은 신자, 즉 의인에게 경고하는 것에 관한 말씀이다. 우리가 신자들의 죄에 대해 경고하지 않으면 그 결과가 매우 심각할 것이다.

당신은 이렇게 말할지도 모른다. "하지만 그건 구약 성경이잖아요. 신약 시대에 어떻게 사역자의 손에서 핏값을 찾을 거라고 말할 수 있습니까?"

한번은 리더십 컨퍼런스에서 말씀을 전하는데, 한 목사가 이 문제에 대해 나에게 반박했다. 그는 화를 내며 이렇게 말했다. "어떻게 다른 사람들

의 핏값을 우리 손에서 찾는다고 말할 수 있습니까! 그건 구약 시대의 얘기지요."

나는 그에게 말했다. "사도행전 20장을 펴서 26절에서 27절까지 읽어주시겠습니까?"

다음은 그 목사가 내게 읽어 준 말씀이다. "그러므로 오늘 여러분에게 증언하거니와 모든 사람의 피에 대하여 내가 깨끗하니 이는 내가 꺼리지 않고 하나님의 뜻을 다 여러분에게 전하였음이라."

그 목사는 놀란 표정으로 나를 쳐다보며 말했다. "목사님, 이 구절을 전에도 읽었지만 이 부분을 보지 못했어요." 대화를 마칠 때 그는 "목사님을 비난해서 미안합니다"라고 사과했다. 나는 그가 솔직하게 말해 주어서 고마웠다.

다시 한 번 나는 교회 지도자들에게 직접적으로 말하고 싶다. 이 말씀은 바울이 에베소의 지도자들에게 전한 말씀이었지만, 사람들을 가르치고 설교하는 우리도 하나님의 백성들에게 하나님의 뜻을 온전히 전하지 않으면 그에 대한 책임을 져야 할 것이다. 오직 '희망을 주는' 말씀만 전하면 하나님의 뜻을 많이 전하지 않게 된다. 그 결과 우리 교인들은 세상이 선하다고 간주하는 것에 이끌릴 것이며, 제대로 가르침을 받지 못한 아이처럼 어리석은 잘못을 범할 것이다. 결론은 그들의 핏값을 우리 손에서 찾게 될 것이다.

한 가지 예를 더 들어 보겠다. 나는 어느 목사가 대형교회의 홈페이지에서 방송사역을 하는 동안 자신이 동성애자였다고 사람들에게 고백하는 것을 보았다. 그는 자신을 숨기는 것에 진절머리가 났다고 했고, 이러한 삶을 사는 다른 이들이 계속 정죄받고 고통받는 것을 원치 않는다고 했다.

그는 동성애에 대한 하나님의 견해를 드러내는 성경 구절들을 모두 나열하며 반박했다. 그리고 대담하게 시청자들을 향해 이렇게 말했다. "사도 바울은 '그리스도 안에' 있는 사실에 대해서는 탁월했지만 관계의 문제에 대해서는 형편없었습니다."

그렇게 말함으로써 성에 대한 바울의 가르침을 약화시켰다. 그 목사는 계속해서 바울이 로마서의 첫 장에서 우리가 하나님을 예배하지 않으면 결국 동성애에 빠지게 된다는 뜻을 넌지시 나타낸 것이 잘못이었다고 설명했다(롬 1:21-27 참조). 이 목사의 말에 따르면, 바울의 말은 사실일 수가 없었다. 그가 조사한 결과로는 "미국 예배 인도자들의 절반이 동성애자"이기 때문이다. 어떤 조사에서 이런 수치가 나온 건지 궁금했다. 이 사람이 말하는 것을 지켜보면서 나는 청중들로부터 몇 번이나 기립박수가 나오는지 세어 보았다.

그 목사의 왜곡된 말을 듣고 나서, 하나님이 내게 이렇게 말씀하셨다. '로마서 1장을 읽어 보아라.' 내가 발견한 말씀은 이것이다.

이 때문에 하나님께서 그들을 부끄러운 욕심에 내버려 두셨으니 곧 그들의 여자들도 순리대로 쓸 것을 바꾸어 역리로 쓰며 그와 같이 남자들도 순리대로 여자 쓰기를 버리고 서로 향하여 음욕이 불 일듯 하매 남자가 남자와 더불어 부끄러운 일을 행하여 그들의 그릇됨에 상당한 보응을 그들 자신이 받았느니라 …… 그들이 이같은 일을 행하는 자는 사형에 해당한다고 하나님께서 정하심을 알고도 자기들만 행할 뿐 아니라 또한 그런 일을 행하는 자들을 옳다

하느니라(롬 1:26-27, 32).

이 사역자는 어떻게 동성애를 "부끄러운 일"이라고 선언하는 성경을 무시할 수 있는가? 그런 성적 행위가 자연스럽지 않다는 건 영적인 사람이 아니어도 아는 사실이다. 동물들도 그런 행위는 하지 않는다. 무슨 이유로 우리는 하나님이 그것을 눈감아 주시고, 용인하시고, 심지어 격려하신다고 생각하는가?

이러한 정욕과 죄악된 삶에 굴복하려는 충동과 싸우는 모든 그리스도인이 그 목사의 메시지를 듣는다고 생각해 보라. 그들의 양심은 '하나님의 자녀가 이렇게 행하는 것은 잘못이다'라고 말한다. 그러나 슬프게도 이 목사의 발언은 그들의 내적인 목소리를 잠재울 것이다. 그는 스스로 심판을 자처할 뿐만 아니라, 다른 사람들까지 그와 같이 행하도록 부추기고 있었다.

그러면 그의 말에 기립박수를 친 그의 교인들은 어떠한가? AMP 성경은 로마서 1장 32절에서 그런 일들을 "행하는 다른 사람들을 인정하고 박수쳐 주는" 모든 이가 심판을 받는다고 말한다.

우리는 바울의 말을 어떻게 받아들이고 있는가?

불의한 자가 하나님의 나라를 유업으로 받지 못할 줄을 알지
못하느냐 미혹을 받지 말라 음행하는 자나 우상 숭배하는 자나
간음하는 자나 탐색하는 자나 남색하는 자나 도적이나 탐욕을
부리는 자나 술 취하는 자나 모욕하는 자나 속여 빼앗는 자들은
하나님의 나라를 유업으로 받지 못하리라(고전 6:9-10).

분명히 해로운 다른 죄들이 있다. 그러나 우리는 이 구절들이 방종한 성적 행위에 대해 말하는 것을 무시하지 말아야 한다.

세상이 향하는 것에는 독성이 있다. 우리가 강단에서 성적인 죄에 대해 진리를 선포하지 않으면 사람들은 무엇이 경건한 행동인지 인지하지 못할 것이고 악한 자에게 기만당할 것이다. 그들은 세상이 선하다고 여기는 것을 받아들이고, 심지어 하나님이 그것을 인정하신다고 생각할 것이다.

불결해지지 말라

우리는 온갖 외설물과 음란한 생각을 멀리해야 한다. 예수님은 "음욕을 품고 여자를 보는 자마다 마음에 이미 간음하였느니라"(마 5:28)라고 말씀하셨다. 시편 기자는 "나는 비천한 것을 내 눈 앞에 두지 아니할 것이요"(101:3)라고 말했다.

음란물은 육신의 욕망에 호소하기 때문에 짧은 자극과 만족을 준다. 하지만 우리의 배우자나 하나님과 친밀한 관계를 맺을 수 있는 능력을 상하게 할 것이다. 결국 음란물은 우리 배우자에게, 또 우리 자신에게도 만족하지 못하게 만든다. 음란물이 불꽃을 일으키는 것처럼 보이지만, 사실은 도화선에 불을 붙여 결국 혼란과 죄책감, 수치심, 불안감을 폭발시킬 것이다.

최근까지도 음란 사이트가 온라인에서 가장 인기 있는 사이트였다. 지금은 소셜미디어 사이트가 앞질렀지만, 웹사이트 중 10분의 1 이상이 음란 사이트다. 4천만 명 이상의 미국인들이 정기적으로 이들 사이트를 방문하며, 매초 28,258명의 인터넷 사용자들이 음란물을 보고 있다.[15]

남성들만의 문제가 아니다. 여성들도 5명 중 1명가량은 매주 온라인으로 음란물을 본다. 그리고 많은 이들이 자위에 관하여 아무리 노력해도 멈출 수 없는 것이라고 표현한다.[16] 남자와 여자 둘 다 오프라인으로는 잡지나 야한 책 같은 것들로 욕구를 충족시킨다. 후자는 특히 여자들 사이에서 인기가 있다.[17]

교회는 어떤가? 〈크리스채너티 투데이〉(Christianity Today)지에서 목사들에게 설문조사를 했는데, 과거에 음란 사이트를 방문한 적이 있냐는 질문에 54퍼센트가 그렇다고 대답했다. 이들이 우리 교회의 지도자들이다! 다른 통계자료는 모든 복음주의자 남성들 중에 50퍼센트가 음란물에 중독되어 있음을 보여 준다.[18] 그리고 CNN의 어느 여론조사에서는 그리스도인 남성의 70퍼센트가 그 문제와 싸우고 있다고 보도했다.[19]

그러므로 우리는 질문해 봐야 한다. 강단에서 흘러나오는 희망적인 메시지들이 지금 사상 최고치에 이른 이 유행병에 대한 해답이 되어 왔는지 말이다.

나는 스물일곱 살 때까지 음란물과 씨름했다. 내가 처음 사역을 시작했던 시기도 그 기간에 포함되어 있다. 나는 일단 아름다운 여자와 결혼을 하면 더 이상 그 죄를 짓지 않을 거라고 확신했다. 하지만 죄 짓는 건 계속되었고, 심지어 더 심해졌다. 그것은 아내인 리사와 나 사이에 벽을 쌓았다.

나는 1984년 가을이 되어서야 자유를 얻었다. 그때 어떤 하나님의 사람에게 나의 중독에 대해 털어놓았고, 그는 정말 단호하게 "당장 중단하세요!"라고 말했다. 그는 나를 강하게 꾸짖었다. 나는 그에게 격려의 메시지를 듣지 못했다! 대신 내 삶 속에 하나님에 대한 건강한 두려움을 불어넣어 준 확고한 교훈과 경고를 받았다.

그 사람의 말을 듣고 나는 자유를 얻기 위해 하나님을 찾기 시작했다. 9개월 만에 나는 완전히 해방되었고 지금까지 그 자유 안에서 행해 왔다. 하나님의 은혜는 매우 강력했다! 그것은 열한 살 때부터 음란물에 매여 있던 한 남자를 자유롭게 해 줄 수 있었다.

그래서 나는 사역자들이 하나님 은혜의 온전한 유익을 자세히 설명해 주지 않는 것을 매우 애석하게 생각한다. 만일 내가 은혜를 발견하지 못했다면 지금도 여전히 매여 있을 것이다. 그 은혜는 거저 받는 선물, 죄 사함, 구원일 뿐만 아니라 하나님이 내 자연적인 능력을 초월하여 살 수 있는 능력을 부여해 주시는 것이다.

탐욕을 품지 말라

탐욕의 정의는 "어떤 것에 대한, 특히 재물이나 권력이나 음식에 대한 강하고 이기적인 갈망"이다. 신자들이 복을 받고 성공하고 번성하도록 도우신다는 하나님의 약속을 우리의 탐욕으로 왜곡할 때가 정말 많다. 탐욕스러운 사람의 초점은 다른 사람들을 섬기고 베풀기 위해 준비되는 것보다 오로지 '나'에게 있다. 탐욕은 탐심이며, 우상숭배다(골 3:5 참조). 우리가 탐욕을 품을 때 우리의 갈망과 열정, 욕구, 명예, 지위, 인기, 경제적인 욕망을 하나님과 다른 사람들보다 위에 두게 된다.

신자의 삶에 슬그머니 들어오는 탐욕에 대해 말해 주는 많은 이야기가 있다. 발람은 탐욕 때문에 하나님과의 관계를 상실했다. 가인, 고라, 그리고 한때 하나님의 임재 안에 있었던 많은 이들도 그랬다. 많은 사람이 경고를 듣지 않아서 탐욕에 빠져든다. 가르치거나 설교할 때 경고를 하는 것은 오직 긍정적이고 희망적인 메시지만을 전하자는 입장에서 벗어나는 일이다. 사람들이 그리스도 안에서 성숙해지도록 도우려면 가르칠 뿐 아니라 강하게 권면도 해야 한다(골 1:28 참조).

나는 어릴 때 부모님의 가르침을 즐겨 들었지만 부모님의 권면은 좋아하지 않았다. 그러나 나중에 그러한 경고들이 내 목숨을 구했다는 것을 알게 되었다. 만약 우리 아버지가 전기 콘센트 안에 드라이버를 쑤셔 넣으면 어떻게 되는지에 대해 나에게 경고하지 않으셨다면, 나는 호기심에 그렇게 했을 것이고 감전되어 죽었을지도 모른다.

바울은 그의 사랑하는 교회를 향해 이렇게 말했다. "그러므로 여러분이 일깨어 내가 삼 년이나 밤낮 쉬지 않고 눈물로 각 사람을 훈계하던 것을 기억하라"(행 20:31). 3년 동안 매일 밤낮으로! 게다가 눈물 흘리면서! 우리는 이런 정성으로 사람들을 권면하고 있는가? 매일 그렇게 하는가? 아니면 설교하고 가르치면서 단지 격려하는 메시지를 전함으로써 청중들이 탐욕에서 멀어지기를 바라고 있는가? 나는 예배에서 몇 년 동안 탐욕을 멀리하는 것에 관한 메시지를 들어 본 적이 없다.

바울은 은혜를 전했지만, 또한 에베소 교회와 우리를 향해 "탐욕에 빠지지 말라"라고 열정적으로 부르짖는다.

사도 야고보의 말도 들어 보자.

너희 중에 싸움이 어디로부터 다툼이 어디로부터 나느냐 너희 지체 중에서 싸우는 정욕으로부터 나는 것이 아니냐 너희는 욕심을 내어도 얻지 못하여 살인하며 시기하여도 능히 취하지 못하므로 다투고 싸우는도다 너희가 얻지 못함은 구하지 아니하기 때문이요

구하여도 받지 못함은 정욕으로 쓰려고 잘못 구하기 때문이라

간음한 여인들아(약 4:1-4).

사도 야고보는 단지 성격이 까다롭고, 뻣뻣하고, 융통성이 없었던 걸까? 아니면 정말로 사람들을 사랑해서 사람들을 기쁘게 하고 희망을 주는 메시지를 전하는 대신 정신이 번쩍 들게 하는 진리를 말한 것일까?

부적절한 말을 하지 말라

다음은 어리석은 말이나 저속하고 음란한 농담이나 이야기를 하지 말라는 것이다. 여기에는 그와 같은 비디오를 보거나 음악 등을 듣는 것도 포함된다.

나는 지도자들이 무례한 언어를 사용하거나 저속한 농담을 하거나 세상 사람들과 다름없이 말하는 것 때문에 당혹스러워하는 젊은 사역자들을 도와달라는 요청을 받아 왔다. 그 지도자들이 이런 행동을 하는 이유는 무엇일까? 우리가 하나님의 지도자들과 사람들에게 "이건 하늘나라 시민에게 합당한 행동이 아닙니다"라고 말하지 않아서일까?

바울은 골로새 교인들에게 "너희 말을 항상 은혜 가운데서 소금으로 맛을 냄과 같이 하라"(골 4:6)라고 했다. 우리 말에 은혜가 가득해야 한다.

술 취하지 말라

다음은 술 취하지 말라는 것이다. 맥주, 포도주, 다른 어떤 술도 안 된

다(우리는 이 명령을 약물에도 적용할 수 있다). 다시 한 번 우리는 '하지 말라'라는 말을 듣고 있다.

술은 유혹적이다(잠 23:31-33 참조). 술은 계속 더 마시도록 우리를 쉽게 유혹할 수 있다. 술은 판단력을 흐리게 하고, 결국 고갈시키는 능력을 가지고 있다. 자제력이 없어지고, 심장과 뇌의 자연적인 보호 기능이 줄어든다. 이 것은 컴퓨터에서 방화벽을 제거하는 것에 비유할 수 있겠다. 우리는 분별력이 약해지면서 해로운 생각들을 받아들인다. 본질적으로 술은 우리 뇌의 보안장치를 제거한다. 우리가 멈추어야 할 때를 알 수 있고 또 안다고 해도, 자기도 모르게 다른 사람들까지 술에 취하게 만들 것이다. 이와 관련해 한 이야기를 나누고 싶다.

어느 목사가 그가 사는 도시의 한 레스토랑에서 술을 마시고 있었는데, 최근에 회심한 그의 교인 중 한 사람이 마침 같은 레스토랑에 있었다. 그는 부유한 사업가였는데, 구원받기 전에 술과 씨름했던 사람이다. 회심한 후에는 술을 마시지 않고, "그릇되게 행하는 사람들에게서 겨우 피한"(벧후 2:18) 상태였다.

그런데 자신의 목사가 레스토랑에서 술을 마시는 것을 보고 얼마 후에 이 사업가는 3일 동안 폭음을 했다. 그 3일 동안 그는 사업상 매우 어리석은 결정을 내렸고, 경제적으로 거의 모든 걸 잃었다. 더 충격적인 것은 그의 결혼생활이 깨졌다는 것이다. 나중에 그에게 폭음을 한 이유를 물어보니 이렇게 대답했다. "저희 목사님이 술을 마시는 걸 보고, '목사님이 마시니까 나도 마셔도 되겠구나'라고 생각했어요."

물론 이 사람이 잘못된 선택을 한 것은 전적으로 본인의 책임이다. 하지만 그런 결과를 보고 우리는 다른 사람들에게 미치는 우리의 영향력을 생각해 봐야 하지 않겠는가?

최근에 사람들 앞에서 자유롭게 술을 마시는 사역자들이 늘고 있다. 그들은 이 권리를 주장하며 그것을 뒷받침하는 성경 구절들을 인용한다. 그중 하나가 디모데전서 3장 3절이다. 거기서 바울은 디모데에게 교회 지도자들은 "술을 즐기지" 말아야 한다고 말했다.

바울이 여기서 사용한 헬라어 단어는 '파로이노우'다. *The Complete Word Study Dictionary*(성경 학습 사전)의 정의에는 이런 글이 포함되어 있다. "포도주와 관련하여, 술에 취한. 책임감 있고 절제 있게 술을 마시는 것이 아니라, 술을 남용하고 끊임없이 마시는 것을 의미한다. 항상 식탁 위에 술병을 두고 있는 사람의 모습으로 묘사할 수 있으며, 중독을 뜻한다." NLT(New Living Translation) 성경에서는 교회 지도자가 "술고래가 되어서는"(딤전 3:3) 안 된다고 표현했다.

또한 바울은 디모데에게 "네 위장과 자주 나는 병을 위하여는 포도주를 조금씩 쓰라"(딤전 5:23)고 조언해 주었다. 디모데는 에베소의 지도 목사나 다름없었다. 그래서 오늘날 많은 사역자들은 종종 이렇게 생각한다. '나실인의 서약처럼 교회 지도자가 술을 입에도 대지 말아야 했다면 바울이 목사인 디모데에게 아무리 치유 목적이라도 포도주를 쓰라고 말하지 않았을 거야.'

이 논의에서 가장 많이 인용되는 성경 구절은 예수님이 물을 포도주로 변하게 하신 사건이다(요 2:1-11 참조). '술을 마시는 게 잘못이라면 예수님이 공적인 장소에서 물을 포도주로 만들지 않으셨을 것이다'라고 생각하는 것이다.

이 구절들만 본다면, 사람들 앞에서 술을 마신 목사가 정당하다고 주장할 수 있다. 그러나 우리는 알코올 중독이 널리 퍼져 있는 사회에 살고 있다. 미국에서는 해마다 거의 88,000명이 술과 관련된 이유로 사망하고 있고,[20] 알코올중독은 예방할 수 있는 사망 요인 중 3위에 해당한다.[21] 2007년 〈워싱턴 포스트〉(*The Washington Post*)지에서는 미국인 세 명 당 한 명이 술에 관한 문제가 있거나, 있었다고 보도했다.[22]

미국 국립 알코올 남용·중독센터(The National Institute on Alcohol Abuse and Alcoholism)에 따르면, 2012년에 18세 이상의 남녀 중 25퍼센트가 지난 달에 폭음한 적이 있다고 했다. 충격적인 사실이다. 겨우 한 달 동안 네 명 중 한 명이 폭음했다는 것이다! 이 외에도 여러 통계자료들을 제시할 수 있지만, 중요한 사실은 미국인들이 알코올 남용의 경향이 있다는 것이다.

알코올 남용은 미국에만 퍼져 있는 문제가 아니다. 2012년에 세계 사망자의 6퍼센트(330만 명)가 알코올로 인해 사망했다고 한다. 전 세계적으로 알코올 남용은 조기 사망과 장애를 유발하는 다섯 번째 위험 요인이다. 특히 15-45세 사이의 사람들 중에서는 첫 번째 위험요인이다![23]

이렇게 급속히 확산되고 있기에, 책임감 있는 그리스도인으로서 우리는 우리의 논리를 한 단계 더 진척시키고 우상에게 제물로 바친 고기를 먹는 것에 관한 바울의 명령을 더 넓은 의미로 생각해 보아야 할 것이다. 바울은 "그러므로 만일 음식이 내 형제를 실족하게 한다면 나는 영원히 고기를 먹지 아니하여 내 형제를 실족하지 않게 하리라"(고전 8:13)라고 했다. 바울은 우상에게 바친 고기를 먹는 것이 죄가 아니라는 것을 분명히 했다. 하지만 그것 때문에 더 연약한 형제가 실족한다면 다시는 그 고기를 먹지 않겠다고 했다.

그리스도인이 소량의 술을 마셔도 된다는 주장을 펼칠 수는 있다. 하지만 믿는 자로서, 특히 교회 지도자들이라면, 알코올 중독이라는 죄에서 가까스로 빠져나온 사람들에게 걸림돌이 되거나 그들이 다시 중독에 빠지도록 부추기고 싶은가? 특히 그런 남용이 곳곳에 만연한 사회에 살고 있으면서 말이다. 만일 레스토랑에서 술을 마시던 그 목사가 이 지혜를 따라 살았더라면 아마 그 사업가는 비극적인 3일간의 폭음을 면할 수 있었는지도 모른다.

우리는 어떤 형태로든 술에 취하지 말아야 한다. 그것은 하나님의 자녀에게 어울리는 행위가 아니다. 그리고 사소한 문제가 아니다. 우리는 다음과 같이 단호하게 경고를 받았다. "불의한 자가 하나님의 나라를 유업으로 받지 못할 줄을 알지 못하느냐 미혹을 받지 말라 음행하는 자나 …… 도적이나 탐욕을 부리는 자나 술 취하는 자나 모욕하는 자나 속여 빼앗는 자들은 하나님의 나라를 유업으로 받지 못하리라"(고전 6:9-10).

우리의 논의에서 고려해야 할 중요한 사실이 한 가지 더 있다. 우리는 영적인 경주를 하고 있고, 우리의 코치가 우리에게 "모든 무거운 것과 얽매이기 쉬운 죄를 벗어 버리라"(히 12:1)라고 말한다. 다른 것들보다 더 쉽게 우리를 괴롭히는 죄들이 있다. 앞에서 언급한 통계에서도 볼 수 있듯이, 알코올 남용이 그중 높은 순위를 차지하고 있다. 그렇다면 그렇게 많은 사람을 파멸로 이끈 것을 왜 무서워하지 않고 가볍게 생각하는가?

마지막으로 우리 자신에게 이렇게 질문해 보자. 진정으로 성령 충만을 경험한 우리가 왜 마음의 평안이나 긴장 해소를 위해 인위적인 수단에 의존하려 하는가? 우리는 실제 경험이 아니라 명목상으로만 성령 충만하여, 물질의 도움이 필요한 것인가?

우리가 계속 빛 가운데 있으면

다시 말하지만, 이것은 구원받기 위해 지켜야 할 계명이 아니라는 것을 기억하라. 그보다 이것은 명백한 하나님의 임재 안에서 살아가는 사람들에게 나타나야 할 삶의 특징들이다.

바울이 '하지 말아야 할 일'의 목록을 어떻게 마무리 짓는지 들어 보자.

> 누구든지 헛된 말로 너희를 속이지 못하게 하라 이로 말미암아
> 하나님의 진노가 불순종의 아들들에게 임하나니 그러므로 그들과
> 함께하는 자가 되지 말라 …… 주를 기쁘시게 할 것이 무엇인가
> 시험하여 보라 너희는 열매 없는 어둠의 일에 참여하지 말고
> 도리어 책망하라 그들이 은밀히 행하는 것들은 말하기도 부끄러운
> 것들이라 …… 그런즉 너희가 어떻게 행할지를 자세히 주의하여(엡
> 5:6-7, 10-12, 15).

이런 죄들을 변명하려 하는 자들에게 속지 말라. 그 결과는 매우 불행하다. 우리는 우리 삶 속에서 무엇이 하나님을 기쁘게 할지 신중하게 생각해서 결정해야 한다. 우리는 사실 전쟁터에 있는데 마치 운동장에 있는 것처럼 행동하는 사람들이 많다. 우리는 전쟁하는 중이다. 우리가 싸워야 할 대상이 있고, 원수는 우리를 넘어뜨리려고 쉼 없이 일하고 있다. 그러나 우리가 계속 빛 가운데 있으면, 하나님의 놀라운 은혜가 우리 삶에 임하므로 원수가 패할 것이다.

나는 당신에게 계속 고귀한 삶으로 나아가기를 권면한다. 죄로 인해 왜곡되고 죽어가는 세상 한가운데서 경건하고 흠없는 삶을 살기 위해 은혜를

의지하라. 당신은 그 삶을 살기 위해 필요한 것을 가지고 있다. 하나님이 그분의 거룩한 본성을 당신에게 거저 주셨기 때문이다. 놀라운 하나님의 은혜를 허비하거나 헛되이 받지 말라.

Part 6

당신에게
명령하신
'진짜 선한' 삶을
시작하라

01

경건한 삶만이
불법한 세상과 싸울 수 있다

그러므로 너희가 이것을 알고 이미 있는 진리에 서 있으나 내가 항상 너희에게 생각나게 하려 하노라
내가 이 장막에 있을 동안에 너희를 일깨워 생각나게 함이 옳은 줄로 여기노니 이는 우리 주 예수 그리
스도께서 내게 지시하신 것 같이 나도 나의 장막을 벗어날 것이 임박한 줄을 앎이라 내가 힘써 너희로
하여금 내가 떠난 후에라도 어느 때나 이런 것을 생각나게 하려 하노라.
- 벧후 1:12-15

거룩하게 살라는 부르심은 어떤 제안이나 권고가 아니다. 우리가 얻으
려고 노력하지만 현실적으로 이룰 수 없는 것도 아니다. 그것은 명령이며,
우리가 이행해야 하는 것이다.

위에 적은 베드로후서 1장 12-15절에서 사도 베드로는 중요한 진리와
우리 주 예수 그리스도의 명령을 반복해서 말함으로써 그것이 매우 중요하
다는 것을 분명히 밝혔다. 12절부터 15절까지 네 구절에서 "생각나게 한다"
라는 말이 세 번이나 언급된다. 베드로는 그의 편지를 읽는 사람들은 그 내
용을 이미 알고 있었지만, 그가 하늘나라에 간 후에도 독자들이 계속해서
이 중요한 진리들을 되새겨야 한다고 말했다. 우리 또한 그의 메시지의 중
요성에 좀 더 주의를 기울이는 게 좋지 않겠는가?

우리는 하나님과의 우정을 잃는 것을 유일하게 두려운 일로 여기고,
하나님의 친구가 되는 것을 유일하게 영광스럽고 갈망할 만한 일로 생각한다.
- 닛사의 그레고리

베드로는 그의 두 편지를 시작할 때 "너희도 모든 행실에 거룩한 자가
되라"(벧전 1:15)라고 말한다. '~되라', '~되어야 한다'라는 명령문이 성경에
자주 나온다. 이 명령을 충실히 지키는 사람은 지혜로운 사람이고, 그렇지
않은 사람은 어리석은 사람이다! 베드로의 말도 그러한 명령이었다.

베드로는 분명히 우리 생활 양식에 대해 말하고 있다. 우리는 이것 때
문에 겁을 내거나 두려워하거나 낙심하지 말아야 한다. "그의 계명들은 무
거운 것이 아니로다"(요일 5:3)라는 약속이 있기 때문이다. 그 계명들을 우리
가 지킬 수 있고, 결코 비현실적인 것이 아니라는 뜻이다.

베드로는 계속해서 첫 번째 편지의 나머지 부분과 두 번째 편지에서 좀
더 많이, 거룩한 삶을 사는 것이 실제로 무엇을 의미하는지를 이야기한다.

이를테면 "거류민과 나그네 같은 너희를 권하노니 영혼을 거슬러 싸우는 육체의 정욕을 제어하라"(벧전 2:11)와 같은 말을 했다.

전쟁터는 바로 우리의 마음이다. 제어해야 할 것은 우리 생각과 감정과 의지다. 모든 죄는 여기에서 시작된다. 싸움은 대개 예기치 못한 순간에 일어나며, 종종 우리가 비신자들이나 타협하는 신자들과 가까이 있을 때 일어난다. 베드로는 이 사실을 명쾌하게 말한다. "너희가 이방인 중에서 행실을 선하게 가져"(벧전 2:12).

사도는 정부, 직장, 결혼생활, 다른 관계들과 관련하여 우리의 거룩한 행위를 다룬다. 그는 각각의 행위에 대해 구체적으로 말하지만, 믿지 않는 이웃이나 동료들에게, 특히 우리가 그리스도께 나오기 전에 같이 어울려 지내던 친구들에게 강한 증언을 할 최상의 기회가 올 것임을 강조한다. 베드로의 말을 들어 보자.

> 물론 여러분의 옛 친구들은, 여러분이 그들과 함께 어울리지 않는 이유를 이해하지 못할 것입니다. 그렇다고 해서 그들에게 일일이 설명할 필요는 없습니다. 그들은 장차 하나님 앞에서 책망받을 자들이니 말입니다(벧전 4:4-5, 메시지).

베드로는 두 번째 편지를 시작할 때 우리에게 "더욱 힘써 너희 부르심과 택하심을 굳게 하라 너희가 이것을 행한즉 언제든지 실족하지 아니하리라"(벧후 1:10)라고 말한다. 우리가 우리의 진실성을 입증하기 위해 실천해야 하는 것들에는 도덕적 탁월함, 절제, 인내, 경건함, 온유함, 사랑 등이 있다. 이런 것들은 믿음으로 성장시키는 은혜의 열매들이다. 우리가 이런 것들을 행하면 하나님이 "우리 주 곧 구주 예수 그리스도의 영원한 나라에 들어감을 넉넉히 너희에게 주시리라"(11절)라고 했다.

베드로는 더 나아가 "멸망하게 할 이단을 가만히 끌어들이는"(벧후 2:1) 선생들이 일어날 것에 대해 경고한다. 그들은 많은 군중의 마음을 끌 것이다. "여럿이 그들의 호색하는 것을 따르리니"(2절). 《메시지 신약》에서는 이 거짓 지도자들에 대해 이렇게 말한다. "그들은 파멸로 이어진 가파른 비탈길에 서 있습니다. 그러나 그들은 파멸하기 전까지, 옳고 그름을 구별하지 못하는 추종자들을 많이 모을 것입니다. 그들 때문에 진리의 길이 욕을 먹습니다"(1-2절).

이 선생들이 '우리 가운데' 있을 것이다. 즉 우리의 컨퍼런스에, 교회에, 친교 모임 안에 있을 것이다. 우리는 "그들은 기탄 없이 너희와 함께 먹으니 너희의 애찬에 암초요"(유 12절; 벧후 2:13 참조)라는 경고를 듣는다. 그들의 가르침에 진리가 섞이면 두 가지 일이 일어날 것이다.

첫째, 사람들이 더 이상 옳고 그름을 분별하지 못할 것이다. 우리를 하나님의 마음으로부터 멀어지게 하는 행위가 용인될 것이며, 어떤 경우에는 선한 것으로 간주될 것이다. 하나님 말씀을 지키고 선포하는 것이 율법주의적이고 판단하는 행위로 간주될 것이다.

그들이 가르치는 내용은 부패한 그리스도인의 삶을 야기하며, 분별력을 잠재우는 역할을 할 것이다. 이 기만적인 사역자들과 선생들은 재능 있고 탁월한 웅변가들이며 많은 이를 무장 해제시키고 영향을 끼칠 것이다. 하나님 말씀의 온전한 조언이 더 이상 궁극적인 기준으로 간주되지 않으므로, 신자들이 불순종의 유혹에 빠지는 비율이 사상 최고치에 이를 것이다.

두 번째 결과는 복음이 부당한 비난을 받게 되는 것이다. 이 선생들이 그럴 듯하게 타협한 진리를 가르칠 때 이런 일이 일어날 수 있다.

그들이 바른 길을 떠나 미혹되어(벧후 2:15).

이 지도자들은 처음엔 경건한 그리스도의 제자들이었으나 그것을 유지하지 못했다. 그래서 기독교의 언어를 알지만 그 언어의 진실성을 타협한 것이다.

베드로는 우리가 거룩한 삶을 추구하면 넘어지지 않을 거라고 말한다. 즉 결코 이 거짓 선생들의 영향력에 굴복하지 않을 것이다. 그럴 때 우리는 안전하다. 그다음에 베드로는 유혹을 받아 이 영향력 있는 자들의 거짓된 가르침과 삶의 양식에 빠져들 희생자들에 대해 직설적으로 말한다.

만일 그들이 우리 주 되신 구주 예수 그리스도를 앎으로 세상의
더러움을 피한 후에 다시 그중에 얽매이고 지면 그 나중 형편이
처음보다 더 심하리니 의의 도를 안 후에 받은 거룩한 명령을
저버리는 것보다 알지 못하는 것이 도리어 그들에게 나으니라(벧후
2:20-21).

이것은 놀랍고 충격적인 사실이며, 분명 반복해서 말할 가치가 있다. 이 위대한 사도는 실제로 예수 그리스도를 자기 삶 속에 영접함으로써 죄의 손아귀에서 빠져나올 사람들에 대해 말하고 있다. 그러나 잘못된 가르침과 그릇된 믿음, 그리고 분별력을 상실함으로써 그들은 다시 경건치 못한 삶으로 돌아갈 것이다. 베드로는 사실상 그들이 예수님을 영접하기 전

보다 더 나쁜 상황이며, 차라리 진리의 길을 알지 못하는 것이 더 나았을 거라고 말한다. 얼마나 정신이 번쩍 드는 말씀인가! 다시 한 번 우리는 그것이 거룩한 삶을 위한 중요한 명령이라는 것을 알 수 있다!

사랑에 푹 빠져 본 적 있는가

하나님의 계명은 무거운 것이 아니다. 우리에게 새로운 본성과 능력을 부여하는 은혜가 그 계명을 지킬 수 있게 해 주기 때문이다. 하지만 현실적으로 생각해 보자. 우리는 이 은혜의 능력을 소유할 것이나, 그 치열한 전쟁터에서 우리가 거룩하게 살라는 명령을 지키도록 동기를 부여하는 것은 무엇인가? 그 답은 바로 이길 수 없는 두 힘에 있다.

첫 번째 세력에 대해서, 한 이야기로 설명해 보겠다. 1980년대 내가 젊은 목사였을 때 주일 예배 설교를 준비하고 있었다. 나는 하나님이 내게 말씀하기 원하시는 것을 느꼈고, 그래서 조용히 귀 기울이니 마음속에서 '요한복음 14장 15절을 읽어라' 하는 음성이 들렸다.

나는 요한복음 14장 15절이 무슨 말씀인지 몰랐다. 그래서 급히 찾아보니 내 성경에는 그 구절부터 새 단락이 시작되었다. 나는 예수님의 말씀을 읽었다. "너희가 나를 사랑하면 나의 계명을 지키리라."

그다음에 15절부터 24절까지 죽 읽었다. 이 열 구절이 다시 15절 말씀과 이어졌다. 이 부분의 주제는 예수님의 말씀을 지키는 것이다. 내가 이 성경 말씀에서 이해한 것은 단지 '나의 계명을 지킴으로써 너희가 나를 사랑한다는 것을 입증하라'는 것이었다. 그랬더니 마지막 구절을 읽은 후에 주님이 내 마음에 말씀하셨다. '너는 이해하지 못했다. 다시 읽어라.'

나는 그 열 구절을 다시 읽었다. 이번에도 메시지는 '나의 계명을 지킴으로써 너희가 나를 사랑한다는 것을 입증하라'는 것 같았다. 또다시 하나님의 음성이 들렸다. '너는 이해하지 못했다. 다시 읽어라.'

이제는 정말 호기심이 커졌다. 나는 그 부분을 다시 읽었지만, 주님은 같은 메시지를 들려주실 뿐이었다. '다시 읽어라.' 이 일이 일고여덟 번 반복되자 좌절감이 느껴졌다.

나는 속도를 늦춰 이 열 구절을 정말 천천히 읽어 보기로 했다. "너희가"를 읽고 나서 멈추고, 큰소리로 말해 보고, 또 생각해 보았다. 그다음 단어인 "나를"을 읽고 똑같은 과정을 반복했다. 이렇게 끝까지 계속했다. 시간이 정말 오래 걸렸다. 15분 정도 지난 후에 나는 마침내 열 구절을 다 읽었지만 그 즉시 성령님이 '너는 이해하지 못했다. 다시 읽어라' 하고 말씀하시는 것을 들었다.

나는 몹시 화가 나서 소리쳤다. "주님, 저의 무지함을 용서해 주옵소서! 저는 정말 멍청한가 봅니다! 제 눈을 열어 하나님이 무슨 말씀을 하시는지 보게 해 주세요!"

그리고 나서 15절을 다시 읽었다. "너희가 나를 사랑하면 나의 계명을 지키리라*." 나는 "지키리라"(keep)라는 단어 옆에 있는 별표를 주목했다. 나의 성경 여백에 있는 참조 주석을 보니 더 정확한 번역은 "너희가 지킬 것이라"(you will keep)라고 써 있었다.

이 문구를 넣어서 읽어 보니, "너희가 나를 사랑하면 너희가 나의 계명을 지킬 것이라"였다. 이렇게 읽으니 마음속에서 큰 감동의 폭발이 일어났다. 이제 깨달은 것이다.

그때 하나님의 음성이 들렸다. '존, 나는 네가 나의 계명을 지키면 나에 대한 사랑을 입증할 거라고 말하지 않았다. 나는 네가 나를 사랑하는지 아닌지 이미 알고 있다! 나는 네가 나와 완전히 사랑에 빠지면 나의 계명을 지키고자 하는 동기가 생길 거라고 말한 것이다!' 내가 처음에 이해한 것은 율법주의적이었다. 새로운 통찰은 사랑의 관계에 관한 것이었고, 이것이 동기 부여의 열쇠다.

당신은 사랑에 빠져 본 적이 있는가? 내가 내 아내 리사와 약혼 중일 때는 그녀에게 완전히 푹 빠져 있었다. 리사가 항상 내 마음에 있었다. 나는 어떻게든 그녀와 함께 시간을 보내기 위해 갖은 노력을 했다. 한번은 우리가 몇 시간 동안 함께 있다가 헤어졌는데, 잠시 후에 리사가 전화를 걸어 이렇게 말했다. "존, 겉옷을 우리 집에 두고 갔어요."

나는 내가 깜박하고 두고 온 것이 그렇게 기쁠 수가 없었다. 그녀를 다시 볼 기회가 주어졌기 때문이다. 나는 신나서 대답했다. "그럼 당장 가지러 가야겠는데요!"

우린 둘 다 웃음을 터뜨렸다. 그렇게 해서 우리는 그날 몇 시간을 더 함께 보냈다.

리사에게 필요한 게 있으면, 어떤 불편을 감수하고서라도 모든 방법을 총동원해서 구해 주었다. 만일 그녀가 한밤중에 전화를 걸어 "아이스크림 콘이 먹고 싶어요"라고 말했다면 나는 "무슨 맛? 내가 5분 내로 갈게요!"라고 말했을 것이다. 그녀가 뭘 바라든, 또는 내게 무엇을 요구하든 나는 그것을 들어 주기 위해 뭐든지 했을 것이다. 요지는 이것이다. 그녀의 소원은 내가 반드시 따르고 싶고 이루고 싶은 즐거운 명령이었다.

나는 리사를 격렬하게 사랑했기에, 뭐든지 그녀가 원하는 일을 해 주는 것이 기뻤다. 그녀가 요구하는 게 절대로 성가시지 않았다. 나는 내가 그녀를 사랑한다는 걸 증명하기 위해 그녀가 원하는 걸 들어 준 것이 아니다. 내가 그렇게 한 이유는 그녀와 사랑에 빠졌기 때문이었다!

이것이 예수님의 말씀을 설명해 준다. 예수님을 정말로 사랑하기에, 우리는 그분이 원하시는 일을 하는 것이 기쁘다. 그분의 말씀은 구속하거나 부담을 주는 게 아니라 우리 마음을 사로잡는 열정이다!

그리고 몇 년을 지나 나의 결혼생활을 살펴보자. 나는 많은 사역에 관여하게 되었고, 나도 모르는 사이에 아내를 향한 사랑이 시들해지기 시작했다. 이제 리사의 바람은 더 이상 내가 반드시 수행하고 싶고 완수해야 하는 명령이 아니었다. 때로는 그것이 불편했고, 부담스럽기도 했다. 그녀를 섬기는 나의 태도가 완전히 달라졌다. 연애할 때처럼 기쁜 마음으로 하는 게 아니었다. 더 이상 "무슨 맛? 내가 바로 갈게요!"라는 태도가 아니라, "정말? 여보, 나 지금 다른 할 일들이 너무 많아서 눈코 뜰 새 없이 바빠!"라는 식으로 말했다. 나는 그녀와 함께 시간을 보낼 기회를 찾으려 하지 않았다. 내가 그녀와 함께 시간을 보낸 건 그것이 당연히 할 일이었기 때문이다. 나의 새로운 열정은 일로 향했다.

예수님이 교회에게 하시는 말씀을 들어 보자.

내가 네 행위와 수고와 네 인내를 알고 …… 그러나 너를 책망할
것이 있나니 너의 처음 사랑을 버렸느니라 그러므로 어디서
떨어졌는지를 생각하고 회개하여 처음 행위를 가지라 (계 2:2, 4-5).

예수님의 말씀을 다시 보자. "내가 네 행위를 알고 …… 어디서 떨어졌는지를 생각하고 회개하여 처음 행위를 가지라." 여기서 두 가지 행위에 대

해 말하고 있다. 처음 행위는 예수님을 향한 교회의 열정적인 사랑이 동기가 되었다. 그것은 "무슨 맛을 먹고 싶어요? 내가 5분 안에 갈게요"라는 태도와 다를 바 없다. 그런데 지금 교회의 행위는 의무감에서 비롯된 것이었고, "정말? 여보, 나 지금 눈코 뜰 새 없이 바빠"라고 말하는 것과 같았다.

예수님에 관해, 그것은 이런 식으로 번역된다. 우리가 처음 사랑에 빠졌을 때는 그분을 위해 무엇을 하는 것이 기쁘고 설레었다. 지금은 그 열정이 시들해졌고, 순종이 의무가 되어 버렸다.

어떻게 회개할 것인가? 우리는 말씀, 기도, 예배 속에서 하나님과 더 많은 시간을 함께 보내야 한다. 교회에 있을 때나 아침 경건의 시간에만 우리 생각을 그분께 향하는 것이 아니라, 하루 종일 계속해서 하나님의 임재를 인정해야 한다. 또한 우리와 늘 함께하시는 성령께, 날마다 우리의 마음을 하나님의 사랑으로 새롭게 채워 달라고 간구해야 한다(롬 5:5 참조).

하나님을 사랑할수록 당신의 삶에 열정이 더해질 것이다. '사랑은 언제까지나 떨어지지 않는다'라는 것을 잊지 말자(고전 13:8 참조).

사랑하지만 두려워하지 않을 수 있다

또 한 가지 동기를 부여하는 힘은 거룩한 두려움이다. 그것은 우리가 계속 거룩한 길을 가도록 하기 위해 바울이 특별히 언급하는 미덕이다.

우리는 하나님을 두려워하는 가운데서 거룩함을 온전히 이루어 육과 영의 온갖 더러운 것에서 자신을 깨끗하게 하자(고후 7:1).

거룩함은 하나님을 두려워하는 가운데서 자라난다. 이 진리는 신약 성경 전체에 걸쳐 나타난다. 바울은 다른 교회를 향해 이렇게 말한다. "두렵고 떨림으로 너희 구원을 이루라"(빌 2:12). 깊은 경외심, 떨림, 거룩한 두려움으로 하나님의 명령에 복종해야 한다. 베드로는 거룩한 삶의 명령을 지키는 것과 관련하여 이렇게 말한다. "너희가 나그네로 있을 때를 두려움으로 지내라"(벧전 1:17).

히브리서 기자는 이러한 말로 우리에게 거룩함을 추구하도록 권면한다. "그러므로 우리가 흔들리지 않는 나라를 받았은즉 은혜를 받자 이로 말미암아 경건함과 두려움으로 하나님을 기쁘시게 섬길지니"(히 12:28). 하나님을 두려워하는 것이 하나님을 기쁘시게 섬기는 방법이다.

많은 사람이 하나님을 두려워하는 것에 대해 혼란을 느낀다. 우리는 두려움에서 해방되지 않았는가? 지금 이 단어가 우리의 어휘 목록에서 어떤 의미로 쓰이고 있는가?

하나님은 사랑이시다. 그분은 우리의 아버지시다. 그러나 두려움은 신약 성경에서 자주 언급되는 말이기 때문에 우리는 그것에 대해 고심해 봐야 한다.

어떤 사람들은 "그건 단지 하나님을 예배한다는 뜻입니다"라고 말하면서 그 단어를 경시해 왔다. 내가 남아프리카에서 열린 컨퍼런스에서 말씀을 전하기 전에 대기실에 있을 때 세계적으로 유명한 어느 교사가 내게 이렇게 말했다. 나는 그의 정의에 대해 이렇게 물었다. "그것이 단지 예배에 관한 거라면, 왜 신약 성경에서 바울이 네 번이나 두려움과 떨림에 대해 말하는 걸까요?" 떨림은 예배 이상의 의미가 있다.

Strong's Exhaustive Concordance(스트롱 사전)에서는 헬라어 '트로모스'를

"두려움에 떨고 있는"으로 정의한다. 그렇다면 우리는 '두려움에 떨면서 우리의 구원을 이루어야' 하는 것이다. 여기에는 깊은 경의와 건강한 두려움의 의미가 담겨 있고, 따라서 우리가 흔히 이해하는 예배와는 좀 다른 것이다.

두려움의 의미에 대해, 이런 대답을 들을지도 모른다. "그것은 구약 성경의 가르침이다. 하나님이 우리에게 두려움의 영이 아니라 사랑의 영을 주셨기 때문에 우리는 하나님을 두려워할 필요가 없다." 이렇게 말하는 사람들은 두려움의 영과 하나님을 두려워하는 것을 혼동하는 것이다.

모세가 이스라엘 백성을 시내 산으로 데려갔을 때 하나님이 그분의 임재를 나타내시자 이스라엘 백성이 뒤돌아 달려가며 극도로 흥분하여 모세에게 소리쳤다. 하나님께 간청하여 그분의 위대하심을 그들에게 나타내시지 말게 해달라고 애원했다. 그때 모세가 이스라엘에게 어떻게 대답했는지 보자.

두려워하지 말라 하나님이 임하심은 너희를 시험하고 너희로
경외하여 범죄하지 않게 하려 하심이니라(출 20:20).

언뜻 들으면 모세가 모순된 말을 하는 것 같다. "두려워하지 말라 …… 하나님이 임하심은 …… 너희로 경외하여." 그러나 그는 하나님을 무서워하는 것과 경외하는 것을 분명히 구분하고 있다. 여기에는 큰 차이가 있다. 하나님이 왜 우리가 그분을 무서워하길 원하시겠는가? 무서워하는 사람과 친밀한 관계를 맺는 건 불가능하다. 하지만 하나님은 우리와 친밀해지기를 간절히 원하신다.

하나님을 무서워하는 사람은 하나님께 감추는 것이 있어서 두려워하는 것이다. 아담과 하와가 하나님께 죄를 지은 후에 제일 먼저 한 일이 하나님을 피해 숨은 것이었다(창 3:8 참조). 한편, 하나님을 경외하는 사람은 감추는 것이 없다. 사실 그는 하나님으로부터 멀어지는 것을 두려워한다!

그러므로 하나님을 경외하는 것의 첫 번째 정의는 하나님으로부터 멀어지는 것을 두려워하는 것이다. 하나님을 경외하는 것은 하나님을 공경하는 것이다. 우리는 다른 무엇, 또는 다른 누구보다 더 압도적으로 하나님을 공경하고, 높이고, 존경하며, 숭배한다.

거룩한 두려움을 가진 사람은 하나님께 합당한 영광을 돌린다. 즉 우리는 깊은 경외심으로 하나님 앞에서 떨고 있다. 우리 자신을 비롯하여 다른 어떤 사람의 갈망보다 하나님의 갈망을 더욱 존중함으로써 확고하게 하나님의 마음을 받아들인다. 우리는 하나님이 사랑하시는 것을 사랑하고 하나님이 미워하시는 것을 미워한다. 하나님께 중요한 것이 우리에게도 중요한 것이 된다. 그래서 "여호와를 경외하는 것은 악을 미워하는 것이라"(잠 8:13)라고 말하는 것이다.

출애굽기 20장 20절은 경건한 경외심이 우리로 범죄하지 않게 한다고 말한다. 같은 맥락으로 "여호와를 경외함으로 말미암아 악에서 떠나게 되느니라"(잠 16:6)라는 말씀도 있다. 바울은 또한 그것이 죄를 멀리하도록 동기를 부여하는 힘이라고 말한다(고후 7:1 참조).

내가 교도소에 있는 어느 유명한 텔레비전 전도사를 찾아갔을 때 이 성경 말씀이 현실로 다가왔다. 그는 1980년대에 세계에서 가장 유명한 사역자였다. 그런데 간통죄와 더불어 정부에 죄를 범했다. 그는 거의 5년 동안 그 교도소 안에 있었지만, 선고를 받은 초기에 감옥 안에서 예수님을 만났고 그 만남이 그의 삶을 역전시켰다. 나의 책 중에 한 권이 그에게 깊은 감동을 주었고, 그래서 내게 찾아와 달라고 요청한 것이다.

나는 그 사람이 교도소의 면회실로 걸어 들어오던 모습을 결코 잊지 못할 것이다. 그는 한참 동안 나를 안고 눈물을 흘렸다. 그러더니 내 어깨를 붙잡고 애절하게 물었다. "당신이 그 책을 직접 쓰셨습니까, 아니면 대필작가가 쓴 겁니까?"

"물론, 제가 썼습니다. 전부 다 제 글입니다."

"우린 정말 할 얘기가 많은데 시간이 90분밖에 없어요." 그는 흥분해서 말했다. 그리고 곧바로 앉아서 자신의 이야기를 털어놓았다.

"존, 저를 이 교도소에 오게 한 것은 하나님의 심판이 아니었습니다. 그건 하나님의 자비였어요. 제가 만일 예전처럼 계속 살았더라면 영원히 지옥에 가고 말았을 테니까요." 그의 말에 나는 깜짝 놀랐다. 나는 그의 솔직함과 겸손함에 압도당했다.

20여 분 동안 그의 이야기를 들은 후에 나는 괴로운 질문을 던졌다. 나는 그가 사역을 시작할 때 예수님을 무척 사랑했고 하나님을 향한 열정이 불타올랐다는 걸 알았다. 그런데 어쩌다가 그 열정을 잃어버린 건지 알고 싶었다. "당신은 언제 예수님에 대한 사랑을 잃어버렸나요? 어느 시점에서였죠?" 나는 특히 사역자로서 우리가 예수님을 향한 사랑을 잃어버리는 징조들을 알고자 했다.

"그런 적 없어요." 그가 단호하게 대답했다. 나는 그의 대답에 깜짝 놀랐고 약간 간담이 서늘했다. 어떻게 그렇게 말할 수 있단 말인가?

나는 다시 물었다. "무슨 뜻입니까? 당신은 간통죄를 범했어요. 사기죄도 저질렀고요. 그래서 감옥에 오지 않았습니까? 어떻게 예수님에 대한 사랑을 잃지 않았다고 말할 수 있죠?"

이번에도 그는 내 눈을 똑바로 쳐다보면서 망설임 없이 "존, 나는 그 일을 겪는 동안 늘 예수님을 사랑했습니다"라고 말했다.

나는 아무 말도 하지 않았다. 아마 내 얼굴에 큰 혼란이 나타났을 것이다. 그러자 그가 말했다. "존, 저는 예수님을 사랑했어요. 하지만 그분을 두려워하지 않았습니다."

몇 분 동안 침묵이 흘렀다. 그의 말이 충분히 이해가 되었다. 나는 감정을 주체할 수가 없었다. 그가 침묵을 깨고 정신이 번쩍 드는 말을 했다. "존, 저와 같은 사람들이 수없이 많습니다. 그들은 예수님을 사랑하지만 하나님을 두려워하지 않습니다."

만들어 낸 예수를 사랑할 때

나에게는 그때가 인생을 좌우하는 순간이었다. 왜냐하면 이 만남이 더 많은 해답을 얻고자 하는 갈망을 일으켰기 때문이다. 어떻게 하나님을 사랑하는 사람이 습관적으로, 그것도 그렇게 중대한 죄에 빠질 수 있단 말인가? 어떻게 하나님을 사랑하는 수많은 사람이 거룩하지 못한 삶을 살 수 있는가? 그들은 예배를 드리고, 교회 일에 적극 참여하고, 하나님의 일에 열정을 갖고 있다. 하지만 그들의 삶은 문란하고, 음란물에 빠져 있으며, 반복적으로 거짓말을 하고, 폭음을 하고, 성경적이지 않은 이유로 이혼을 한다. 그 외에도 이야기하자면 수도 없이 많다. 그들은 이 사람처럼 예수님을 사랑하는데, 왜 예수님의 말씀을 지키지 않는가? 예수님은 우리가 그를 사랑하면 그에게 순종할 힘을 갖게 될 거라고 하셨다. 무엇이 문제인가?

그들이 정말로 알지 못하는 분을 사랑한다고 주장하기 때문일까? 이 텔레비전 전도사와 그가 말한 수많은 사람은 실제 예수님이 아닌 가짜 예수님의 형상을 만들어 낸 것일까? 이 허구의 예수님이 실제로 그들이 갈망하는 육적인 본성을 그들에게 부여하는 걸까?

이렇게 생각해 보자. 미국에는 운동선수나 할리우드 유명인사들에게 매혹되어 있는 사람들이 꽤 많다. 우리는 그들의 이름을 흔히 들을 수 있고, 매스컴에서는 수많은 텔레비전 인터뷰와 신문, 잡지 기사들을 통해 그들의 사생활을 발가벗겼다. 나는 팬들이 마치 이 연예인들을 친한 친구처럼 말하는 것을 들었다. 연예인의 결혼생활 문제에 감정적으로 휘말리는 사람들, 심지어 비극적인 일이 생길 때 자기 가족의 일인 것마냥 슬퍼하는 사람들도 보았다.

그러나 이 팬들이 그들의 연예인 '친구'를 길에서 만난다면 그 친구가 아는 척이라도 하겠는가? 용기를 내어 친구를 붙잡더라도, 그들은 자기가 상상했던 이미지와 완전히 다른 사람을 보게 될 것이다. 결국 그것은 허구의 관계인 것이다.

이스라엘 백성이 애굽에서 나온 후에 한 일이 바로 이런 것이었다. 모세가 산으로 올라가 그들과 40일 동안 떨어져 있을 때 하나님은 모세가 아니라 그 백성을 향해 침묵하셨다. 이 침묵의 시간에 하나님의 임재로부터 멀리 있던 아론과 지도자들은 그들의 갈망과 육적인 욕망에 부응하는 '하나님'을 만들기 시작했다.

나는 히브리어 성경으로 읽지 않아서 오랫동안 이 이야기에서 중요한 사실을 보지 못했다. 아론은 자기가 만든 송아지의 이름을 "Yhwh"라고 불렀다(출 32:5 참조). 그것은 하나님께만 합당한 이름이다. 이 사건 외에는 성경 어디에도 거짓 신이나 우상에게 "Yhwh"라는 이름이 쓰인 적이 없다. 그 이름이 너무나 신성하여, 히브리인 저자들은 모음을 쓰지 않았다. (오늘날 우리는 그것을 "야훼" 또는 "여호와"라고 쓰고 발음한다.)

아론만 그런 것이 아니었다. 백성들은 "이는 너희를 애굽 땅에서 인도하여 낸 너희의 신[엘로힘]이로다"(출 32:4, 8 참조)라고 선언함으로써 이 송아지를 인정했다. 이 히브리어 단어 '엘로힘'은 창세기 1장에서만 32번 사용된다. 성경의 첫 구절은 "태초에 하나님[엘로힘]이 천지를 창조하시니라"라고 말한다.

야훼와 달리, 이 단어는 거의 90퍼센트 정도 전능하신 하나님을 나타내는 데 사용되고 있다. 나머지 10퍼센트는 거짓 신을 묘사하는 데 사용되었다. 아론이 송아지를 "야훼"라고 부른 것을 볼 때 백성들도 그와 같이 말했을 거라고 짐작할 수 있다.

그러므로 요지는 이것이다. 야훼가 그들을 구원하셨고, 그들을 속박에서 해방시키셨고, 그들에게 필요한 것을 공급해 주셨다는 사실을 온 나라가 인정했다. 그러나 그들은 가짜 야훼를 만들어 냈다. 모세와 함께 산 위에 계신 진짜 하나님과 전혀 다른 하나님을 말이다.

"여호와를 경외하는 것이 지식의 근본이거늘"(잠 1:7)이라고 했다. 여기서 말하는 지식은 성경적인 지식이 아닐 것이다. 왜냐하면 바리새인들과 율법학자들은 성경에 능통했지만, 하나님의 임재에서 멀리 떨어져 있었고 하나님을 불쾌하게 해드렸기 때문이다. 그러면 우리는 어떤 지식을 가져야 하는가? 잠언 2장 5절에서 우리의 답을 찾을 수 있다. "여호와 경외하기를 깨달으며 하나님을 알게 되리니."

우리는 올바른 경외심을 통해 하나님을 친밀하게 알게 될 것이다. 우리가 만들어 낸 예수님이 아니라 진짜 예수님, 진짜 하나님을 알게 될 것이다. 바울은 다음과 같이 고린도인들을 질책한다. "만일 누가 가서 우리가 전파하지 아니한 다른 예수를 전파하거나 혹은 너희가 받지 아니한 다른 영을 받게 하거나 혹은 너희가 받지 아니한 다른 복음을 받게 할 때에는 너희가 잘 용납하는구나"(고후 11:4).

감옥에 갇혀 있는 유명한 텔레비전 전도사와 그가 말한 수많은 사람은 하나님의 우편에 계신 예수님을 사랑한 게 아니다. 대신 그들은 만들어진 예수님을 사랑한다. 가짜 예수는 그들이 갈망하는 삶을 못 본 척해 주거나 심지어 허용해 준다. 그들은 참으로 하나님을 알지 못했거나, 아니면 하나님과의 관계에서 멀어진 것이다. 후자의 경우는 두 친구가 각자 갈 길로 감으로써 서로 멀어졌는데 오랜 시간이 지난 후에 그들이 예전과 다른 사람이 된 걸 발견하는 것과 마찬가지다. 만들어진 예수님을 사랑하는 것은 우리에게 진짜 예수 그리스도의 말씀을 지킬 힘을 주지 않는다. 본질적으로 우리가 제대로 알지 못하는 사람을 진정으로 사랑하기는 어렵다.

하나님에 대한 경외심이 없으면 우리는 참으로 하나님을 알 수 없다. 모세는 하나님을 친밀하게 알았다. 하나님의 음성과 하나님의 길이 그에게는 너무도 분명했다. 이스라엘은 오직 하나님의 행위로 그분을 알았을 뿐이다. 즉 하나님이 그들의 기도에 응답하시는 것을 보고 하나님을 알았다. 이스라엘에게 하나님의 음성은 천둥소리였다. 모세는 하나님의 임재에 가까이 나아갈 수 있었다. 그러나 이스라엘은 그들의 장막으로 돌아가라는 명령을 받았다(신 5:29-30 참조).

성령 충만을 구하라, 진심으로

이제 가장 중요한 질문은, 우리가 어떻게 하나님에 대한 경외심을 갖게 되는가 하는 것이다. 우리는 단순하게, 진심으로 그 질문을 던져야 한다.

예수님은 말씀하신다. "너희가 악할지라도 좋은 것을 자식에게 줄 줄 알거든 하물며 너희 하늘 아버지께서 구하는 자에게 성령을 주시지 않겠느냐 하시니라"(눅 11:13). 그러면 당신에겐 이런 질문이 떠오를 수 있다. '예수님은 하나님을 두려워하는 게 아니라 성령에 대해서 말씀하신 것이 아닌가?' 이사야가 예수님과 성령에 대해 한 말을 들어 보라.

> 이새의 줄기에서 한 싹이 나며 그 뿌리에서 한 가지가 나서 결실할
> 것이요 그의 위에 여호와의 영 곧 지혜와 총명의 영이요 모략과
> 재능의 영이요 지식과 여호와를 경외하는 영이 강림하시리니 그가
> 여호와를 경외함으로 즐거움을 삼을 것이며(사 11:1-3).

여기서 하나님의 영의 마지막 특징은 "여호와를 경외하는 영"이다. 나는 개인적으로 그것이 우리가 구해야 하는 가장 중요한 면이라고 믿는다. 내가 이렇게 믿는 데는 두 가지 이유가 있다. 첫째, 여호와를 경외함이 지혜와 조언과 이해와 지식의 근본이라고 했다(시 111:10; 잠 1:7; 잠 8-9장 참조). 둘째, 가장 확실한 건 여호와를 경외하는 것이 예수님의 기쁨이라는 것이다. 예수님의 기쁨이 곧 우리의 기쁨이 되어야 하지 않겠는가? 사실 하나님은 예수님의 경외심을 보시고 그 간구를 들어 주셨다고 했다(히 5:7, 새번역 참조).

하나님을 경외하는 것과 하나님을 사랑하는 것은 둘 다 성령 충만의 산물이다. 바울이 "성령으로 말미암아 하나님의 사랑이 우리 마음에 부은 바

됨이니"(롬 5:5)라고 말했기 때문이다. 하나님을 향한 경외심과 불타는 사랑으로, 진심으로 성령 충만을 간구하길 바란다.

그릇이 깨끗해야 성령을 부으신다

21세기 교회에 심각하게 부족한 것이 있다. 그릇이 부족한 게 아니라, 하나님이 성령을 부어 주실 깨끗한 그릇이 없는 것이다. 바울이 세상에서 기록한 마지막 글로 돌아가 보자. 그는 담대히 말했다.

> 그러나 하나님의 견고한 터는 섰으니 인침이 있어 일렀으되 주께서 자기 백성을 아신다 하며 또 주의 이름을 부르는 자마다 불의에서 떠날지어다 하였느니라(딤후 2:19).

바울은 우리를, 교회와 개인들을 둘 다 흔들리지 않게 붙잡아 주는 것에 대해 이야기한다. 그는 견고한 터 위에 두 문장이 기록되었다고 말한다. 뉴킹제임스 성경에서는 이 말씀이 견고한 터 위에 "봉인되었다"라고 말하며, 《메시지 신약》은 "새겨져 있다"라고 표현한다.

첫째, 하나님은 자기 백성을 아신다. 이것은 위로가 되는 말씀이다. 우리 자신을 온전히 하나님께 드렸으면 하나님이 우리를 잊지 않으신다. 우리는 하나님 보시기에 매우 귀한 존재가 되었다.

그 기초 위에 새겨진 두 번째 말씀은 "주의 이름을 부르는 자마다 불의에서 떠날지어다"다. 여기서도 우리는 명령문을 발견한다. 이것은 불의한 삶에서 떠나는 것의 중요성을 전달하는 매우 강한 표현이다. 왜 그런가? 그

답은 다음 두 구절에 있다.

> 큰 집에는 금 그릇과 은 그릇뿐 아니라 나무 그릇과 질그릇도 있어
> 귀하게 쓰는 것도 있고 천하게 쓰는 것도 있나니 그러므로 누구든지
> 이런 것에서 자기를 깨끗하게 하면 귀히 쓰는 그릇이 되어 거룩하고
> 주인의 쓰심에 합당하며 모든 선한 일에 준비함이 되리라(딤후 2:20-
> 21).

"그릇"에 해당하는 헬라어 단어는 단순히 무엇을 담는 용기나 통을 뜻
한다. 우리가 깨끗한 그릇이 되면 하나님의 일에 합당한 자가 되는 것이다.
우리는 하나님의 강력한 임재로 충만해질 자격이 있다.

나는 세상 어디에 있든 간에 매일 아침에 같은 음식을 먹는다. 먼저 따
뜻한 레몬수 한 잔을 마신 후 이어서 자스민 백차를 한 잔 마신다. 그리고
15분 후에 귀리, 치아씨, 아마씨 가루, 대마씨에 아몬드 우유를 붓고 메이플
시럽을 넣어 먹는다. 이렇게 아침을 먹기 위해선 그릇이 필요하다. 찻잔,
유리컵, 우묵한 그릇.

사실 나는 한 번도 아침식사를 위해 더러운 컵이나 그릇을 사용해 본
적이 없다. 늘 깨끗한 그릇을 찾는다. 나의 맛있는 아침식사가 더러워지길
원치 않기 때문이다. 사발이든 접시든 머그컵이든 유리컵이든 간에, 그릇
에 더러운 게 묻어 있으면 아무리 좋은 음식이 담겨 있어도 오염될 수밖에
없다. 왜 하나님이 더러운 그릇에 성령을 부어 주시겠는가?

바울의 말에 따르면, 우리는 우리 자신을 깨끗하게 할 책임이 있다. 그
는 '예수의 피가 과거와 현재와 미래의 모든 죄에서 우리를 깨끗하게 하니,

너희가 습관적인 죄 속에 살더라도 걱정할 것 없다'라고 말하지 않았다. 바울은 "그러므로 누구든지 이런 것에서 자기를 깨끗하게 하면 귀히 쓰는 그릇이 되어 거룩하고 주인의 쓰심에 합당하며 모든 선한 일에 준비함이 되리라"(21절)라고 했다.

우리는 우리 자신을 깨끗하게 해야 한다. 바울은 그리스도의 사역으로 이루어진 우리와 그리스도와의 관계를 이야기한 것이 아니다. 그는 우리의 행위에 대해 말하고 있다. 바울의 말을 다시 들어 보라. "이런 것에서 자기를 깨끗하게 하면 귀히 쓰는 그릇이 되어."

하나님의 임재, 곧 그분의 영이 더러운 그릇에 부어지지 않고 깨끗한 그릇에 부어지리라는 것을 다시 한 번 보게 된다.

불법과 싸우는 유일한 길

우리는 불법(하나님께 불순종함)이 비밀하게 이 사회에서 활동하고 있다는 것을 알게 되었다. 하지만 그것을 막는 세력도 분명히 있다.

불법의 비밀이 이미 활동하였으나 지금은 그것을 막는 자가 있어

그중에서 옮겨질 때까지 하리라(살후 2:7).

우리는 불법을 막는 자가 누구인지를 물어야 한다. 답은 둘 중 하나다. 즉 성령 아니면 그리스도의 몸이다. 성경 번역가들은 대문자로 "He"라고 쓴 것으로 보아, 분명 그것이 성령을 가리킨다고 믿었을 것이다. 그들의 생각이 옳다고 가정해 보자.

이 글을 쓰는 지금 나는 50세가 넘었다. 그런데 내 평생에 미국에서 불법이 이런 속도로 증가하는 것을 본 적이 없다. 또 정부와 매스컴과 사회가 이런 식으로 불법적인 행동을 '선한 것'으로 규정하는 결정을 내리는 걸 전에는 본 적이 없다. 거기에는 이유가 있다. 그것을 막는 세력, 즉 성령이 오늘날 널리 퍼져 있지 않다. 21세기의 초반부 서구 세계에서는 하나님의 임재가 급속히 약해지고 있다.

왜 그런가? 만일 우리가 변화를 강조하지 않는 복음을 선포한다면 결국 깨끗한 그릇이 부족해질 것이고, 그 결과 이 땅에 하나님의 명백한 임재가 부족해질 것이다. 예수님이 십자가에서 돌아가셨을 때 성전의 휘장이 위에서부터 아래까지 찢어졌던 것을 기억하라. 그 순간 하나님의 임재가 인간이 만든 그릇에서 나가 인간의 손으로 만들지 않은 그릇에 부어졌다. 그 그릇은 바로 거듭난 사람들의 마음이다.

하나님의 영은 성전에서 나가 황혼, 나무, 아름다운 풍경, 노래, 비디오, 또는 다른 매체로 들어가지 않았다. 그분은 혈과 육의 그릇 안으로 들어가셨다. 그 그릇이 더러우면 사회 안에서 하나님의 임재가 약해질 것이고, 그 결과 불법을 막는 힘이 줄어들 것이다.

우리가 훌륭한 공직자를 선출하고, 정부에 반대하는 운동을 하고, 기존의 언론인들을 해고하고, 낙태수술을 하는 병원에 항의하는 등의 행동을 취한다고 해서 이 급속한 감소 추세를 바꿀 수 있는 게 아니다. 참으로 불법과 싸우는 유일한 길은 하나님의 은혜의 능력을 따라 경건한 삶을 사는 것이다. 이런 식으로 우리는 이 사회에서 더 강한 목소리를 내고 성령께 영향을 미치는 것이다.

참된 거룩에 대해 설교하지 않음으로써 우리는 개인적으로, 집단적으로, 또 국가적 차원에서 큰 손실을 입었다. 그러나 이것을 바꿀 수 있다! 목사들, 지도자들, 모든 하나님의 사람이여, 함께 굳게 서서 성경에 기록된 하나님의 온전한 지혜의 말씀을 선포하자. 우리가 영향을 미치는 사람들의 삶 속에 견고한 기초와 틀을 세우자. 성령의 힘으로 우리 사회에서 불법이 저지되는 것을 보자. 그 결과는 하나님나라를 위한 영혼 추수로 이어질 것이다.

02

한계 없는 주의 선하심을
받아 누리라

무릇 있는 자는 받아
풍족하게 되고.
- 마 25:29

집 짓는 비유로 다시 돌아가 보자. 우리는 처음에 우리의 기초로써 주 되심에 대해 이야기했다. 다음에는 틀이나 구조, 즉 성화된 삶을 생각해 보았다. 이제는 건축 과정의 마지막 단계를 보자. 이 단계는 우리가 하는 일의 특징을 규정한다. 바울의 글을 읽어 보자.

우리는 그가 만드신 바라 그리스도 예수 안에서 선한 일을 위하여
지으심을 받은 자니 이 일은 하나님이 전에 예비하사 우리로 그
가운데서 행하게 하려 하심이니라(엡 2:10).

우리는 그리스도 예수 안에서 하나님의 자녀로 지음받았을 뿐 아니라

중요한 것은 내 능력이 아니라
하나님의 능력에 대한 내 반응이다.
- 코리 텐 붐

하나님나라의 생산적인 시민으로 지음받았다. 실제 건축 과정에서 그것은
목조부, 카펫, 타일, 대리석 조리대, 페인트, 그리고 집을 완성해 주는 조명
들을 설치하는 것이다. 그러나 이 부분은 처음 두 건축 단계가 견고하게 되
었을 때에만 빛을 발한다.

　우리는 삶 속에서 겉보기에 좋은 선택들을 자주 직면한다. 그러나 그것
이 우리를 위한 하나님의 최선이 아닌 경우가 많다. 또 우리는 종종 우리의
선택들이 제한되어 있다고 느낀다. 아브람과 사래는 그들이 아들을 낳는
길은 아브람이 사래의 여종 하갈과 결혼하는 것뿐이라고 결론을 내렸다.
이 결정으로 인해 이스마엘이 태어났다. 하지만 하나님의 말씀은 "여종의
아들이 자유 있는 여자의 아들과 더불어 유업을 얻지 못하리라"(갈 4:30)라

고 분명히 말한다. 이 상황에서 하나님은 아브람과 사래의 잘못된 선택에도 불구하고 신실하게 약속을 이루어 주셨다. 하지만 항상 그렇게 되는 것은 아니다. 많은 경우에 이런 잘못된 선택과 길들이 우리의 최대 잠재력을 빼앗아갈 것이다. 그러한 예 중 하나가 사울 왕이다. 그는 압박감에 못이겨 사무엘이 오기 전에 번제를 드리기로 결정을 내린다. 이 경우에 그 선택은 구원을 받지 못했다. 사울은 나라를 잃었다(삼상 13장 참조).

이런 식으로 중요한 결정에 직면하는 경우를 생각해 보자. 하이킹을 하다가 사람들이 가장 많이 다니는 길을 보면 자연히 그 길로 마음이 끌릴 것이다. 그러나 경험 많은 안내자가 당신과 함께 있는데 그가 경치 좋고 더 빠른 길을 알고 있다고 하자. 그 안내자는 당신이 더 나은 선택을 하도록 도와줄 것이다. "주의 말씀은 내 발에 등이요 내 길에 빛이니이다"(시 119:105)라고 했다. 하나님의 말씀에 기초를 두는 것이 우리의 길을 비추어 주며, 이것이 지혜로운 삶의 결정을 내리는 데 매우 중요하다.

아브람과 사래의 경우에, 그들 둘 다 하나님도 못하시는 일이 있다고 잘못 생각했다. 이것은 우리 자신의 길로 가기로 선택할 때 자주 일어나는 일이다. 그러므로 무언가 선택을 하기 전에 우리를 인도해 주는 하나님의 말씀을 잘 살펴보자.

우리에게 한계를 정해 주지 않으시는 분

결혼하고 처음 몇 년 동안 우리 부부는 댈러스와 올랜도, 두 도시에서 살았다. 몇 년 동안은 우리만의 집을 장만할 경제적 여유가 없어서 아파트에 살았다. 계속 모델하우스들을 방문하긴 했지만, 집을 사는 건 꿈에 불과했다.

후에 우리가 집을 살 수 있게 되었을 때 가장 중요한 건 집값이었다. 대부분의 집은 우리 형편에 맞지 않았다. 내 연봉이 댈러스에서는 18,000달러, 올랜도에서는 27,000달러에 불과했기 때문이다. 이제 우리에겐 두 아이가 있어 뛰어놀 수 있는 마당이 필요했기 때문에 더는 아파트에 살 수가 없었다. 두 도시에서 몇 주 동안 집을 보러 다니며, 교회와 직장까지의 거리가 적절하고 우리에게 가장 알맞은 동네들을 자세히 살펴보았다. 두 번 다 가장 경제적인 선택은 저렴한 트랙트 하우스(규격형 주택, 한 지역에 비슷한 형태로 들어서 있는 많은 주택 가운데 한 채 - 옮긴이)라는 걸 알았다. 두 건축가는 여섯 개 정도의 도면을 보여 주었고, 우리는 매번 가장 저렴한 것을 택했다.

드디어 한 집의 실내 마감재를 고를 날이 왔을 때 우리는 매우 설레었다. 판매원이 우리를 일반적인 전시실로 데리고 들어갔다. 그곳에는 많은 아름다운 자재가 전시되어 있었다. 각종 대리석과 트래버틴 타일, 나무 바닥 마감재, 캐비닛, 카펫들이 있었다. 우리는 매우 정교한 크라운몰딩과 독특한 벽난로의 돌을 구경했다.

그러자 판매원이 전시장의 한쪽 구석을 가리키며 거기서만 자재를 선택할 수 있다고 했다. 이 구역에는 대리석이나 트래버틴 타일이 없었다. 사실상 어떤 종류의 타일도 없었다. 단풍나무, 오크목, 소나무로 만든 캐비닛도 없었다. 크라운몰딩과 벽난로의 돌, 나무 바닥재도 선택할 수 없었다. 우리가 선택할 수 있는 거라고는 저급 카펫, 리놀륨 바닥재, 그리고 값싼 강화목 캐비닛뿐이었다.

우리는 계속 더 좋은 자재를 요구했지만 들려오는 대답은 늘 둘 중 하나였다. "그건 당신들 집에 쓸 수가 없습니다." 또는 "비용이 많이 추가될 겁니다." 추가비용이 얼마냐고 묻자 어마어마한 숫자가 언급되었고, 당연히 우리가 감당할 수 없는 금액이었다. 아내와 나는 전시장을 나오면서 서로 격려하려고 애썼지만 사실은 둘 다 잔뜩 기가 죽어 있었다.

우리가 사는 세상에서도 이 건축 전시장에서의 경험 비슷한 것을 종종 하게 된다. 사람들은 종종 이런 말을 듣는다. "당신은 할 수 없습니다." "괜히 희망을 갖지 마세요." "너무 이상적인 생각입니다." "적당히 맞춰서 평범하게 사세요." "그것은 당신이 넘볼 대상이 아닙니다." 이런 제한하는 말들은 나열하자면 끝이 없다. 그 논리가 타당해 보이고 합리적인 조언처럼 들릴 때가 많은 게 사실이다. 그러나 진실은 무엇인가?

우리 가운데서 역사하시는 능력대로 우리가 구하거나 생각하는

모든 것에 더 넘치도록 능히 하실 이에게(엡 3:20).

이 성경 말씀은 우리가 전시장에서 경험한 것과 매우 다른 메시지를 전달한다. 하나님은 우리에게 한계를 정해 주지 않으신다. 하나님의 경계는 우리가 보고, 꿈꾸고, 상상하고, 바라고, 구할 수 있는 모든 것을 넘어선다.

이 구절에서 핵심 단어는 "능히"다. 한 가지 시나리오를 가지고 설명해 보겠다. 수십억 달러의 자산을 가진 갑부가 세 명의 젊은 사업가에게 다가가 한 가지 제안을 한다. "나는 여러분이 꿈꾸는 사업의 자금을 대 주고 싶습니다. 자금 상환은 전혀 기대하지 않습니다. 다만 여러분이 성공하는 것을 보고 싶을 뿐입니다. 여러분이 사업을 시작하는 데 필요한 만큼 자본을 대 줄 수 있습니다."

첫 번째 젊은 여자는 제과점을 세우기로 결정한다. 그녀는 점포와 오븐 두 개, 빵 굽는 팬, 조리기구, 금고, 요리 재료, 그리고 몇 가지 도구들이 필

요하다. 그녀는 자신의 계획을 자산가에게 가져가 10만 달러를 요구한다. 그는 아무 망설임 없이 그 돈을 그녀의 계좌로 보내 준다.

다음은 젊은 남자다. 그는 집을 몇 채 짓기로 했다. 몇 개의 부지와 원자재, 도구, 픽업트럭을 사야 하고 작은 사무실 공간을 임대해야 한다. 그는 사업 계획서를 내놓으며 25만 달러를 요구한다. 이번에도 그 자산가는 즉시 그 돈을 그의 계좌로 보내 준다.

세 번째 사업가는 젊은 여자인데 쇼핑몰과 테마파크가 붙어 있는 산업 단지를 짓고 싶어 한다. 그녀는 그 도시 안에 천 에이커의 땅이 매물로 나온 것을 발견한다. 그곳은 최고로 좋은 땅인데, 그만한 돈을 가진 사람이 거의 없었기에 꽤 오랫동안 매물로 나와 있었다. 그녀는 그 땅을 사겠다고 제안한다. 그리고 그녀의 꿈을 설계해 줄 건축가들의 팀을 구성한다. 마당이 딸려 있고, 두 개의 독특한 12층짜리 사무실용 건물을 지으려 한다. 다른 쪽에는 고급 상점과 레스토랑들로 가득한 아름다운 야외 쇼핑몰을 계획한다. 상점 위에는 고급 아파트가 지어진다. 그녀는 그 프로젝트의 중심에 5성급의 고급 호텔을 지어 달라고 요청한다. 그리고 마지막 남은 땅에는 품격 있는 테마파크를 지으려 한다. 모든 거리에는 아름드리 나무들을 심고, 자전거 도로를 추가하고, 쇼핑몰 옆에 멋진 나무와 꽃들의 공원으로 그 모든 것을 마무리하려 한다.

그녀의 비전은 잘나가는 사업체, 거주민, 호텔 고객들을 그녀의 공원으로 오게 하는 것이다. 그녀는 품격 있는 쇼핑과 평화로운 주변환경, 테마파크에서의 독특한 경험, 그리고 멋진 레스토랑들을 내세울 것이다. 호텔은 사업가 고객들을 위해 고급 숙박시설을 제공해 줄 것이다. 그녀는 또한 자신의 복합단지가 사람들이 많이 찾는 장소가 되길 바란다. 전국에서 사람들이 비행기를 타고 와서 쉬고, 쇼핑하고, 테마파크를 즐기고, 또 그녀의 아름다운 호텔에서 귀한 대접을 받는 것이 그녀의 바람이다.

그녀는 건축가들과 함께 그 계획을 완벽하게 다듬는다. 참으로 하나의 예술 작품이 탄생할 때까지. 그런 다음 자산가를 찾아가 그녀의 계획을 보여 주며 2억4천5백만 달러를 요구한다. 다른 두 사업가들과 마찬가지로 그는 즉시 그녀의 계좌로 돈을 보내 준다.

3년 후에 그 자산가는 세 명의 젊은이들을 한 자리에 불러 모은다. 그는 그들의 사업이 어떻게 진척되었는지 듣기 원한다. 한사람씩 보고를 한다. 제과점은 매달 2천 달러의 수익을 올리고 있다. 주택 건설업자는 네 채의 집을 지었고 3년 동안 20만 달러 이상의 수익을 냈다.

세 번째 젊은 사업가가 일어나 자신의 복합단지에 대한 보고를 한다. 현재 그녀의 호텔은 객실점유율이 90퍼센트이고, 사무실용 고층건물은 87퍼센트가 찼다. 아파트는 분양이 끝난 지 오래다. 쇼핑몰은 고급 상점들과 레스토랑들로 98퍼센트가 찼다. 그녀의 순이익은 매달 수백만 달러다. 그 도시에서는 그녀의 복합단지에 시민상을 수여할 날짜를 정해 놓았다고 했다. 그곳이 몇 가지 측면에서 사회에 유익한 기여를 했기 때문이다. 즉 심미적인 면, 일자리, 관광객들의 소비, 조세 수입 등의 측면에서 말이다. 그녀는 또한 수익의 일부를 가지고 그 도시의 가난한 지역에 무료 급식소를 지원했다.

그러나 그것이 끝이 아니다. 그녀는 수백만 달러의 수익 중에 많은 부분이 다른 세 도시에 비슷한 복합단지를 건설하는 비용으로 할당되고 있으며, 다음 해와 그다음 해까지 6개월 간격으로 개장할 거라고 했다. 그녀는 이 새로운 복합단지들을 감독할 세 개의 관리팀을 훈련시켰다. 향후 5년 동안의 수익으로 다른 주요 지역에 5개의 복합단지를 더 지을 투자자본을 마련할 것을 기대하고 있다.

그녀의 보고를 들은 후, 다른 두 사업가들은 조용해졌고 표정이 어두워졌다. 자산가는 이것을 눈치채고 풀이 죽은 이유를 묻는다.

제과점을 운영하는 젊은 여자가 먼저 입을 연다. "선생님, 그녀가 우리보다 더 많은 돈을 요구했으니 우리보다 더 잘하고 있는 게 당연합니다. 선생님이 그녀에게 돈을 더 많이 주었기 때문에 그녀가 우리보다 더 많은 일을 할 수 있는 거지요."

자산가는 젊은 건설업자를 쳐다본다. "당신도 그렇게 생각합니까?"

젊은 남자도 서운한 표정으로 말한다. "솔직히 그렇습니다. 그녀는 할수 있는 일이 더 많았어요."

자산가는 개인 비서에게 그들이 처음 만났을 때 기록한 문서를 가져오라고 한다. 그러고 나서 비서에게 말한다. "제가 3년 전에 이분들에게 했던 말을 그대로 읽어 주세요."

비서는 그 글을 읽는다. "나는 여러분이 꿈꾸는 사업의 자금을 대 주고 싶습니다. 여러분이 사업을 시작하는 데 필요한 만큼 자본을 대 줄 수 있습니다."

자산가는 표정이 어두워졌던 두 사람을 쳐다보며 묻는다. "어째서 그녀가 받은 것을 질투합니까? 왜 당신들은 그녀가 당신들보다 더 유리했다고 생각합니까? 나는 여러분 각자에게, 여러분의 비전을 이루는 데 필요한 만큼 자금을 대 줄 수 있다고 분명히 말했습니다. 내가 줄 금액에 대해 한도를 정하지 않았고, 실제로 여러분이 요구한 대로 정확히 주었습니다. 왜 여러분은 더 큰 꿈을 꾸고 더 큰 계획을 세우지 않았습니까?"

그리고 자산가는 제과점을 운영하는 젊은 여자를 바라보며 묻는다. "왜 더 큰 제과점을 계획하지 않았습니까? 내가 자금을 주었을 텐데요. 왜 더 효과적인 마케팅을 위한 자금을 요청하지 않았습니까? 그랬다면 당신은 더 성공했을 텐데 말입니다. 그러나 가장 중요한 질문은 이것입니다. 왜 도시 곳곳에 더 많은 제과점을 내고, 마침내 전국에 가맹점을 내서 당신의 사업을 키워갈 계획을 세우지 않았습니까?"

그다음에 젊은 남자를 보면서 비슷한 질문을 던진다. "왜 당신은 몇 명의 감독관들을 훈련시키고 몇몇 하청업자들을 고용하여 해마다 20채의 집을 짓지 않고, 고작 1년 평균으로 한 채 조금 넘게 지은 겁니까? 당신은 더 많은 일자리를 만들 수 있었습니다. 왜 더 많은 땅을 사지 않았습니까? 왜 전국에 지점을 세워서 몇몇 도시를 아름다운 집들로 가득 채우지 않았습니까? 제가 당신의 비전을 위한 자금을 대 주었을 텐데 말입니다. 당신의 영역이 한정되었던 것은 자금이 한정되어 있었기 때문이고, 그건 당신의 비전이 작았기 때문입니다."

스스로 작은 그릇을 내밀고는 원망하는 우리

그리스도인으로서 우리는 종종 잠재의식적으로 너무 많은 것을 갖지 말아야 한다고 생각한다. 하지만 그런 생각이 하나님 말씀의 가르침과 일치하는가? 예수님은 이렇게 말씀하신다.

무릇 있는 자는 받아 풍족하게 되고(마 25:29).

하나님은 풍족함을 문제 삼지 않으신다. 하나님이 반대하시는 것은 풍족함이 우리를 사로잡는 것이다. 그 차이는 무엇인가? 풍족함에 사로잡힌 사람은 단지 자신의 욕망을 채우기 위해 축복과 소유, 재정, 능력, 권력 등을 추구하는 사람이다. 또는 두려움 때문에 자원을 비축해 둔다.

20세기 말에 번영에 대한 가르침을 들은 많은 사람이 이런 욕망에 사로잡혔다. 그들의 탐욕 때문에 많은 지도자와 신자들이 풍족함에 대한 하나님의 진리를 말하는 것을 꺼렸다. 많은 이들이 '번영'이라는 단어를 경멸하게 되었다. 그러나 사실 우리는 하나님나라를 위한 삶을 구축하는 데 있어 더 크고 효과적인 사역을 하기 위해 풍족함이 필요하다. 이것이 하나님께서 "사랑하는 자여 네 영혼이 잘됨 같이 네가 범사에 잘되고 강건하기를 내가 간구하노라"(요삼 2절)라고 말씀하신 이유가 아닐까?

앞에서 예로 든 이야기에서, 수백억 달러를 가진 자산가는 마지막 젊은 여자에게 준 것처럼 각 기업가에게 2억4천5백만 달러를 주지 않았다. 그는 각 사람의 비전에 따라 돈을 주었다. 풍족함에 대한 예수님의 말씀이 담긴 비유를 잘 살펴보면, 각각의 종들이 처음에 같은 액수의 돈을 가지고 시작하지 않았다는 걸 알 수 있다. 그들에겐 각기 다른 금액이 주어졌다. "각각 그 재능대로 한 사람에게는 금 다섯 달란트를, 한 사람에게는 두 달란트를, 한 사람에게는 한 달란트를 주고 떠났더니"(마 25:15).

앞의 예에서, 첫 번째 여자는 작은 빵집만 예견할 수 있었다. 젊은 남자는 집 몇 채만 예견할 수 있었다. 그러나 세 번째 젊은 여자의 능력, 즉 그녀가 예견한 건 훨씬 더 많은 것을 요구했다.

받은 능력을 잘 사용하는 것은, 그 능력을 사용하여 삶을 세우고 하나님나라를 세우는 것이다. 이 비유를 자세히 살펴보면 흥미로운 사실을 발견할 수 있다. 두 종은 그들의 주인에게 충성했다. 그들은 자신들에게 주어진 달란트를 더 늘렸다. 예수님의 비유에 나오는 주인은 그들이 재산 늘린 것을 잘한 일이라고 말해 줬다(마 25:21, 23 참조).

자기에게 맡겨진 것을 그대로 간직했던 좋은 게으르다는 평가를 받았다. 주인은 그가 가진 금 한 달란트를 빼앗아 더 많이 가진 사람에게 주었다. 금 열 달란트를 열한 달란트로 만들어 주었다.

우리는 선한 그리스도인이라면 '현상을 유지할' 거라고 생각한다. 다시 말해, 먹고 살 정도만 있으면 만족하는 것이다. 그런데 사실 그것은 게으른 것이다. 하나님이 인간에게 주신 첫 번째 명령은 "생육하고 번성하라"(창 1:22)는 것이었다. 하나님은 단지 출산에 대해서만 말씀하신 것이 아니다. 그분은 '무엇이든 내가 네게 주는 것을 네가 더 크게 늘려서 내게 돌려주기를 기대한다'라고 말씀하신 것이다.

하나님은 나와 우리 메신저 인터내셔널에 가르칠 수 있는 능력을 주셨다. 그래서 그분의 은혜(우리의 팀, 동료, 아내, 그리고 내 안에서 역사하는 그 능력)로 받은 은사를 더 크게 키워서 하나님께 돌려드렸다. 전 세계를 다니며 가르치고, 책을 쓰고, 인터넷에서 메시지를 전하고, 세계의 목사들과 지도자들에게 많은 자원을 제공해 주고, 블로그를 운영하고, 다른 교사들을 키워 내는 등의 일을 하고 있는 것이다. 지금까지 하나님은 내가 청년 때 꿈꾸었던 것보다 훨씬 더 많은 일을 이루어 오셨다.

하지만 나는 이 모든 일에 대해 두 가지 반응을 나타낸다. 첫째, 내가 어떤 면에서 하나님을 제한해 왔는지 걱정스럽다. 둘째는 하나님의 능력으로 이루어진 일들을 보며 기뻐한다! 이 두 가지 생각이 나를 겸손하게 하는 동시에 열정을 갖게 한다.

하나님은 우리 각 사람을 통해 훨씬 더 많은 일을 하실 수 있었다. 그런데 우리는 모두 알게 모르게 제한을 둔다. 에베소서 3장 20절에 따르면 이 제한은 다른 사람들을 돕는 일과 관련해서 우리가 "구하거나 생각할 수 있는" 것에 의해 정해진다. 예수님은 그것을 이같이 말씀하신다. "믿는 자에게는 능히 하지 못할 일이 없느니라"(막 9:23).

우리의 경계선, 즉 우리가 담을 수 있는 한계에 따라 그 무한한 공급량 가운데 얼마나 받게 될지가 결정된다. 억만장자와 기업가들에 관한 이야기에서, 첫 번째 사람의 그릇은 10만 달러가 필요한 비전이었고, 두 번째 사람은 25만 달러를 필요로 했고, 세 번째 사람은 2억4천5백만 달러를 요구했다.

우리 그릇의 크기가 하나님을 제한하고 있다. 하나님이 우리에게 이렇게 요구하고 계실지도 모른다. '왜 너는 겨우 먹고 사는 데 필요한 것만 생각하느냐? 왜 단지 너와 네 가족만 생각하느냐? 왜 내가 네 안에 둔 잠재력을 사용하지 않고 있느냐? 내가 보기에 그 사고방식은 좋지 않다. 그것은 게으른 것이다.'

그래서 바울은 우리가 이 사실을 알고 깨닫게 해달라고 열정적으로 기도한다.

> 믿는 우리에게 베푸신 능력의 지극히 크심[**측량할 수 없고 무한하고**
> **모든 것을 능가할 만큼 크심**, AMP]이 어떠한 것을 너희로 알게 하시기를
> 구하노라(엡 1:19).

내가 이 구절에서 굵은 글씨로 강조한 부분을 주의 깊게 보라. 잠시 각 단어들을 깊이 생각해 보기 바란다. 우주에 그보다 더 큰 능력이 없다. 그 모든 능력이 우리 안에 있음을 기억하라. 그것은 우리가 주기적으로 하나

님께 받는 능력이 아니다. 이미 우리 안에 있는 하나님의 능력이다. 그것은 또한 우리를 위한 능력이다. 우리가 번성할 수 있게 해 준다. 열매를 많이 맺도록 도와준다. 우리가 다른 사람들을 효과적으로 도울 수 있게 해 준다. 그 능력에 의해 우리는 밝은 별처럼 빛난다. 이 능력은 다름 아닌 바로 하나님의 은혜다!

생명 안에서의 통치[24]

하나님의 은혜는 압도적이다. 구원, 용서, 새로운 본성, 경건한 삶을 살 수 있는 능력의 과분한 선물이다. 그것은 또한 우리로 하여금 번성하고, 열매를 맺고, 생명 안에서 통치할 수 있게 해 준다. 하나님은 정말로 놀라우신 분이다! 바울의 말을 잘 들어 보라.

더욱 은혜와 의의 선물을 넘치게 받는 자들은 한 분 예수 그리스도를
통하여 생명 안에서 왕 노릇하리로다(롬 5:17).

이것은 거의 현실이라고 믿기 어려울 정도로 어마어마한 얘기다. 이 말씀에 담긴 의미가 정말로 놀랍기 때문이다. 어쩌면 그렇기 때문에 많은 사람이 그것을 간과해 왔을 것이다. 우리는 하나님의 은혜로 삶을 다스려야 한다. 이 세상이 우리를 넘어뜨리려고 던지는 모든 장애물을 극복할 능력이 우리에게 주어졌다. 이 세상의 삶이 우리를 이기지 못한다. 우리가 삶을 다스려야 한다. 우리의 영향권 안에서 이름을 떨치며 성공해야 한다. 이것이 우리의 소임이다.

이것이 실제로는 어떤 모습으로 나타나는가? 우리는 현 상태에서 벗어나, 표준을 능가해야 한다. 즉 머리가 되고 꼬리가 되지 말며, 위에만 있고 아래에 있지 말아야 한다(신 28:13 참조). 인생의 역경들을 이겨낼 뿐만 아니라 하나님과 언약을 맺지 않은 사람들보다 뛰어나야 한다. 무지한 세상 가운데서 지도자가 되어야 한다. 머리는 방향과 길과 추세를 정하는 반면에 꼬리는 따라간다. 우리는 사회의 모든 면에서 리더가 되어야 한다. 이것이 현실인가? 아니면 하나님이 선하다고 하시는 것에 우리가 미치지 못하고 있는가?

당신이 의료계에서 일하고 있다면, 하나님의 은혜로 질병을 치료하는 새롭고 혁신적인 방법을 알아낼 능력이 당신에게 주어졌다. 당신의 가능성은 측량할 수 없고 무한하다. 당신과 함께 일하는 사람들은 당신이 발견해 낸 사실에 경탄해야 하며, 당신의 연구가 그들을 고무시켜야 한다. 당신의 혁신과 지혜에 그들은 머리를 긁적이며 이렇게 말할 것이다. "대체 이 사람은 이런 아이디어들을 어디서 얻는 걸까?" 당신은 빛을 발할 뿐만 아니라 당신의 분야에서 능력을 발휘할 것이다. 다른 사람들이 당신을 따르기 원하고 당신의 능력의 근원을 알고 싶어 할 것이다.

만일 당신이 웹디자이너라면, 다른 디자이너들이 당신의 작품을 모방할 만큼 당신의 창작물이 신선하고 혁신적이어야 한다. 당신과 당신의 분야에서 일하는 다른 그리스도인들이 유행을 이끌어가고 사회가 따라와야 한다. 당신이 한 일을 보고 사람들이 당신을 찾으며, 또 당신의 혁신으로 유명해진다. 당신이 그렇게 시대에 앞서가니, 당신의 분야에서 일하는 다른 사람들이 머리를 긁적이며 서로 이렇게 말한다. "그 사람은 이런 창의성을 어디서 얻는 걸까?" 당신은 당신의 지식을 다른 사람들에게 나눠 주고 당신의 산업을 성장시키며 하나님나라에 순응함으로써 번성해 간다.

만일 당신이 공립학교 교사라면, 당신 안에 능력을 부여하는 은혜로 말미암아, 다른 교육자들이 생각하지 못한 새롭고 독창적이고 혁신적인 방법으로 지식과 이해와 지혜를 학생들에게 전달할 것이다. 당신은 기준을 정하고 학생들을 감화할 수 있으며, 다른 사람들이 그걸 보고 감탄할 것이다. 당신의 동료 교사들이 자기들끼리 이렇게 말할 것이다. "그 사람은 이런 아이디어들을 어디서 얻는 걸까?" 당신은 학생들 안에 당신의 능력을 똑같이 심어 주고 다른 교사들을 성장시킴으로써 번성할 것이다.

사업가로서 당신은 독창적인 상품과 타의 추종을 불허하는 영업기술들을 생각해 낼 수 있다. 당신은 시대에 앞서가는 예리한 마케팅 전략들을 사용할 것이다. 무엇이 수익성이 있고 없는지를 재빨리 알아챈다. 사야 할 때와 팔아야 할 때, 들어가야 할 때와 나와야 할 때를 안다. 다른 사업가들은 머리를 긁적이며 당신이 그렇게 성공하는 이유를 알고 싶어 할 것이다. 당신은 젊은 사업가들을 키우고 하나님나라를 건설하기 위해 아낌없이 후원함으로써 번성할 것이다.

당신이 음악가, 연구원, 운동선수, 과학자, 정치가, 승무원, 전업주부, 언론가, 군인이거나 다른 어떤 영역에 종사하더라도 같은 원리가 적용된다. 이 모든 예가 우리 소임의 본보기가 된다.

우리 각 사람은 사회의 각기 다른 분야로 부름받는다. 우리가 어디에 있든 간에 책임감과 리더십을 나타내야 한다. 다른 사람들이 힘들어할 때도 우리 사업은 번성해야 한다. 우리의 공동체는 안전하고, 더 즐겁고, 번창해야 한다. 우리의 직장은 호황을 맞아야 한다. 우리의 음악은 참신하고 독창적이어야 하며 세상의 음악가들이 우리를 모방해야 한다. 우리의 삽화,

비디오, 건축 설계들도 마찬가지다. 모든 면에서 우리의 독창성에 사람들이 감동을 받고 우리를 찾아야 한다.

운동경기, 연예, 예술, 미디어, 어떤 분야에서도 우리의 성과가 두드러져야 한다. 의인이 통치할 때 우리의 지역사회와 나라가 번성해야 한다. 우리가 가르치고 인도할 때 우리의 학교는 탁월해져야 한다. 믿는 자들이 관여할 때 독창성과 혁신, 생산성, 평온함, 세심함, 진실성이 풍성히 나타나야 한다. 우리 예수님의 제자들은 어두운 세상에서 빛이 되어야 한다. 그러므로 본질적으로 하나님의 은혜를 통해 우리는 어두운 사회 속에서 뛰어나야 한다.

다니엘에 대한 증언을 읽어 보자.

다니엘은 마음이 민첩하여 총리들과 고관들 위에 뛰어나므로 왕이

그를 세워 전국을 다스리게 하고자 한지라(단 6:3).

이것은 놀라운 말씀이다. 첫째, 다니엘이 뛰어났다는 것을 주목하라. '하나님이 다니엘을 구별하셨다'라고 말하지 않는다. 모든 주요 성경 번역본에서 다니엘이 "뛰어났다"라고 말한다. 《메시지 구약 예언서》는 그가 "다른 총리들과 비교가 되지 않을 만큼 월등했다"라고 번역했다.

다니엘은 어떻게 그렇게 되었을까? 그가 마음이 민첩했던 것은 하나님과 교제를 나누는 사람이기 때문이었다. 마음속에 하나님의 영이 살고 계신 사람은 누구나 그와 같아야 한다.

NASB(New American Standard Bible) 성경은 "다니엘이 특별한 영을 가지고 있었기 때문에 …… 두각을 나타내기 시작했다"라고 기록한다. 여기서 "특별한"이라는 단어는 "표준을 넘어서는, 현 상태에서 벗어난, 일반적인 것을

초월하는"이라는 뜻이다. 때로는 어떤 단어의 반대말을 살펴봄으로써 그 단어를 더 잘 이해할 수 있다. "특별한"의 반대말은 "평범한, 보통의, 일반적인"이다. 그러므로 평범한 삶을 사는 것은 특별한 영을 소유한 사람과 정반대의 삶을 나타내는 것이다.

다니엘의 영은 특별했다. 만일 우리 영이 특별하다면, 우리의 몸과 마음도 그에 부합해야 할 것이다. 우리 영이 우리를 인도한다면, 독창성, 재능, 지혜, 지식, 그 외 삶의 모든 면이 단지 우리 자신의 힘으로 살 때와 다르게 나타날 것이다. 우리 안에 있고 우리를 위해 있는 은혜를 정말로 이해한다면 어떠한 제한도 없다는 것을 알 것이다.

우리 안에 있는 하나님이 능력을 묘사하는 단어들을 잊지 말자. 그것은 측량할 수 없고, 무한하며, 모든 것을 능가할 만큼 크다. 다니엘은 하나님과의 관계 속에서 누릴 수 있는 것을 사용했다. 그는 자신과 전능하신 하나님과의 언약을 알았다. 즉 그가 머리가 되어야 하고 꼬리가 되지 말아야 한다는 걸 알았다.

다니엘의 상황을 좀 더 자세히 살펴보자. 그와 그의 세 친구는 이스라엘이라는 작은 나라에서 포로로 잡혀가 세상에서 가장 강한 나라로 호송되어 갔다. 바벨론 사람들이 세상을 통치했다. 전부 다! 그들은 경제적, 정치적, 군사적, 사회적, 과학적, 교육적, 예술적인 면에서 1위였다.

바벨론 사람들은 사실상 모든 분야에서 세계에서 가장 수준이 높았다. 그러나 다니엘과 그의 친구들에 관하여 "왕이 그들에게 모든 일을 묻는 중에 그 지혜와 총명이 온 나라 박수와 술객보다 십 배나 나은 줄을 아니라"(단 1:20)라고 했다. 다른 번역본에서는 "그들이 열 배나 탁월했다", "열 배나 지혜로웠다", "열 배나 이해력이 뛰어났다"라고 말한다. 그들은 이 앞서가는 나라의 지혜로운 사람들이 생각하지 못한 아이디어들을 시행했고, 그것은 효과가 있었다. 본질적으로 그들의 독창성, 혁신, 통찰력은 하나님의 영을 소유하지 않은 다른 지도자들보다 열 배는 더 뛰어났다.

이것을 염두에 두고 예수님의 말씀을 읽어 보라. "여자가 낳은 자 중에 요한보다 큰 자가 없도다"(눅 7:28). 이것은 세례 요한이 다니엘보다 더 큰 자였음을 의미한다. 그들이 한 일을 가지고 서로 비교하려 하지 말라. 요한은 사역자였고, 다니엘은 정부에서 일했다. 그러나 예수님은 요한이 더 탁월했다는 것을 분명히 밝히신다. 그런데 그다음에 계속해서 이렇게 말씀하신다.

그러나 하나님의 나라에서는 극히 작은 자라도 그보다 크니라(눅 7:28).

왜 하나님나라에서 가장 작은 자가 세례 요한보다 더 크다는 것일까? 예수님은 아직 인류를 자유케 하기 위해 십자가를 지지 않으셨고, 따라서 요한은 거듭난 영을 가지고 있지 않았다. 요한에 대해 "주께서 그러하심과 같이 세례 요한도 이 세상에서 그러하니라"고 말할 수 없었다(요일 4:17 참조). 그러나 우리에 대해서는 그렇게 말씀하셨다! 요한은 그리스도와 함께 일으킴을 받아 천국에서 그리스도와 함께 앉아 있지 않았다(엡 2:6 참조). 그러나 우리에 대해서는 이것이 사실이다! 그렇기 때문에 하나님나라에서 가장 작은 자가 요한보다 크다고 한 것이다. 이해가 가는가?

일부 학자들은 예수님이 부활하신 때부터 지금까지 이 세상에 약 20억 명의 그리스도인들이 존재해 왔다고 믿는다. 그럴 가능성은 매우 적지만, 만일 당신이 그 20억 명의 신자들 가운데 가장 작은 자라 해도 세례 요한보다 더 큰 자인 것이다. 이것은 곧 당신이 다니엘보다 더 큰 자라는 뜻이다.

이제 문제는 당신이 누구인지를 정말로 알고 있느냐는 것이다. 그리고 당신은 두각을 나타내고 있는가? 당신과 함께 일하는 사람들, 예수 그리스도를 통해 하나님과 언약관계를 맺지 않은 사람들보다 열 배 더 똑똑하고, 탁월하고, 지혜롭고, 독창적이고, 혁신적인가? 그렇지 않다면 이유는 무엇인가? 하나님의 더 큰 은혜를 믿지 않기 때문일까?

예수님은 우리가 "세상의 빛"이라고 선언하셨다(마 5:14 참조). 우리 존재가 어두움 속의 빛으로 언급되는 것은 신약 성경에 한 번만 나타나는 게 아니다 (마 5:14-16; 요 8:12; 행 13:47; 롬 13:12; 엡 5:8, 골 1:12; 빌 2:15; 살전 5:5; 요일 1:7; 2:9-10 참조). 이 진리는 그리스도 안에 있는 우리 삶의 압도적인 주제가 되어야 한다.

세상의 빛이 된다는 것은 무엇을 의미하는가? 대부분의 사람들은 그것이 오직 우리의 행위에만 적용된다고 알고 있다. 즉 요한복음 3장 16절을 외울 수 있다는 사실과 더불어 우리의 다정하고 친절하고 멋진 행동을 의미한다고 생각하는 것이다. 다니엘이 세상의 빛이 되는 것을 이런 식으로 생각했다면 어땠을까? 매일 관공서에 들어갈 때 그의 목표가 사람들을 친절하게 대하고 동료들에게 "바벨론 지도자들이여, 시편 23편에는 '여호와는 나의 목자시니 내가 부족함이 없으리로다'라고 써 있습니다"라고 말하는 것이었다면 어땠을까?

다니엘이 점심시간에 기도를 하기 위해 사무실을 나올 때 관리자들과 총독들은 서로 뭐라고 말했겠는가? (다니엘은 매일 이렇게 했다.) 틀림없이 이런 말들이 오갔을 것이다. "저 광신도가 사무실에 없으니 너무 좋다. 오후 내내 기도하면 좋겠네. 하여튼 유별난 사람이야!"

그런데 왜 그들은 다니엘이 기도를 하지 못하도록 법을 만들었겠는가?(단 6:6-8 참조). 그가 그들보다 열 배는 더 똑똑하고, 지혜롭고, 더 혁신적이고 창의적이었기 때문 아니었을까? 그가 그들 한 사람 한 사람을 제치고 승진하여 급기야 모든 지도자의 머리가 되었기 때문에 사람들이 시샘했을 것이다.

이 지도자들은 완전히 당황하여 서로 이렇게 의논했을 것이다. "정말 이해가 안 가! 우리는 전 세계에서 가장 박식하고 재능 있고 지혜로운 교사들과 과학자들과 지도자들에게 훈련을 받았어. 그는 이 보잘것없는 작은 나라에서 왔는데 어디서 이런 아이디어들을 얻는 거지? 어떻게 그가 우리보다 그렇게 뛰어날 수가 있어? 틀림없이 그가 하루에 세 번씩 하는 기도에 무슨 비결이 있을 거야. 그가 기도를 하지 못하도록 법을 만들자. 그러면 계속 우리보다 더 뛰어나지 못할 거야." (물론 이것은 그를 체포하려는 목적을 이루는 데도 도움이 되었다.)

다니엘이 밝은 빛을 발한 것은 그가 놀라울 정도로 탁월한 개인이었기 때문이다. 그의 특별한 자질들이 동시대인들의 눈에 그를 매우 빛나게 만들어 준 것이다. 그들이 그것을 싫어한 것은 부러워서였다. 그러나 나는 왕을 비롯해서 많은 사람이 다니엘의 능력 안에서 살아 계신 하나님의 증거를 보았을 것이고, 그들이 그것에 마음이 끌려서 다니엘의 하나님을 공경하게 되었을 거라고 상상해 본다.

다니엘의 성경 지식 때문에, 또는 그가 친절하고 하루에 세 번 기도를 했기 때문에 다른 사람들이 그를 주목한 것이 아니다. 그가 자기 분야에서 더 뛰어났다는 것과 거룩한 성품을 소유했다는 두 가지 사실 때문에 사람들이 그를 주목한 것이다. 그의 개인적인 토대, 구조, 마감재들이 모두 탁월했다.

능력 있고 번성하는 삶은 잘못이 아니다

나는 개인적으로 내 삶에 임한 하나님의 은혜의 능력을 보았다. 고등학교 때 내가 제일 못했던 과목 중 하나가 영어와 독창적인 글쓰기였다. 나는 언제나 과제로 글을 쓰는 게 힘들었다. 오랜 시간에 걸쳐 글을 써도 공책 반도 못 채웠다. 그리고 나의 형편없는 글을 보고 갈기갈기 찢어서 버리곤 했다. SAT 영어 시험에서는 800점 만점에 370점을 맞았다. 그것이 얼마나 형편없는 점수인지 힌트를 주자면, 나는 여행을 다니는 내내 그보다 낮은 점수를 받은 사람을 딱 한 사람 만나 봤다!

1991년에 기도하는 중에 하나님이 내가 책을 쓰기 원하신다는 것을 알려 주셨을 때 하나님이 나를 다른 사람과 혼동하셨을 거라고 생각했다. 구약 성경에 나오는 사라처럼 나는 크게 웃었다. 어떻게 내가 책 한 권은 고사하고, 한 장이라도 쓸 수 있겠는가? 나는 내 안에 있는 하나님의 측정할 수 없고 무한하고 모든 것을 능가하는 큰 은혜를 애당초 고려하지 않았다.

하나님으로부터 '책을 쓰라'는 명령을 받은 지 10개월 만에, 다른 주에서 온 두 여성이 2주 간격으로 나를 찾아와 이런 말을 했다. "존, 하나님은 당신이 책을 쓰기 원하십니다. 당신이 하지 않으면 하나님이 그 메시지를 다른 사람에게 주실 것입니다." 이 일 후에 나는 하나님과 계약서를 썼고, 내가 하나님의 은혜에 전적으로 의존해 있음을 인정했다. 이 이야기의 나머지 부분은 다음 장에서 말해 주겠다. 지금은 내가 쓴 책이 19권이 있고, 90개 이상의 언어로 번역되어 전 세계로 수백만 부가 배포되었다는 것만 말해 두겠다.

은혜는 내가 글을 쓸 뿐 아니라 말도 잘할 수 있게 해 주었다. 결혼 후 처음으로 리사가 나의 공적 설교를 들었을 때 그녀는 맨 앞줄에서 졸고 있었다. 나는 그 정도로 형편없었다. 리사의 가장 친한 친구 한 명이 옆에 앉아 있었는데 그녀도 깊은 잠에 빠졌다. 어찌나 깊이 자는지 그녀의 벌린 입에서 침이 흐르는 것까지 보였다. 정말 다행히도 지금은 사람들이 내가 설교할 때 잠들지 않는다. 전에는 내 힘으로 설교를 했으나, 지금은 하나님의 은혜를 믿고 의지하고 굴복하는 법을 배웠기 때문이다.

나 자신의 능력으로는 이 두 영역에서 실패자였다. 그러나 그 두 가지 일을 통해 하나님은 나에게 수많은 사람을 섬기는 특권을 주셨다.

이제 선한 삶에 대한 우리의 한도를 요약해 보자. 당신이 믿을 수 있다면 당신에게 불가능한 것은 아무것도 없다. 하나님은 당신이 구하거나 생각할 수 있는 것보다 더 넘치도록 당신을 통해 역사하실 수 있기 때문이다. 하나님은 내적인 능력을 통해 당신의 필생의 사업을 이루실 것인데, 그 능력은 측정할 수 없고, 무한하고, 다른 모든 능력을 능가한다.

당신의 삶은 리사와 내가 우리의 새집을 위한 마감재를 고를 때 그 전시장 안에서 경험한 것과 달라야 한다. 당신의 존재와 당신이 하는 일은 다 하나님의 은혜로 되는 것이기에, 당신에겐 한계가 없다! 그러므로 성령이 당신의 비전을 확장하시게 하라. 큰 꿈을 꾸고, 믿고, 그에 상응하는 행위와 함께 앞으로 나아가라.

이 장에서 말한 내용을 성취하는 데 매우 중요한 요소가 있다. 이 특성을 이해하지 못하면 우리는 능력 있고 번성하는 삶을 추구하는 가운데 좌절하고, 잘못된 길로 갈 수 있다. 다음 장에서는 '분별력'이라고 하는 특성에 대해 논할 것이다.

03

하나님을 경외하는 자,
분별할 수 있다

단단한 음식은 장성한 자의 것이니
그들은 지각을 사용함으로 연단을 받아
선악을 분별하는 자들이니라.
- 히 5:14

위 말씀에서 "장성한 자"들은 영적으로 성숙한 자들을 말한다. 우리는 육체적으로 아기로 태어나 성인으로 자란다. 마찬가지로 영적으로도 아기로 태어나 그리스도의 장성한 분량까지 자라 가야 한다.

그 둘 사이엔 중요한 차이점이 있다. 육체적인 성숙함은 시간의 구속을 받는다. 두 살짜리 아기의 키가 180센티미터라는 얘길 들어 본 적 있는가? 그만큼 크려면 15년에서 20년이 걸린다. 그러나 영적인 성장은 시간의 구속을 받지 않는다. 당신은 그리스도인이 된 지 겨우 1년밖에 안 됐는데 20년 동안 신앙생활을 해 온 사람들보다 더 성숙한 신자들을 만나 본 적이 있는가?

히브리서 5장 14절에 의하면, 성숙함의 표시는 우리의 내적인 감각이 참으로 선한 것과 악한 것을 정확하게 분별하는 것이다.

거룩함은 몇몇 사람들이 누리는 호사가 아니다.
그것은 당신과 나를 위한 단순한 의무다.
- 마더 테레사

당신의 마음은 당신 몸과 같이 오감을 가지고 있다는 것을 알아야 한다. 이 사실은 성경 전체에 걸쳐 분명하게 나타난다.

"너희는 여호와의 선하심을 맛보아 알지어다[taste and see]"(시 34:8). 이 구절만도 벌써 미각과 시각이라는 두 가지 감각이 등장한다. 예수님은 한때 무리들에게 "귀 있는 자는 들을지어다"(마 11:15)라고 공표하셨다. 그 자리에 있던 거의 모든 사람이 육체적으로는 들을 수 있었다. 그러나 예수님은 그들의 내면의 귀에 대해 말씀하신 것이다. 바로 청각이다. 또 바울은 이스라엘을 향한 하나님의 말씀을 인용했다. "부정한 것을 만지지 말라 내가 너희를 영접하여"(고후 6:17). 바울은 또한 하나님이 "우리로 말미암아 각처에서 그리스도를 아는 냄새를 나타내신다"(고후 2:14)라고 했다. 여기서는 촉각과 후각이다. 이 네 구절만 보아도 다섯 가지 감각이 모두 나온다!

풍족함이 목표가 되면 분별력이 사라진다

특히 기만이 만연한 시대에 우리는 어떻게 선과 악을 혼동하지 않을 수 있을까? 어떻게 하면 하와가 악한 것을 선하고 만족스럽고 지혜로운 것으로 믿었을 때 걸린 덫에 똑같이 걸리지 않을까? 그 대답은 분별력을 가지라는 것이다. 그러면 어떻게 분별력을 기를 것인가? 진실하고 경건한 두려움을 통해 기를 수 있다.

선지자 말라기는 훗날 두 부류의 신자들이 있을 거라고 예언했다. 즉 하나님을 두려워하는 자들과 그렇지 않은 자들이다. 힘든 시기를 지날 때 경외심이 없는 자들은 불평하고, 비교하고, 투덜거린다. 그들은 하나님을 섬기면서 사람들의 반대에 직면하고 고통과 고난을 당해야 한다는 사실을 내켜 하지 않는다. 악하고 하나님과 아무 관계가 없는 사람들은 번창하는데 말이다.

하나님을 경외하는 자들은 똑같은 고난을 겪으나 다르게 행동한다. 그들은 하나님의 선하심에 대해 말한다. 하나님이 그들의 힘든 상황에 대해 말씀하시는 것을 믿음으로써 역경과 싸워나간다. 그들은 자신들의 일시적인 불편함보다 하나님의 갈망과 계획과 나라에 더 관심이 있다. 그들의 태도는 다음과 같다.

체리나무에 꽃이 피지 않고 딸기가 익지 않아도, 사과가 다 벌레 먹고 밀농사가 흉작이어도, 양 우리에 양이 없고 외양간에 소가

없어도, 나, 하나님께 즐거운 찬송 부르리라. 나의 구원자 하나님

앞에서 즐겁게 뛰어놀리라. 나, 하나님의 통치와 승리를 믿고 용기를

얻어 기운을 차리네. 사슴처럼 뛰어다니는 나, 산 정상에 오른 듯한

기분이라네!(합 3:17-19, 메시지)

하나님은 말라기 선지자를 통해 그들을 하나님의 특별한 소유로 삼으

실 것을 말씀하셨다. (바울이 디모데후서 2장 21절에서 "귀히 쓰는 그릇"에 대해 어떻게 말

했는지 기억하라.) 말라기는 하나님을 경외하는 자들에게 주어질 혜택 중 하나

가 "너희가 돌아와서 의인과 악인을 분별하리라"(말 3:18)라고 예언했다. 즉

이 신자들은 선하지 않은 것을 선한 것으로 혼동하는 일이 없을 것이다.

앞 장에서 우리는 하나님의 선하심의 한도를 알아보았다. 그것은 우리

가 구하거나 생각할 수 있는 것을 초월하는 풍족함이다. 어떤 사람에게는

풍족함이 몰락의 원인이 될 수도 있지만, 어떤 사람에게는 큰 기회가 된다.

풍족함이 당신의 목적이라면 틀림없이 하와, 가인, 발람, 고라, 사울, 게하

시, 유다, 알렉산더, 라오디게아 교회, 그 외 수많은 사람과 똑같은 덫에 걸

려 넘어질 것이다. 그러나 하나님을 기쁘게 해드리는 것이 당신의 주요 목

적이라면, 당신은 선과 악을 분별하는 능력을 갖게 될 것이다. 그것은 당신

의 풍족함을 적절히 다룰 수 있는 능력이다.

분별력에 열쇠가 있다. 그리고 우리의 분별력은 하나님을 경외하는 마

음에 비례한다. 다시 반복해서 말한다. 우리가 하나님을 경외할수록 더 지

혜롭게 분별할 수 있다. 솔로몬의 통치 초기에는 "듣는 마음을 종에게 주사

…… 선악을 분별하게 하옵소서"(왕상 3:9)라고 부르짖었다.

솔로몬의 통치에 나타난 지혜는 참으로 놀라웠다. 그가 하나님을 따르

던 시기에는 "지식을 불러 구하며 명철을 얻으려고 소리를 높이며 은을 구하는 것같이 그것을 구하며 감추어진 보배를 찾는 것같이 그것을 찾으면 여호와 경외하기를 깨달으며 하나님을 알게 되리니"(잠 2:3-5)라고 기록했다.

그러나 솔로몬이 하나님에 대한 경외심을 잃어버리자 혼란에 빠져 선과 악을 분별할 수 없게 되었다. 그에게 모든 것이 "헛되고" "바람을 잡는 것"이 되어 버렸다. 전도서 전체가 하나님에 대한 경외심을 잃어버리고, 그 결과 분별력을 상실한 사람의 당혹스러운 모습을 보여 준다. 그는 슬픔에 잠겼다. 몇 년 동안 많은 지도자와 신자들이 그와 같이 하나님에 대한 경외심을 잃고 분별력을 상실하여 기만에 빠지는 모습을 지켜보면서 나는 마음이 많이 아팠다.

앞에서 말한 것처럼, 경건한 두려움은 우리가 하나님의 은혜와 협력하여 우리 자신을 더러운 것에서 깨끗하게 하도록 동기를 부여한다. 재미있는 것은 우리의 분별력이 전적으로 경건한 삶에 달려 있다는 것이다. 그러므로 다시 말하지만, 우리는 거룩함을 우리 인생의 결정들을 지지해 주는 구조로 여긴다. 그것이 우리의 직업, 관계, 재정, 사회적 기회, 또는 다른 어떤 삶의 국면과 관계가 있든 말이다.

무엇보다도 우리의 가장 큰 열정은 하나님을 경외하는 것이어야 한다. 이것이 우리의 최우선순위라면 풍족함이 우리를 속이지 못할 것이다. "자기의 재물을 의지하는 자는 패망하려니와"(잠 11:28)라고 했다. 그러나 같은 책에 이런 말도 나온다. "나는 명철이라 …… 부귀가 내게 있고"(잠 8:14, 18). 그리고 다시 "겸손과 여호와를 경외함의 보상은 재물과 영광과 생명이니라"(잠 22:4)라고 했다. 참된 부는 하나님이 당신을 이 땅에 두신 목적을 이룰 수 있게 해 주는 자원이다. 이것은 항상 다른 사람에게 영향을 미치는 것을 포함하며, 바로 하나님나라를 세우는 것이다.

당신이 매일 아침 정직하게 자신에게 해야 할 질문은 이것이다. '오늘 나에게 동기를 부여하는 것은 하나님에 대한 경외심인가 풍족함을 얻으려는 마음인가?' 당신의 목표가 경외심에 있다면, 그것이 좋은 것을 얻기 위해 악한 일에 가담케 하는 기만으로부터 당신을 보호해 줄 것이다.

분명히 말한다. 자원, 부, 재물, 풍족함은 좋은 것이다. 그러나 그것들이 당신의 목표가 되면, 그것들을 얻기 위한 수단이 악한 것인지 알아보는 분별력이 없어질 것이다. 성경의 이야기가 이것을 설명하는 데 도움이 될 것이다.

목적이 수단을 정당화할 때

이스라엘에서는 선지자에게 공물이나 선물을 가져가는 것이 관례였다. 그 당시 청년이던 미래의 왕 사울과 그의 신하는 아버지의 잃어버린 당나귀들을 찾고 있었다. 찾다가 지친 신하가 가까운 도시로 가서 거기 사는 사무엘이라는 선지자가 당나귀들의 위치를 알도록 도와줄 수 있는지 알아보자고 했다. 사울은 즉각 대답했다. "그를 찾아가면, 선물로 무엇을 드린단 말이냐? 자루에 빵도 다 떨어져 거룩한 사람에게 드릴 것이 아무것도 없구나. 우리가 가진 것이 더 있느냐?"(삼상 9:7, 메시지) 이것이 선지자를 찾아갈 때 일반적인 사람들의 태도였다.

이스라엘의 다른 시대로 가 보자. 시리아 군대 사령관 나아만이 엘리사 선지자의 집에 찾아왔다. 그가 선지자의 지시대로 따르자 나병이 깨끗이 나았다. 그래서 감사 인사와 선물을 주려고 엘리사를 다시 찾아왔다. 선지자는 "내가 섬기는 여호와께서 살아 계심을 두고 맹세하노니 내가 그 앞에서 받지 아니하리라"(왕하 5:16)라고 대답했다. 나아만이 그에게 선물을 받으라고 강권했으나 엘리사는 거듭 거절했다.

엘리사의 사환 게하시가 그 모든 일을 지켜보았다. 그는 나아만이 관례적인 선물을 주지 않고 떠나자 놀라서 쳐다보고 있었다. 엘리사가 자리를 뜨자, 게하시는 얼른 나아만 일당을 쫓아갔다. 나아만이 그를 보고 수레를 멈추고, 게하시에게 무슨 문제가 있는지 물었다.

게하시는 다 괜찮다고 말하지만, 그다음에 나아만에게 거짓말을 했다. 엘리사가 지금 갑자기 필요한 게 생겼다고 말한 것이다. "지금 선지자의 제자 중에 두 청년이 에브라임 산지에서부터 내게로 왔으니 청하건대 당신은 그들에게 은 한 달란트와 옷 두 벌을 주라 하시더이다"(왕하 5:22)라고 그는 말했다. 그러자 나아만은 필요한 것의 두 배를 주었다. 그들은 그렇게 헤어졌고, 게하시는 돌아와 받은 선물을 몰래 자기 물건들 있는 곳에 감춰 두었다.

게하시는 엘리사에게 돌아가 그 앞에 섰다. 엘리사가 어디에 다녀왔냐고 묻자 아무데도 가지 않았다고 거짓말을 했다. 그러자 엘리사가 이렇게 말했다.

> 한 사람이 수레에서 내려 너를 맞이할 때에 내 마음이 함께
> 가지 아니하였느냐 지금이 어찌 은을 받으며 옷을 받으며
> 감람원이나 포도원이나 양이나 소나 남종이나 여종을 받을 때이냐
> 그러므로 나아만의 나병이 네게 들어 네 자손에게 미쳐 영원토록
> 이르리라(왕하 5:26-27).

게하시가 유혹에 넘어간 이유는 경외심이 부족했기 때문이다. 따라서 분별력이 떨어진 것이다. 그는 받지 말아야 할 때 받아야 한다고 생각했다. 그 선물이 받아야 마땅한 것이라 믿었고, 어쩌면 자기 상관이 거절했기 때문에 자기가 받아야 한다고 생각했을 것이다. 어쨌든 그도 엘리사처럼 하나님께 제물을 바치고 그의 삶을 하나님의 일에 헌신한 사람이었다. 그들을 향한 하나님의 뜻은 번성하는 것 아니었던가? 그런데 지금 이방 신들을 숭배하던 이 부유한 이방인이 이곳에 왔다. 그 죄인의 부는 의로운 자들을 위해 축적된 것이 아닌가? 그는 엘리사가 사역에 대한 합당한 대가를 받지 않는 것이 어리석은 일이라고 결론을 내렸다.

게하시의 합리화는 그가 마땅히 받아야 한다고 생각한 것을 얻기 위해 사용한 수단을 정당화해 주었다. 그는 분별력을 잃고 악을 선으로 착각했다. 그리고 결국 그의 불순종에 대한 끔찍한 대가를 치렀다.

하나님을 두려워하기보다 세상의 부을 추구하는 것이 어떻게 지도자들과 신자들을 넘어지게 하는지 보여 주는 이야기들은 많이 있다. 나는 많은 이들이 결국 비싼 대가를 치르는 것을 보았다. 솔직히 이익을 얻을 기회가 보이니 솔깃하고 합리적이고 좋아 보였을 것이다. 초기 단계에서는 그들의 노력이 복을 받고 성공이 바로 코앞에 있는 것처럼 보였다. 그런데 상황이 더 안 좋게 변하면서 장기적으로는 큰 손해를 보게 되었다. 나는 결혼생활이 깨지고, 사역을 잃고, 사업이 실패하고, 경제적으로 파탄에 이르고, 건강에 문제가 생기고, 관계가 파괴되는 것을 보았다. 모두 개인의 진실성을 잃고 사랑하는 이들의 신뢰를 잃음으로써 뒤따른 결과였다.

사업가들은 시장에서 다른 그리스도인들과 거래를 하면서 경험했던 수많은 불쾌한 일을 이야기했다. 그들은 이기심, 거짓말, 절도, 시기, 횡령 등을 경험했다. 왜 이런 일이 벌어지는 걸까? 간단히 설명하자면 이렇다. 목적이 좋아 보인다고 해서, 거기에 도달하기 위한 부끄러운 수단들을 정당화하기 때문이다. 그들은 '내가 성공하고, 자산을 갖고, 영향력 있는 사람이 되는 것이 하나님의 뜻이다'라고 생각한다. 하지만 하나님의 말씀을 필터로 삼아 그 여정을 면밀히 살피지 않는다. 그리고 때로는 타협하는 것이 유일한 길처럼 보인다. '우리가 행동하지 않으면 배가 떠날 거야. 우린 엄청난 기회 또는 축복을 잃고 말 거야.' 하나님의 공급을 기다리려면 성숙한 인격이 필요하다.

사탄은 예수님의 사역 초기에 예수님께 솔깃한 제안을 했다. 사탄에게 경배하기만 하면 고통 없이 쉽게 세상의 권세를 되찾게 해 주겠다고, 즉 예수님이 세상에 오신 목적을 이루게 해 주겠다고 유혹한 것이다. 인간적인 면에서 보면 이것이 꽤 매력적인 제안처럼 들렸을 것이다. 만일 예수님이 사탄의 제안을 받아들이셨다면 그분의 사역을 빨리 진척시켜 엄청난 고통과 고난을 피할 수 있었을 것이다. 예수님이 할 일은 그저 사탄에게 경배하는 것뿐이었다.

사탄이 하나님께서 우리 마음에 두신 일을 이루게 해 주겠다고 제안할 때가 얼마나 많은가? 그러나 그 목적을 이루기 위해 우리는 진실성과 인격과 순종을 타협해야 한다.

우리가 누구에게 순종하는지를 나타내는 것이 예배다. 우리는 교회에서 경건한 노래를 부르지만, 우리 삶은 사실상 어두움을 예배하고 있을 수도 있다. 우리의 노래보다 삶이 훨씬 더 큰 소리로 말한다.

앞에서 대부분의 작가들이 자기 책에서 익숙지 않은 단어를 처음 사용할 때 그 단어의 주요 의미를 소개한다는 이야기를 했다. 성경에서 "예배"

라는 단어가 처음 등장한 때를 보면 예배의 참된 의미를 이해할 수 있을 것이다. 그것은 하나님이 아브라함에게 그의 인생에서 가장 중요한 것을 바치라고 하시면서 그 이유를 말씀해 주지 않으셨을 때 처음 사용되었다.

아브라함이 그의 아들 이삭과 함께 3일 동안 모리아 산으로 가서 그의 종들에게 "너희는 나귀와 함께 여기서 기다리라 내가 아이와 함께 저기 가서 예배하고"(창 22:5)라고 말했다. 그는 하나님께 느리고 아름다운 선율의 노래를 불러 드리려고 산에 오르지 않았다. 아브라함은 하나님께 순종하여 그의 가장 소중한 '재산'을 바치기 위해 산에 오르고 있었다. 그의 예배는 곧 순종이었다.

하나님이 한때 그분의 백성들에게 "네 노랫소리를 내 앞에서 그칠지어다 네 비파 소리도 내가 듣지 아니하리라 오직 정의를 물같이, 공의를 마르지 않는 강같이 흐르게 할지어다"(암 5:23-24)라고 말씀하신 이유가 이 때문이지 않을까? 나는 "마르지 않는 공의의 강"이라는 말을 좋아한다. 그것을 나는 "변함없는 순종"이라고 부른다.

아모스 시대에 사람들의 삶은 하나님의 말씀과 일치하지 않았지만, 그들은 여전히 글을 쓰고, 모이고, 새로운 노래를 부르며 예배를 드렸다. 참된 예배를 나타내는 것은 우리가 누구에게 노래를 부르느냐가 아니라 누구에게 순종하느냐 하는 것이다.

좋은 기회 vs 하나님의 기회

나도 예전에 순종과 관련해 유혹의 덫에 걸려들었던 적이 있다. 당시는 우리 사역이 시작된 지 2년이 채 못된 초기 단계였고, 100명 남짓한 사람들이 모이는 조그만 교회들을 순회하면서 섬기고 있을 때였다. 우리는 우리의 혼다 시빅 승용차 뒷좌석에 두 아기들을 태우고 다녔는데, 그러고 나면 차에는 우리의 짐과 집회에서 사용할 카세트테이프 두 상자를 겨우 실을 공간이 겨우 남았다.

앞에서 말했듯이, 어느 날 아침에 하나님이 글을 쓰라고 내 마음에 말씀하셨다. 나는 두 가지 이유로 그 명령에 순종하기를 미루고 있었다. 첫째, 이미 말했듯이 창의적인 글쓰기는 내가 고등학교 때 제일 못했던 과목 중 하나였다. 둘째, 이름 없는 저자의 책을 누가 출판해 주려 할 것인가? 그러나 결국 나는 순종하여 글을 쓰기 시작했다.

원고가 완성되기까지 1년이 걸렸고, 장시간 동안 힘들게 작업했다. 그런 다음 두 출판사를 찾아가 원고를 보여 주었다. 한 출판사에선 그 글이 "너무 설교 같다"고 했고, 다른 출판사에선 아예 응답이 없었다. 나는 낙심했다. 리사와 내가 선택할 수 있는 길은 하나뿐이었다. 바로 자가 출판을 하는 것이었다. 우리가 돈을 모아 몇천 부를 인쇄하고, 우리가 방문하는 작은 교회들에 판매했다. 제목은 《승리》(*Victory in the Wilderness*, 순전한나드 역간)였다. 읽은 사람들이 그 책을 매우 사랑해 주어서, 나는 이듬해에 두 번째 책을 썼다. 이번에도 역시 우리는 자가 출판을 선택할 수밖에 없었다.

두 번째 책이 출간된 지 몇 달 후에 어느 출판사의 원고 검토 편집자가 우리 사무실로 전화를 했다. 그는 자신을 소개한 후에 자기가 전화한 이유를 열심히 설명했다. "존, 어떤 사람이 우리에게 당신의 책 《승리》를 검토하라고 주었습니다. 우리 출판사에선 그 책에 믿음이 갔어요. 그래서 당신이 그 책을 많은 사람에게 전달하도록 돕고 싶습니다." 우리는 몇 분 동안 이야기를 나눴다. 그는 자신들이 책을 판매할 수 있는 여러 가지 방법들을 설명했고 그들의 홍보 계획과 홍보팀에 대해 자랑했다. 사실이라 믿기지 않을 정도로 좋은 일 같았다. 마침내 그 책이 전국에 알려질 기회였으니 말이다.

하지만 그 편집자와 대화를 하고 전화를 끊은 후에 나는 마음이 편치 않았다. 내 영 안에서 그 대화가 잘 받아들여지지 않았다. 다음 날 아침에 기도를 하면서 하나님이 '그들의 제안을 받아들이지 마라' 하고 말씀하시는 것을 강하게 느꼈다. 나는 리사에게 그 이야기를 했다. 이야기를 나눈 후 아내도 그 제안이 좋아 보이긴 하지만 좀 망설여진다며 내 뜻에 동의했다.

그날 늦게 리사가 "여보, 기도할 때 왠지 이 일에 대한 느낌이 좋지가 않아요"라고 말했다. 이때 나는 제안을 수락하지 말아야 한다는 걸 확신했다.

다음 날 원고 검토 편집자에게서 다시 전화를 받았다. 이미 나는 그 일에 대한 하나님의 뜻을 분명히 알았지만, 그래도 편집자가 뭐라고 말하는지 듣고 싶었다. 그때는 깨닫지 못했으나, 내가 이 논의를 계속하길 원한다는 것이 바로 비극의 징조였다. 단순하게 순종하면 될 일이 아니었던가? 왜 나는 그 책의 출판에 대한 그의 설명을 더 듣고 있었는가? 그것이 내 마음속에 있는 잘못된 열망을 부추기고 있었던 것은 아닐까? 그것이 거절감으로 상처 입은 내 자아를 어루만져 주었던 걸까?

편집자는 자신의 회사에서 나의 메시지를 알리고 싶다는 뜻을 열정적으로 설명했다. 그는 나의 메시지가 꼭 필요하며 그것이 미국을 위한 하나님의 말씀이라고 주장했다. 그들의 회사는 최고의 유통회사들과 함께 일하며, 가장 쉽게 우리 책을 전국의 모든 기독교 서점과 일반 서점에 배포할 수 있을 거라고 했다. 그는 다른 무명의 작가들이 그 회사와 함께 책을 출판하여 그들의 메시지가 미국 전역에 퍼지게 된 사례들을 이야기했다. 그들은 컨퍼런스의 인기 강사가 되었다. 그는 그 모든 일이 자기 회사의 영향력 때문이라고 주장했다.

이 사람은 그 후 몇 주 동안 하루 걸러 내게 전화를 했다. 내가 거절하지 않았기 때문이다. 들으면 들을수록 그들과 함께 출판을 하는 것이 합당한 것 같았다. 급기야 내 마음속에 아무런 경고가 느껴지지 않는 지경에까지 이르렀다. 성령님의 내적인 증거가 잠잠해진 것이다. 나는 아첨과 인간적인 논리가 그 문제에 대한 하나님의 지시를 잠재우도록 허락하고 있었다. 간단히 말해서 나의 분별력이 침묵하게 된 것이다.

출애굽기 23장 8절은 "뇌물은 밝은 자의 눈을 어둡게 한다"라고 말한다. 아첨도 일종의 뇌물이며, 그것이 나의 눈을 어둡게 했다. 나는 하나님에 대한 경외심보다 기회와 풍족함을 선택하고 있었다. 아내는 그 일에 대해 강하게 경고했지만, 결국 우리는 계약서에 사인을 했고 그때부터 온갖 문제들이 터지기 시작했다.

그 당시 리사와 나는 결혼한 지 11년이 되었을 때다. 아내는 주기적으로 내게 이런 말을 했다. "당신은 정말 건강 체질이에요!" 사실이었다. 나는 가벼운 감기조차 잘 걸리지 않았고, 걸리더라도 24시간 안에 나았다. 그런데 계약서에 사인을 한 날부터 나는 계속 아팠고 회복이 되지 않았다. 처음엔 감기로 시작했는데, 성인이 된 후 두 번째로 구토라는 걸 했다. 감기가 지나가니 바이러스에 감염되었다. 리사와 나는 결혼기념일을 축하하기 위해 도시를 벗어나 여행을 갔는데 내가 내내 고열에 시달렸다. 열은 그다음 주까지 계속 났다. 나는 한 교회에서 말씀을 전하고, 예배가 끝나면 곧바로 숙소로 돌아와 이불을 뒤집어쓴 채 덜덜 떨었다.

열은 셋째 주까지 계속되었다. 우리는 그 상황이 믿기지 않았다. 이렇게 아픈 적이 한 번도 없었다. 결국 강한 항생제를 써서 나았지만, 치료를 마치고 일주일 후에 다시 심한 감기에 걸렸다. 목이 아프고, 코가 막혀서 머리까지 아프고, 그 외 온갖 성가신 증상들이 겹쳐서, 한마디로 나는 꼴이 말이 아니었다. 그 병은 오랫동안 낫지 않고 질질 끌었다.

감기가 나은 후 2주가 못되어 무릎을 다쳤다. 부상이 심해서 몇 주 동안 보조기를 착용하고 목발에 의지하여 절뚝거리며 다녔다. 이것도 모자랐는지, 곧바로 다른 바이러스에 감염되었다. 이렇게 아프고 다치는 일이 3개월 넘게 반복되었다. 리사는 내내 건강한 상태를 유지했다.

이 모든 일이 일어나는 동안 우리는 출판사와 크게 다투게 되었다. 우리는 서로 어떤 것에도 동의할 수 없을 것 같았다. 관계가 심한 압박을 받았고, 프로젝트는 좀처럼 진행되지 않았다.

이 모든 일로도 부족했는지, 우리는 도저히 해결할 길이 없어 보이는 온갖 문제에 직면했다. 그 3개월 동안 사는 게 정말 힘들었다. 다윗이 "고난 당하기 전에는 내가 그릇 행하였더니 이제는 주의 말씀을 지키나이다"(시 119:67)라고 말한 것이 이런 이유 때문이었을까?

하나님은 이 상황에서 정말 자비로우셨고, 내 어리석음을 깨닫게 해 주셨다. 나는 하나님께 순종하는 것보다 사역의 성공을 더 앞에 두었다. 하나님과 아내에게 내 잘못을 시인했다. 나는 용서받고 깨끗해졌다. 하나님의 자비는 정말 놀랍다!

하지만 나는 여전히 덫에 걸려 있었다. 이 출판사와의 계약에서 빠져나오려면 기적이 필요했다. 리사와 나는 같이 손을 잡고 하나님이 개입해 주시기를 간구했다. 2주 만에 출판사에서 계약을 취소하겠다고 했다. 나는 마음이 놓였다. 하지만 비용이 문제였다. 그 시련을 겪으면서 우리는 4천 달러 이상 손해를 봤다. 젊은 사역자에게는 큰 액수였다.

몇 달 뒤에 스코트라는 친구가 나에게 점심을 같이 먹자고 했다. "존, 네가 내 친구를 한번 만나 봤으면 좋겠어." 나는 그러자고 했다.

식당에서 스코트는 나에게 자기 친구를 소개해 주었다. 그 친구 이름도 존이었다. 알고 보니 그는 유명한 출판사의 간부였다. 서로 알아가기 위한 평범한 대화를 나눈 후 점심을 먹는 도중에 존이 나에게 질문을 했다. 그 당시 나의 강연 주제에 관한 질문이었다. 그의 질문을 받은 후로는 음식을 더 먹지 못했던 것 같다. 나는 '상처'라는 주제에 대해 그와 이야기를 나누기 시작했다. 약 15분 동안 스코트와 존에게 열정적으로 이야기를 했다.

말하는 도중에 존이 끼어들어 이렇게 말했다. "우리는 이 메시지를 출판할 수 없다는 걸 미리 말씀드릴게요. 우린 1년에 거의 24권 정도만 출판을 하거든요. 이런 주제는 유명한 저자들이나 목사들이 많이 다루는 거라서요."

"이 메시지를 출판해 달라고 말하는 게 아닙니다. 단지 당신이 저의 최근 강연 내용에 대해 물어서 대답하는 것뿐이에요"라고 내가 대답했다.

"네, 계속 말씀해 주세요." 그가 말했다.

나는 상처의 덫에 대해 또다시 10분 동안 이야기를 계속했다.

이야기를 마치자 존이 물었다. "저한테 원고를 주실 수 있습니까?"

깜짝 놀란 나는 "이걸 출판할 수 없다고 말씀하신 걸로 아는데요?"라고 되물었다.

"이 메시지는 꼭 출판되어야 합니다. 그걸 우리 사장님께 보여 드리고 싶어요."

출판사에서는 결국 이를 수락했고, 이후 그 책은 세계적인 베스트셀러가 되었다. 책의 제목은 《관계》(*The Bait of Satan*, NCD 역간)다. 지금까지 백만

부 이상 팔렸고 60개 이상의 언어로 번역되었다. 두 번째 출판사에서 전화가 와서 당장 계약을 하고 싶다고 했던 그날을 나는 잊지 못할 것이다. 나는 전화를 끊고 기도를 하러 갔다. 그리고 하나님이 분명히 내 마음에 말씀하시는 것을 들었다. '지난 번 출판사는 너의 생각이었다. 이 출판사는 나의 생각이다.'

이 경험은 선한 것과 하나님의 차이점을 내게 분명히 보여 주었다. 종종 그렇듯이, 좋은 기회가 먼저 왔다. 그리고 하나님의 기회가 나중에 왔다. 아브람과 사래에게도 같은 일이 일어났다. 이스마엘이 먼저 왔고, 이삭이 나중에 왔다.

즉각 순종, 끝까지 순종

무엇이 나로 하여금 첫 번째 출판사에 대해 잘못된 결정을 하게 했을까? 솔직히 대답하자면 하나님에 대한 경외심보다 풍족함, 즉 그 메시지를 많은 사람에게 전달하는 것에 초점이 있었기 때문이다. 그로 인해 하나님이 내 마음에 분명히 말씀해 주시는 것보다 논리와 눈에 보이는 성공이 더 중요해져서 하나님의 음성을 무시해 버린 것이다.

순종은 하나님에 대한 참된 경외심의 외적인 증거다. 우리가 하나님을 두려워할 때 다음과 같이 할 것이다.

하나님께 즉각 순종한다. 이해가 되지 않더라도, 마음이 아프더라도, 이익을 보지 못하더라도 끝까지 하나님께 순종한다.

아브라함의 행동을 잘 살펴보면 그가 이런 기준들을 각각 만족시켰다는 걸 알 수 있다. 그의 큰 시험을 재연해 보자.

어느 날 밤 하나님이 그의 아들, 이삭을 바치라고 하신다. 그가 제대로 들은 걸까? 혹시 악몽이 아닐까? '절대 아닐거야. 어떻게 이럴 수가 있어! 난 내 아들을 사랑해. 이삭을 죽게 할 순 없어. 그 아이를 통해 왕들과 나라들이 세워질 거라고 했어. 내가 이 아이를 죽이면 이 약속이 어떻게 성취될 수 있겠어?' 하고 아브라함은 생각했다.

아브라함은 부르짖는다. "뭡니까! 어떻게 저한테 이런 일을 시키실 수 있습니까? 그 아이를 통해 열방이 세워질 거라고 약속하셨잖습니까!" 하나님은 응답이 없다. 오직 침묵만 있을 뿐이다.

아브라함은 만감이 교차했다. 아마 잠도 못 잤을 것이다. 우리 같으면 몇 주, 몇 달, 심지어 몇 년 동안 그 명령을 곰곰이 생각하다, 결국 그것이 온당하지 않다고 확신했을 것이다. 그러나 아브라함은 다르다. "아브라함이 아침에 일찍이 일어나 나귀에 안장을 지우고"(창 22:3)라고 했다. 그는 즉시 순종했다.

당신 주변에 어떤 사람이 명랑하게 "하나님께서 몇 개월 동안 이 일에 대해 저를 다루셨습니다"라고 말하며 웃어넘기는 걸 본 적이 있는가? 생각해 보면 매우 슬픈 일이다. 그들은 자신에게 경외심이 없다는 것을 자랑하고 있기 때문이다.

하나님은 아브라함에게 그의 인생의 가장 큰 약속을 희생하라고 하신다. 무려 25년 동안 기다려온 약속이다. 그런데 그 요구에 대해 어떤 설명도 해 주지 않으신다. 아브라함은 이삭을 바치라는 것이 이해가 되지 않지만 그래도 순종한다.

자신의 어린 아들을 제물로 바친다고 생각하니 마음이 심히 아프다. 산에 오르는 3일 내내 마음의 고통이 아브라함을 계속 따라다닌다. 하나님의 음성을 듣고 나서는 그래도 좀 편안했지만, 하나님의 침묵 속에 하루하루가 지날 때마다 고통은 더욱더 극심해진다. 아브라함과 그의 사랑하는 아들이 제단을 쌓을 때 그 갈등은 극에 달한다. 그래도 아브라함은 순종한다.

전능하신 하나님은 아브라함에게 그가 순종하면 아들 대신 다른 제물을 제공해 줄 거라고 말씀하지 않으신다. 우리와 달리 아브라함은 창세기를 읽어 보지 못했다. 따라서 결과를 알지 못한다. 그는 이 명령 속에서 아무런 유익을 보지 못하지만 그럼에도 순종한다.

오늘날과 얼마나 다른 모습인가. 많은 사람이 하나님께 순종하면 어떤 유익이 따르는지 알아야 실제로 순종한다. 교사로서 우리는 하나님께 순종함으로써 얻는 개인적인 유익을 보여 주기 위해 우리의 메시지를 조정할 때가 많다. 또 책을 낼 때도 책 제목이나 부제목에 독자들이 얻을 개인적인 유익을 포함시키지 않으면 책이 팔리지 않는다.

드디어 아브라함은 끝까지 간다. 산을 오르고, 제단을 쌓고, 이삭을 결박한다. 그리고 사랑하는 아들의 심장을 칼로 찌르려 한다. 그는 끝까지 순종한다. 칼이 이삭에게 다가갈 때 천사가 갑자기 나타나 소리친다. "그 아이에게 네 손을 대지 말라 그에게 아무 일도 하지 말라 …… 내가 이제야 네가 하나님을 경외하는 줄을 아노라"(창 22:12).

천사는 아브라함이 하나님을 두려워하는 것을 어떻게 알았는가? 이해되지 않아도, 고통스러워도, 보장된 이익이 없어도 즉시 순종했고, 끝까지 갔기 때문이다. 그는 많은 재산을 가졌지만, 그에게 가장 귀중한 재산은 바로 그의 아들이었다. 그러나 아브라함의 초점은 자기 소유에 있지 않았다.

그의 우선순위는 하나님께 순종하는 것이었다.

경외심은 우리가 풍족함, 자산, 재물을 건강한 방법으로 다루도록 준비시킨다. "여호와께서 주시는 복은 사람을 부하게 하고 근심을 겸하여 주지 아니하시느니라"(잠 10:22)라는 성경 말씀이 의미하는 바가 바로 이것이다.

하나님을 경외할 때 분별력이 생긴다

예수님의 제자 유다를 아브라함과 비교해 보면 큰 차이점을 볼 수 있다. 유다는 자기에게 이익이 되면 간편하게 진리를 무시해 버렸다. 그는 공금을 횡령하고, 기만하고, 자기 지도자를 배반하고, 가난한 자들을 돌아보지 않았으며, 위선자였다(마 26:25, 49; 요 12:6; 13:2 참조). 그는 판단력이 흐려졌다. 경외심이 부족했기에 옳고 그른 것, 선과 악을 분별할 수가 없었다.

어느 날 어느 부유한 여자가 비싼 향유 한 병을 예수님께 다 쏟아부었다. 유다는 그녀의 '어리석은' 행위에 대해 분개하여 직선적으로 말했다. "이 향유를 어찌하여 삼백 데나리온에 팔아 가난한 자들에게 주지 아니하였느냐"(요 12:5)라고 했다. 그의 말은 논리적이고 설득력이 있었으며 다른 제자들에게 영향을 미쳤다. 그들 또한 맞장구를 치며 그녀의 행동을 나무랐다.

예수님은 "가만 두라 너희가 어찌하여 그를 괴롭게 하느냐 그가 내게 좋은 일을 하였느니라 …… 이 여자가 행한 일도 말하여 그를 기억하리라"(막 14:6, 9)라고 말씀하심으로 유다의 영향력에 제동을 거셨다. 예수님은 그녀의 행동을 좋고 지속적인 것이라고 말씀하셨는데, 유다는 그녀의 행동을 나쁘고 일시적인 거라고 판단했다. 그의 분별력이 흐트러졌다. 그는 하나님의 마음에서 거리가 멀었다.

다음 구절을 보자.

열둘 중의 하나인 가룟 유다가 예수를 넘겨 주려고 대제사장들에게
가매(막 14:10).

이제 한계에 다다랐다. 유다는 진절머리가 났다. 예수님의 리더십 전략
에 질려버렸다. 그는 갈릴리에서부터 예수님을 따라왔고 예수님이 다윗의
왕위를 재건하실 것을 기대했다. 이사야 선지자에 의하면 메시아는 영원히
통치하실 것이다. 예수님이 그 왕국을 세우신다면 그분의 주요 제자요 회
계 담당자인 유다가 높은 자리에 올라 부와 권력을 소유할 수 있을 것이다.

유다는 생각했다. '내가 일을 좀 더 빨리 진행시켜야겠어. 더 이상 기다
리지 않을 거야. 나는 권력의 자리에 올라 영향력과 부를 소유하고 싶어.
지도자들의 조롱과 박해를 받는 데 질려 버렸어. 난 더 이상 미치광이를 따
라다니는 사람으로 보이고 싶지 않아. 내가 그 사람을 지도자들에게 넘기
면 그가 자신의 힘을 과시하며 그의 왕국을 세우겠지. 그러면 나는 당신의
나라를 위해 내가 악역을 담당할 수밖에 없었다고 눈물로 뉘우쳐야지. 자
숙하는 시간을 거치고 나면 그동안 수고한 게 있으니 한 자리 차지할 수 있
을 거야.'

당신은 유다의 동기에 대한 나의 해석에 의문을 제기할지 모른다. 그러
나 나는 그것이 아무 문제 없다고 생각한다. 유다는 병자를 고치고, 폭풍우
를 잠잠케 하고, 죽은 자를 일으키고, 무화과나무를 저주하고, 눈먼 자와 귀
머거리를 고쳐 주고, 다른 수많은 기적을 행하신 예수님의 능력을 계속 봤

던 사람이다. 그는 예수님이 자주 하나님나라에 대해 말씀하시는 걸 들었다. 베드로와 다른 이들이 예수님을 메시아라 고백하는 것을 들었다. 매일 예수님의 위대하심을 눈앞에서 보았다.

그러나 예수님이 사형선고를 받으시자 유다는 자신의 생각이 잘못되었음을 깨닫고 자신의 행동을 후회하며 목매달아 죽었다. 유다는 바라던 일을 이루지 못했다.

이 두 사람, 아브라함과 유다는 하나님을 경외하는 사람과 그렇지 않은 사람의 차이를 분명히 보여 준다. 전자는 분별력이 있었다. 후자는 기만 속에서 살았다. 그들의 개인적인 선택은 그들의 마음속에 있는 것을 비춰 주었을 뿐이다. 이 두 사람의 결과는 완전히 달랐다. 둘 다 사람들에게 기억되고 있지만, 그 이유가 전혀 다르다.

우리는 모두 기억될 것이다. 거기에는 의심의 여지가 없다. 우리는 영원한 존재들이기 때문이다. 우리가 스스로에게 해야 할 질문은, 우리가 어떻게 기억되기를 원하는가다. 하나님을 경외하는 마음이 그 답을 결정할 것이다.

우리의 판단력이 흐려지지 않고 건재하려면 순결한 마음이 필요하다. 그러면 어떤 시도가 하나님의 영감을 받은 것인지, 그저 일시적으로 좋아 보이는 것인지 판단할 때 잘못된 길로 빠지지 않을 것이다. 우리는 배우자, 함께 어울리는 사람들, 가장 친한 친구들, 직업, 기회, 투자, 자녀양육법, 섬기는 교회, 우리가 받는 교육, 삶 속에서 직면하는 끊임없는 결정과 관련하여 현명한 선택을 할 것이다.

솔로몬이 생의 마지막에 이르렀을 때 큰 영광과 더 큰 어리석음을 경험한 후 이렇게 부르짖었다. "일의 결국을 다 들었으니 하나님을 경외하고 그의 명령들을 지킬지어다 이것이 모든 사람의 본분이니라 하나님은 모든 행위와 모든 은밀한 일을 선악 간에 심판하시리라"(전 12:13-14).

솔로몬은 미치광이가 되었고, 분별력을 잃었고, 더 이상 참으로 선한 것과 그렇지 않은 것을 분별할 수 없었다. 하나님은 전도서를 통해 그의 정신 이상을 살짝 보여 주신다. 그러나 가장 좋은 소식은 솔로몬의 정신이 돌아와 올바른 판단력을 갖게 되는 것도 짐작해 볼 수 있다는 것이다. 그는 삶에서 경외심을 갖는 것보다 더 중요한 것이 없다는 걸 깨달았다. 그의 말에 따르면 그것이 "일의 결국"이다.

그러므로 모든 일을 하나님의 관점으로 보기 원하고, 가장 고귀한 지혜를 깨닫고 알기 원한다면 하나님을 경외하기로 결단하라. 당신의 결정을 결코 후회하지 않을 것이다.

뒤로 물러나 전체적인 그림을 보자.

하나님은 당신을 지극히 사랑하신다. 그분은 오직 당신에게 가장 좋은 것을 주기 원하신다. 하나님으로부터 오는 것은 모두 선하지만, 모든 선한 것이 하나님으로부터 오는 건 아니다. 따라서 어떤 선한 것이 우리로 하여금 최선의 것을 받지 못하게 할 수 있다. 우리는 모두 최선을 갈망하지만, 거기까지 가는 길은 항상 명백하지 않다. 그래서 분별력이 필요하다.

이 세상을 살아가는 동안 하나님 외에 우리가 상대해야 하는 존재가 있으니, 바로 우리의 대적 사탄이다. 그는 우리를 해치려 하며, 우리를 사랑하시는 하나님의 마음을 상하게 하는 것이 주요 목적이다. 성경은 우리의 대적이 "광명의 천사로 가장한다"라고 말한다. 그러므로 "사탄의 일꾼들도 자기를 의의 일꾼으로 가장하는 것이 또한 대단한 일이 아니니라"라고 했다 (고후 11:14-15 참조).

결국 우리 눈에 좋아 보이지만 최종적으로 슬픔, 불행, 상실, 죽음으로 인도하는 수많은 선택과 길이 있다(잠 14:12 참조). 생각해 보라. 우리의 원수, 사탄의 종들, 즉 궁극적으로 우리를 죽이려 하는 모든 것이 선한 것들로 가장한다. 그러므로 이것을 기억하라. 대체로 당신에게 가장 위험한 것은 노골적으로 악하게 보이지 않을 것이다. 오히려 선한 가면을 쓰고 다가올 것이다.

기독교 초기에는 우리의 대적들이 교회를 파괴하려 했다. 신자들이 박해와 고문을 당하고 죽음을 당했다. 그러나 원수가 하나님의 백성을 무너뜨리려 할수록 교회는 더 강해졌다. 사탄은 사실 매우 영리하기 때문에 하나님이 백성을 무너뜨리는 길이 하나님의 지혜에서 벗어난 좋은 삶을 제공해 주는 거라고 결론을 내렸다. 이것은 본질적으로 그가 에덴동산에서 사용했던 것과 똑같은 전략이었다.

교묘한 전략이 시행된 지 여러 세기가 지난 지금, 우리는 진짜 진리 대신 선하고 편리해 보이는 변형된 진리들을 받아들이게 되었다. 우리는 예수님의 선하심과 구세주로서 그분의 역할을 큰소리로 외치지만(이것은 절대적으로 사실이다) 예수님의 주 되심의 가치와 능력과 규모, 그리고 그것이 우리의 삶에 미치는 영향은 중요하게 여기지 않는다. 우리는 하나님의 주권과 우리가 그분과 함께 다스린다는 사실을 받아들였으나, 거룩함을 추구하며 하나님의 계명을 믿고 순종해야 할 책임은 간과해 왔다. 우리가 만들어 낸 '좋은' 교리들 때문에 행위와 삶의 순결함에 거의 무관심해져 버린 것이다.

많은 신자들이 신앙생활을 하면서 번성하기보다는 유지하는 쪽으로 기울었다. 충만함을 경험하는 대신 그냥 근근이 살아가는 것이다. 근본적으로 우리는 하나님 말씀의 모든 조언을 우리에 대한 최종 권위로 받아들이는 대신, 우리의 논리에 근거한 신학을 만들고 성경의 한 부분만 떼어서 그 신학을 뒷받침해 왔다.

이러한 추세는 무너질 수 있고, 또 무너져야만 한다. 이제는 우리가 다시 한 번 성경을 깊이 파고 들어가 진리를 알기 위해 정직하게 성령님의 인도를 구해야 할 때다. 더 이상 우리가 이미 믿는 쪽으로 성경을 해석하지 말고, 정직하게 열린 마음과 생각을 가지고 나아가 우리가 읽는 말씀을 믿으며, 성령께 선입견을 드러내고 없애 달라고 간구해야 한다.

교회 지도자들에게. 하나님의 모든 말씀을 가르칠 것을 권한다. 당신의 가장 큰 동기가 양들에게 진리를 먹이는 것인지, 추종자들을 많이 만드는 것보다 온전한 성경의 구원 메시지를 가지고 잃어버린 자들에게 진심으로 다가가는 것인지 확인하라. 만약 당신의 주된 목표가 다음 주 예배에 다시 올 사람들을 얻는 것이라면, 성령께 용서를 구하고 주된 전략의 초점을 다시 맞춰서 진리로 하나님의 양 떼를 먹이는 일에 집중하라. 방법은 늘 적절하고, 새롭고, 혁신적이어야 하되, 메시지는 유행을 타지 말아야 한다.

신자들에게. 그곳이 교실, 연구실, 사무실, 들판, 집, 시장이든 간에, 모든 사람을 대할 때 사랑으로 충만한 마음을 가지고 진리를 말하라. 그들이 두려워하며 당신 안에서 예수님을 본다고 말하게 하라. 그들이 당신 삶에 임한 예수님의 임재를 경험하게 하라. 당신이 참된 거룩을 추구한다면 하나님의 위엄이 당신에게서 풍겨 나올 것이다.

예수님의 계명을 따라 살지 않으면 우리는 그분의 임재를 경험하지 못하고, 예수님이 그분의 교회를 통해 세상에 알려지지 못할 것이다. 솔직히 말하자면 우리는 고통을 겪는다. 그리고 우리보다도 우리 공동체에 속한 자들이 고통을 겪는다. 첫째, 예수님의 계시가 전달되지 않으므로 잃어버린 자들이 그들을 만족시킬 수 있는 유일한 분의 임재를 접하지 못하게 된다. 둘째, 우리의 동료 신자들이 타협이라는 전염병에 노출되며, 그것은 그들을 하나님의 마음과 임재에서 멀어지게 만들 수 있다.

예수님은 그것을 이런 식으로 말씀하셨다. "그들을 위하여 내가 나를 거룩하게 하오니"(요 17:19). 예수님이 특별히 아버지께 순종하신 것은 그분의 공동체에 속한 사람들을 위해서였다. 그렇게 하신 주된 동기가 나머지 말씀에 나타난다. "이는 그들도 진리로 거룩함을 얻게 하려 함이니이다."

예수님이 재림하실 때까지 우리는 세상이 바라볼 유일한 '예수'다. 그들에게 가짜로 만들어낸 힘없는 예수님이 아니라 진짜 예수님을 보여 주자. 최선에 못 미치는 것에 만족하지 말자. 진리를 받아들이고, 우리의 변함없는 사랑의 순종을 통해 얻는 참으로 선한 열매를 바라보자.

거룩함을 추구하고, 최선을 다해 성공하라. 그렇게 함으로써 당신은 다른 사람들의 삶에 변화를 일으킬 것이다.

> 능히 너희를 보호하사 거침이 없게 하시고
> 너희로 그 영광 앞에 흠이 없이
> 기쁨으로 서게 하실 이
> 곧 우리 구주
> 홀로 하나이신 하나님께
> 우리 주 예수 그리스도로 말미암아
> 영광과 위엄과

권력과 권세가

영원 전부터 이제와 영원토록 있을지어다

아멘.

(유 24-25절)

개인과
소그룹을 위한
질문과 묵상

이 책은 그냥 단순한 책이 아니다. 사람들이 거룩 운동에 동참하도록 영감을 줄 수 있는 메시지다. 당신은 이제 어떻게 예수님의 주권 아래서 풍성한 삶을 살 수 있고, 또 그분의 은혜로 살아갈 수 있는지 안다. 나는 당신이 이 계시를 당신의 영향력이 미치는 세상에 전달하도록 준비시키고자 한다.

당신의 친구들, 가족, 공동체에 당신이 배운 것을 전해 줌으로써 이 운동에 동참할 수 있다. 바울 한 사람이 작은 학교에서 소수의 사람들에게 가르침으로써 결국 2년 만에 아시아에 사는 모든 이에게 복음을 전할 수 있었다! 그들은 하나님의 임재를 전달하는 사람들이 되었다(행 19:1-10 참조). 우리가 하나님을 향해 같은 열정을 품고 하나가 된다면 하나님이 우리를 통해 어떠한 역사도 일으키실 수 있다.

당신의 매일의 삶 속에 이 메시지를 나눌 기회들이 존재한다. 당신은 이것을 소그룹 성경공부, 전교인 대상 성경공부, 회사 신우회, 사역자 훈련 코스, 그 외 여러 곳에서 활용할 수 있다.

다음 여섯 번에 걸쳐 진행되는 이 커리큘럼은 모두 당신이 이 메시지를 주변 사람들의 마음과 삶 속에 전달하도록 준비시키기 위한 것이다.

우리와 함께 모든 곳에서 하나님 말씀을 전하는 일에 동참해 주어 감사드린다!

진심을 담아
존 비비어

첫 번째 만남

Part 1 읽기.

---- **묻고 답하기** --

1. 하와가 금지된 나무의 열매를 먹기로 결심한 것은 그것이 먹음직하고 보암직하고 지혜롭게 할 만큼 탐스럽게 보였기 때문이다. 이 특성들을 설명해 보라. 어떤 것이 먹음직하다는 것은 무엇을 의미하는가? 보암직하다는 것은? 지혜롭게 할 만큼 탐스럽다는 것은? 정확히 어떤 식으로 이 세 가지 특성들이 각각 우리를 하나님에 대한 순종에서 멀어지게 할 수 있는가?

2. 에덴동산 이야기는 모두 하나님의 권위로 금지한 한 가지 열매를 중심으로 한다. 이것은 우리에게 신뢰와 인간의 본성에 대해 무엇을 말해 주는가? 어떻게 하면 하나님이 출입금지를 명하신 곳에 다가가려 하는 우리 성향을 막을 수 있을까?

3. 하나님에 대해 가르쳐 주는 책, 팟캐스트, 블로그, 그 외 도구들은 귀중한 자료들이다. 그러나 '계시된 지식'과 '전달된 지식'의 차이점을 이해함으로써 어떤 식으로든 그것들을 바라보는 내 관점이 달라지는가? 달라진다면 어떻게 달라지는가?

4. 부자 청년의 이야기를 통해 우리는 하나님이 선한 것과 관련이 있다고 아는 것과 하나님을 선의 근원으로 인정하는 것에 차이가 있음을 알게 된다. 어떻게 하면 선에 대한 우리의 개념이 하나님으로부터 온 것임을 확신할 수 있을까?

5. 나는 성경의 정확성과 권위에 대해 무엇을 믿는가? 디모데후서 3장 16절을 다시 읽어 보라. 이 구절이 가르치는 바와 내가 믿는 것 사이에 차이가 있는가? 이번 주에 배운 내용을 바탕으로 서로 논의해 보라.

여호와께서는 모든 것을 선대하시며.

- 시 145:9

에덴동산에서 하와를 속인 사탄의 전략 이야기는 정신이 번쩍 들게 한다. 하와가 덫에 걸려 하나님이 그녀에게 좋은 것을 주지 않으셨다고 믿게 되었을 때, 그녀는 절망과 싸우지 않았다. 어떤 상실을 겪고 슬퍼하거나, 학대를 받다가 회복 중인 상태도 아니었다. 그녀는 완벽한 환경에서 살면서 하나님의 완벽한 공급을 누리고 매일 하나님과 교제하고 있었다.

하나님이 선의 근원이심을 인정하려면, 먼저 하나님이 선하시다는 흔들림 없는 확신을 가져야 한다. 이것은 에덴동산에서도 어려운 일이었다. 그런데 오늘날 우리는 하나님의 선하심에 대한 우리의 믿음에 도전하는 더 많은 요소에 직면한다.

하와와 달리 당신은 확실히 실망과 상실, 학대, 혼란, 결핍, 또는 고통을 겪었다. 우리가 원하는 것과 하나님이 우리에게 명하시는 일 사이에 아무 갈등이 없는 한 이런 것들의 영향력은 드러나지 않을 것이다. 그러나 유혹이 찾아오면 해결되지 않은 의심의 이유들이 우리의 마음속에서 속삭이기 시작한다. 우리는 하나님이 우리에게 어떤 것을 말씀해 주지 않으시는 것 같은 생각이 들고, 하나님의 뜻대로 행하는 것이 어떤 유익이 있는지 의심하기 시작한다.

그러나 잠언 14장 12절을 명심하라. "어떤 길은 사람이 보기에 바르나 필경은 사망의 길이니라." 우리를 위한 하나님의 뜻 외에는 우리를 영원한 삶, 기쁨, 만족, 또는 축복으로 인도하는 게 없을 것이다. 겉으로 보기에 아무리 선해 보이는 것이라도 말이다.

다음 한 주 동안 하나님의 선하심에 대한 당신의 믿음을 정직하게 평가해 보길 바란다. 당신이 하나님을 불신하거나 불순종하게 하는 기억이나 사고방식을 붙들고 있는지 성령께 물어보라. 그리고 당신의 특정 상황에 대한 하나님의 진리를 드러내는 성경 말씀을 발견하여 선언하라. 하나님의 성령이 그분의 말씀으로 당신의 마음을 새롭게 해 주시기를 겸손하게 구하라. 하나님의 진리가 당신을 자유로 인도할 것이다!

: 생각해 보기

선하신 하나님께 감사하라! 그분의 신실한 사랑은 영원히 지속될 것이다(시 107:1 참조).

: 적용하기

여호수아와 이스라엘 백성이 약속의 땅에 들어갈 때 요단 강을 건너야 했다. 그 때는 수확기였고 불어난 강물이 둑에 넘쳐흘렀다. 그러나 하나님이 개입하셔서 물의 흐름을 멈추어 이스라엘 모든 백성이 마른 땅으로 건널 수 있게 해 주셨다. 그 후에 하나님이 여호수아에게 백성들을 시켜 근처에 기념비를 세워 하나님이 그들을 위해 하신 일을 늘 기억하게 하라고 하셨다.

하나님이 하신 좋은 일들을 기억하는 것보다 나쁜 일들을 기억하는 게 더 쉬울 때가 많다. 그러므로 이번 주에는 당신의 삶 속에 나타난 하나님의 선하심을 기억 하기 위한 기념비를 세우기 시작하라. 일기장을 사거나, 휴대폰에 기록을 시작하 거나, 음성 녹음을 하거나, 당신이 하나님의 신실하심을 경험하는 (크고 작은) 순간 들을 기억할 수 있는 다른 방법을 찾아보라. 힘든 일이나 의심이 생겨서 하나님이 선하시다는 확신이 흔들리려 할 때 이런 기억들이 당신의 마음을 격려하고 믿음 을 일으키는 증거가 될 것이다.

두 번째 만남

Part 2 읽기.

--- **묻고 답하기** ---

1. '주'로서 예수님의 지위와 '구세주'로서 예수님의 사역이 어떤 차이가 있는지 이야기해 보라. 이것을 내가 들은 것, 또는 믿어 왔던 것과 비교해 보면 어떠한가? 내 생각이나 행위에 있어서, 주 되심에 대한 성경의 가르침에 맞게 변화되어야 할 부분이 있는가?

2. 만일 우리가 오늘 새로운 나라로 이사를 간다면, 새 땅으로 들어가기 위해선 그 나라의 법과 기준들을 따르기로 동의해야 할 것이다. 나는 그동안 하나님과의 관계를 이런 관점으로 보았는가? 그렇게 보거나 보지 않은 이유는 무엇인가?

3. 그리스도인이 되기 원하는 사람과 대화를 하고 있다고 상상해 보라. 우리가 이번 주에 배운 내용을 근거로, 그들에게 무슨 말을 해 주겠는가?

4. 마가복음 8장 34-35절을 읽으라. 자기를 부인하기를 갈망하는 것과 실제로 자기를 부인하는 건 같지 않다. 어떤 사람이 예수님의 말씀대로 행하는 대신 갈망하는 수준에서 만족하는 원인이 무엇인지 설명해 보라.

5. 마태복음 7장 21절을 다시 살펴보자. 예수님은 그를 진심으로 따르지 않는 사람들도 갖게 될 네 가지 좋은 특성들을 말씀하신다. 그것은 예수님의 가르침을 믿고, 감정적으로 몰입하고, 복음을 전하고, 사역에 참여하는 것이다. 하나님은 우리가 정죄감이나 두려움 때문에 행하는 것을 원치 않으신다. 그러면 이 계시에 대한 적절한 반응은 뭐라고 생각하는가?

그러나 우리의 시민권은 하늘에 있는지라
거기로부터 구원하는 자 곧 주 예수 그리스도를 기다리노니.
- 빌 3:20

신약 성경의 관점에서 볼 때 '예수님은 주님이시다'라는 선언이 근본적으로 기독교 개론의 요약이다. 로마서 10장 9절에 의하면, 예수님의 주 되심을 인정하는 데서 기독교 신앙이 시작된다. 그러나 많은 이들에게 '예수님은 주님이시다'라는 말은 그렇게 많은 의미를 담고 있지 않다. 우리는 이 문구를 말하거나, 노래하거나, 혹은 기도할 때 사용할 것이다. 그러나 예수님을 "주님"으로 부르는 것이 곧 그분을 우리 삶의 최고 권위로 인정하는 것이라는 사실에는 무관심한 경향이 있다.

신앙생활을 시작하기 전에 우리는 세상의 시민들이었다. 우리를 향한 하나님의 뜻을 알거나 구할 이유가 없었다. 하지만 우리는 더 이상 세상의 시민들이 아니다. 우리는 하나님나라의 시민, 곧 하늘나라의 시민들이다. 우리의 삶에 관한 모든 것이 이 나라의 기준에 맞아야 하며, 왕이신 주 예수 그리스도의 성품을 나타내야 한다.

예수님의 성품은 무엇인가? 마가복음 14장 32-42절에서 겟세마네 동산에서의 예수님 이야기를 살펴보자. 이 이야기는 예수님이 배신당하여 로마인들에게 넘겨져 십자가 처형을 당하시기 직전에 있었던 일이다. 36절 마지막 부분에 예수님이 아버지에게 하시는 말씀을 특별히 주목해 보자. "그러나 나의 원대로 마시옵고 아버지의 원대로 하옵소서."

십자가로 가는 것은 중요한 순종의 행위다. 그러나 사실 사소한 순종의 문제는 없다. 우리가 예수님을 주님으로 공경할 때, 타협하는 게 별것 아닌 것 같고 순종하는 것이 불편하거나 사람들에게 인기가 없을 때에도 우리는 하나님의 뜻에 복종한다. 우리는 모든 일에서 '저는 주님의 뜻을 원합니다'라고 말한다.

당신은 이런 조건으로 예수님을 영접했는가? 아니면 여전히 당신의 삶 속에서 하나님이 명하시는 일보다 더 우선시하는 것, 습관적인 죄나 이기적인 야망이 있는가? 당신은 죄책감이나 수치심을 느낄 필요가 없다. 하지만 이제 새로운 삶의 길을 찾아야 한다. 기도하며 하나님께 나아가, 진심으로 예수님을 당신의 주님으로 공경하도록 성령의 도우심을 구하라. 당신이 하나님의 임재와 말씀 속에서 시간을 보낼 때 하나님이 하늘나라의 시민답게 사는 법을 가르쳐 주실 것이다.

: 생각해 보기

온 마음을 다하고 온 시간을 들여 하나님의 길에 헌신하십시오(롬 6:13, 메시지).

: 적용하기

나중에 우리가 율법주의나 수치심에 빠지지 않고 순종하는 삶을 살 수 있도록 능력을 주시는 하나님의 방법에 대해 논의할 것이다. 그러나 이번 주에는 당신 자신에게 진심으로 이렇게 질문해 보길 바란다. '나는 예수님의 주권에 온전히 굴복했는가?'

우리 모두 간과하는 부분들이 있다. 따라서 나는 당신에게 다음과 같이 할 것을 제안한다. 당신이 사랑하고 신뢰하는 사람, 즉 배우자나 친한 친구나 당신을 믿고 당신이 가장 잘되기를 원하는 지도자를 찾으라. 당신이 주 되심을 원리에 대해 이번 주에 배운 내용을 나누고, 친구에게 그들의 생각을 이야기해 달라고 하라. 그들은 당신의 삶 속에서 타협하고 있는 부분들을 알고 있는가?

그들이 어떤 얘기를 해 주면 열린 귀와 열린 마음으로 잘 들으라. 그다음에 기도하면서 그것을 하나님께 말씀드리라. 하나님께 그들의 말 속에 담긴 진리를 보여 달라고 간구하라. 겸손은 기만과 싸우는 강력한 무기다. 이 단순한 활동이 우리를 특별한 변화로 인도할 것이다!

세 번째 만남

Part 3 읽기.

묻고 답하기

---

1. 좋은 목적도 하나님을 알고 영광돌리고자 하는 우리의 갈망을 대신할 경우 위험한 것이 된다. 다음 목적에 대해 논의해 보라. 그것들은 어떤 면에서 좋은 것인가? 그에 반해, 우리가 그것들을 주요 목적으로 삼을 경우 어떻게 궤도를 벗어나게 되는가?
   - 경제적인 안정
   - 인기
   - 영향력
   - 관용
   - 인도주의적인 성취
   - 효과적인 사역

2. 하나님이 그분의 임재 없이 이스라엘 백성을 약속의 땅으로 들여보내시겠다고 했을 때 내가 모세와 같이 있었다고 상상해 보라. 그 순간에 나는 무슨 생각을 했을 것이며, 어떤 생각이 모세와 같은 결단을 하도록 도와주었을 것 같은가?

3. 어떤 사람과 하나님의 관계에 있어서, 하나님보다 하나님이 그들에게 주실 수 있는 것에 더 관심을 갖고 있다는 증거들은 무엇인가? 만약 나와 하나님의 관계에서 이런 징조들이 나타나기 시작했다면 내 궤도를 어떻게 수정할 수 있겠는가?

4. 세상의 친구가 되지 않고 세상에 효율적으로 다가가는 방법에 대한 생각을 나누어 보라.

5. 율법주의는 세속적인 마음의 또 다른 형태에 불과하다. 어떻게 우리가 종교적인 사고방식에 빠지지 않고 하나님과의 우정을 지킬 수 있다고 생각하는가?

---- **묵상하기** --

주의 앞에는 충만한 기쁨이 있고.

- 시 16:11

믿음의 가장 큰 시험 중 하나는 매우 평범해 보인다. 바로 지름길이다. 모세도 광야에서 지내는 동안 지름길을 만났다. 그는 애굽에서 시내 산까지 불평하고 반항하는 백성들과 함께 왔다. 곧 약속의 땅에 들어갈 수 있다는 사실에 분명 마음이 끌렸을 것이다. 그러나 모세는 하나님의 임재를 잃는 그 약속을 받아들였는가?

수천 년이 지난 후에 예수님도 광야에서 지름길을 만나셨다. 예수님이 공적인 사역을 시작하려 하실 때 사탄이 고난을 받지 않고 곧장 열방을 다스릴 수 있는 기회를 주겠다고 했다. 예수님은 그저 그에게 경배하기만 하면 되었다. 하나님이 고난을 통해 주시는 것을 쉽게 얻기 위해 예수님이 타협을 하셨을까?

사탄이 하나님의 아들에게 이 전략을 사용했다는 것은 그것이 매우 효과가 있다는 것을 그가 알고 있다는 뜻이다. 우리는 나중에 이 이야기를 다시 살펴볼 것이다. 지금 중요한 것은 예수님이 사탄의 술책에 성공적으로 저항한 유일한 분이 아니셨다는 것이다. 모세는 하나님과 함께 광야에 남는 것과 하나님 없이 약속의 땅에 들어가는 것을 놓고 저울질을 했고, 결국 광야를 택했다. 왜인가? 그는 자기가 무엇을 잃게 될지 알았던 것이다.

'하나님의 임재가 당신의 궁극적인 목적인가?'라는 질문에 당신이 전심으로 그렇다고 대답할 수 있기를 바란다. 그러나 당신의 대답이 지적인 활동 이상의 의미를 가지려면, 먼저 또 다른 질문에 답할 수 있어야 한다. 그것은 하나님의 임재 안에 있는 것이 무엇을 의미하는지 알고 있는가 하는 질문이다.

나는 당신이 모세처럼 하나님의 임재와 사랑에 빠지길 원한다. 지름길도 가치가 없어 보일 정도로 하나님과의 친밀함에 대한 갈망이 있기를 바란다. 그러한 열정은 오로지 하나님의 임재를 경험함으로써 온다.

야고보는 "하나님을 가까이하라 그리하면 너희를 가까이하시리라"(약 4:8)라고 말한다. 가까이한다는 것은 우리가 시간을 내어 기도하고, 예배하고, 하나님의 말씀을 읽되, 완수해야 할 임무로 하는 게 아니라 한 인격과의 관계를 추구하는 방법으로 그렇게 한다는 뜻이다. 지금 하나님을 찾으면 앞으로 어떤 교차로를 만나든지 옳은 선택을 하게 될 것이다.

: 생각해 보기

너희가 온 마음으로 나를 구하면 나를 찾을 것이요(렘 29:13).

: 적용하기

모든 관계에서는 양쪽이 서로에게 줄 것이 있다. 격려, 조언, 실제적인 도움 같은 것들을 말이다. 그러나 건강한 관계를 결정하는 것은 우리가 사람들로부터 무엇을 얻느냐가 아니다. 관계는 사람에 관한 것이다. 우리는 때로 하나님과의 관계에서 이것을 잊어버린다. 하나님이 우리에게 필요한 모든 것의 근원이시므로, 하나님께 무엇을 구하는 데만 초점을 두게 되어 실제로 하나님을 알아가는 것을 잊어버릴 수 있다.

하나님은 우리가 필요한 것을 그분께 아뢰기를 원하신다! 그러나 당신이 하나님의 임재를 당신의 궁극적인 목적으로 삼는 것에 진지하게 관심이 있다면, 이번 주에 하나님과 당신의 시간에는 그분께 집중하도록 노력해 보라. 하나님의 성품을 묵상하라. 하나님을 기쁘시게 하는 일들에 대해 배우라. 성경에서 한 이야기를 선택하여 그것이 하나님에 대해 무엇을 드러내는지 묵상해 보라. 이 시간 동안 당신이 창조주와 더 깊이 사랑에 빠지게 해 주는 것들을 발견하길 기도한다.

네 번째 만남

Part 4 읽기.

---- 묻고 답하기 --

1. 어떤 사람이 하나님을 알아가는 것에 자신의 생각이 고정되어 있었다고 생각했
   지만 결국 다른 것에 마음이 흐트러졌다는 것을 알게 되는 경우는 매우 흔하다.
   어떻게 하면 내 마음이 참으로 어디에 고정되어 있는지를 분별할 수 있을까?

2. 현대 문화에서, 사람들은 자기가 알지도 못하는 연예인이나 유명인들처럼 보
   이고, 그들처럼 행동하고, 그들과 가까워지기 위해 극단적인 행동을 한다. 그
   와 반대로, 하나님은 그를 찾는 자들이 그를 발견하게 될 거라고 약속하셨다.
   사람이 다른 사람을 알기 위해서는 급격한 변화를 기꺼이 시도하면서 하나님
   을 알도록 도와주는 삶의 변화들은 종종 거부하는 이유가 무엇일까?

3. 내가 단지 좋은 분위기를 추구하는 게 아니라 하나님의 임재를 구하고 있는지
   확실히 알 수 있는 방법들이 있을까? 개인이나 집단에 다 적용할 수 있는 아
   이디어들을 제안해 보라.

4. 관계의 측면에서 거룩을 논하는 게 중요하다. 왜냐하면 거룩은 궁극적으로 하
   나님을 알아가는 것에 관한 것이기 때문이다. 이 원칙에 근거하여, 출애굽기
   20장 1-17절에 나오는 익숙한 십계명을 관계의 관점에서 살펴보자. 이 계명
   들은 각각 하나님에 관해 무엇을 말해 주는가?

5. 여기에 불가능한 과제가 있다. 하나님의 관점에서 거룩에 대하여 생각해 보
   라. (물론 불가능하지만 최선을 다하라!) 하나님이 누구시며 그가 내게 바라시는 것이
   무엇인지 생각해 볼 때, 하나님의 백성들이 지위와 행위에 있어 거룩해지는
   것이 왜 그렇게 중요한가?

이제는 너희가 ……

거룩함에 이르는 열매를 맺었으니.

- 롬 6:22

나는 지금까지 거룩의 주제를 다루는 이 순간을 기다려 왔다. 거룩함이 절제, 죄책감, 인간이 만든 기준을 따르는 것과 관련된 게 아니라는 것을 당신이 반드시 이해하길 원하기 때문이다. 그것은 관계에 관한 것이다.

당신의 가족 중에 당신이 정말 사랑했지만 끊임없이 무례하고, 파괴적이고, 신뢰할 수 없게 행동하는 사람이 있었다고 하자. 당신은 이 사람을 사랑하지만 그와 함께 있는 것을 즐기기는 어려웠을 것이다. 그들이 스스로 달라지려 하지 않았다면, 당신은 그 관계 속에서 건강한 경계선을 정해야 했을 것이다. 여기에는 아마 그 사람과 어울리지 않겠다는 결심도 포함되었을 것이다.

지난 주에 논의했듯이, 하나님은 한 인격이시며 우리는 그분의 임재를 구한다. 그러나 하나님은 또한 완전히 거룩한 분이시다. 우리가 나쁜 행위에 가담하는 것은 어렵거나 해로운 일이겠지만, 어떤 사람이 거룩해지지 않고 하나님의 임재 안에 거하는 것은 사실상 불가능한 일이다. 그렇기 때문에 거룩한 삶이 굉장히 크고 중요한 문제인 것이다!

히브리서 12장 14절을 다시 읽어 보라. "거룩함을 따르라 이것이 없이는 아무도 주를 보지 못하리라." 여기서 "따르라"로 번역된 단어는 "치열한 노력과 분명한 목적을 가지고 어떤 일을 행한다"라는 뜻이다.[25] 따르는 것의 두 가지 요소를 주목하라. 그것은 치열한 노력과 분명한 목적이다. 우리의 목적은 하나님의 임재 안에 있는 것이다. 그러므로 이제 거룩한 삶을 추구하려는 노력에 관심을 돌려보자.

거룩함은 율법주의나 생명 없는 종교적 규율과 관련이 없다. 따라서 거룩함을 추구하는 일은 우리 각 사람에게 두 가지를 요구할 것이다.

1. 하나님의 말씀을 연구하라. 하나님은 선하다고 하지 않으시는데 인간의 논리

나 사회가 선하다고 칭하는 것들이 많이 있다. 마찬가지로 어떤 규제들은 영적인 것처럼 들리지만 성경에 나와 있지 않고 단지 문화나 전통에 의해 부여된 것들이다. 성경이 우리의 기준이다. 우리는 거룩한 삶에 대한 하나님의 정의를 이해하기 위해 거기에 몰두해야 한다.

2. 하나님의 성령에 주의하라. 하나님은 결코 당신에게 그분의 말씀과 반대되는 일을 행하도록 명령하지 않으실 것이다. 그러나 하나님은 다른 누구보다 더 당신을 잘 알고 계신다. 당신이 어떤 영역에서 특히 더 유혹에 잘 넘어가는지 아신다. 그래서 하나님이 당신에게 원하시는 일이나 원치 않으시는 일들에 대해 구체적인 명령을 하실지도 모른다.

당신이 이 두 가지 원천으로부터 받는 지침들이 궤도를 벗어나지 않게 해 줄 것이다.

: 생각해 보기

모든 무거운 것과 얽매이기 쉬운 죄를 벗어 버리고 인내로써 우리 앞에 당한 경주를 하며(히 12:1).

: 적용하기

바울은 고린도 교회를 향해 "내가 그리스도를 본받는 자가 된 것 같이 너희는 나를 본받는 자가 되라"(고전 11:1)라고 말했다. 당신 주변에 하나님의 말씀을 분명히 알고 성령께 귀를 기울이는 사람이 있는가? 이번 주에 그들을 초청하여 함께 대화를 나누라. 그들과 하나님의 관계에 대해 묻고, 그들이 성경을 이해하고 하나님의 음성을 분별하는 데 있어 어떻게 성장해 왔는지 물어보라. 아마 그들의 통찰은 오랜 시간에 걸쳐 얻은 것일 테니, 잘 들어 보라!

다섯 번째 만남

Part 5 읽기.

--- **묻고 답하기** --

1. 성경에 따르면 하나님과 그분의 교회의 중요한 특성은 거룩함이다. 지금까지 나는 하나님의 주요 속성이 무엇이라고 말해 왔는가? 교회에 대해서는? 이번 주에 배운 내용이 우리 가정에 도전하거나 새로운 통찰을 주었는가?

2. 불완전한 은혜 메시지는 은혜를 단지 우리의 잘못을 덮어 주는 것으로 축소시킨다. 신약 성경에 의하면 은혜는 우리 죄를 용서하고 우리에게 거룩하게 행할 능력을 부여한다. 어떤 이들에게는 첫 번째 메시지가 더 쉽게 들릴 것이다. 은혜에 관한 신약 성경의 메시지가 더 좋은 소식인 이유를 설명해 보라.

3. 잠언 27장 6절을 읽으라. 우리가 부정적으로 들리는 내용을 설교하거나 가르치지 않는 것이 좋다는 사상과 관련하여 이 구절을 가지고 논의해 보라.

4. 어떤 메시지가 유익하다고 해서 그것이 호감이 간다는 뜻은 아니다. 사실 진리를 처음 접했을 때 고통스럽거나 불편한 경우가 종종 있지만, 그것은 영원한 자유와 변화를 가져다준다. 유익하지만 호감이 가지 않았던 경험의 예를 들어 보라. 나의 예는 우리가 하나님의 말씀을 어떻게 받아들여야 하는지에 대해 무엇을 말해 주는가?

5. 사람들은 세상을 변화시키는 일에 대해 말할 때 종종 법의 제정이나 사회 운동 같은 것들을 생각한다. 무엇이 개인의 거룩함을 사회 안에 변화를 일으키는 강력한 힘으로 만드는가?

너는 그리스도 예수 안에 있는
은혜 가운데서 강하고.
- 딤후 2:1

오늘날 우리가 듣는 은혜에 관한 두 가지 주요 메시지 간에는 명백한 차이가 있다. 그것은 단순한 질문으로 요약할 수 있다. 즉 당신은 기분이 좋아지길 원하는가 아니면 좋은 사람이 되길 원하는가? (여기서 좋은 사람이란 하나님의 사람이 된다는 뜻이다.)

은혜에 관한 신약 성경의 메시지를 받아들이는 것은 우리가 비참해지는 걸 선택한다는 의미가 아니다. 반대로 예수님은 인간들 속에서 그분의 사명을 이렇게 묘사하셨다. "내가 온 것은 양으로 생명을 얻게 하고 더 풍성히 얻게 하려는 것이라"(요 10:10). 영원한 기쁨은 항상 그리스도 안에서 발견될 것이다. 그보다 이것은 우리의 우선순위를 하늘나라에 두는 문제다. 하나님은 우리의 유익보다 편안함을 더 중요시하지 않으실 것이다. 그러나 우리는 어떻게 할 것인가?

사실 우리는 어떤 은혜의 메시지를 믿기 원하는지 결정할 수 있다. 성경을 읽고 우리 생각과 일치하는 부분에만 주의를 기울이기로 결정할 수 있다. 어려운 메시지는 피하고 오직 우리가 듣고 싶은 말만 해 주는 사람들에게 귀를 기울일 수 있다. 두 의사를 만났던 사람처럼, 우리는 가장 기분 좋은 진단에 따라 살기로 선택할 수 있다.

우리가 이 길을 선택하면 기분이 좋아질 것이다! 그러나 예수님의 유명한 말씀을 주의 깊게 들어 보자. "사람이 만일 온 천하를 얻고도 자기 목숨을 잃으면 무엇이 유익하리요"(막 8:36). 그러므로 우리의 질문으로 돌아가, 당신은 기분이 좋아지길 원하는가 아니면 좋은 사람이 되기 원하는가?

능력을 부여하는 은혜의 메시지가 놀랍도록 아름다운 소식이라는 것을 당신이 깨닫기 시작했기를 바란다. 은혜가 단지 우리의 잘못을 덮어 준다고 믿을 때 우리는 살아가면서 발을 헛디뎌 넘어지고, 습관적인 죄 때문에 불구가 되고, 두려움과 거짓말 때문에 고통을 겪게 된다. 그러나 능력을 주는 은혜를 받아들이면 더욱더 예수님을 본받는 삶을 살 수 있다. 그 삶은 자유롭고, 확신 있고, 연민이 있고, 능력이 있으며, 복된 삶이다. 하나님의 은혜는 우리를 억압하는 무거운 짐이 아니다. 사도 요한의 말을 들어 보라.

> 하나님을 사랑하는 것은 이것이니 우리가 그의 계명들을 지키는 것이라 그의 계명들은 무거운 것이 아니로다 무릇 하나님께로부터 난 자마다 세상을 이기느니라 세상을 이기는 승리는 이것이니 우리의 믿음이니라(요일 5:3-4).

하나님이 정말로 선하시다면, 그분이 정말로 우리에게 가장 좋은 것을 주기 원하신다면, 우리는 그분의 계명이 우리에게 최선의 길인지를 의심할 필요가 없다! 그리고 하나님의 은혜의 능력이 우리 안에서 역사함으로 인해, 우리는 그분의 계명이 무거운 짐이 아니라는 사실을 알게 된다. 실로 놀라운 사실이다!

: 생각해 보기
내 은혜가 네게 족하도다 이는 내 능력이 약한 데서 온전하여짐이라(고후 12:9).

: 적용하기
당신은 하나님의 뜻대로 삶을 즐기기 위해 더 쉽거나 편안해 보이는 것을 포기할 준비가 되어 있는가? 그렇다면 기도하며 그것을 하나님께 표현해 보라.

> 아버지, 하나님의 능력을 부여하는 은혜를 주셔서 감사합니다. 저는 죄 사함의 은혜뿐 아니라, 제 힘으로는 도저히 할 수 없는 일들을 할 수 있게 해 주는 하나님의 능력으로써 은혜를 받기 원합니다. 하나님이 선하신 분이심을 믿습니다. 그러므로 하나님이 명하시는 일은 무엇이든 제게 가장 유익하다는 것을 압니다. 하나님께 영광을 돌리기 원합니다! 제가 더욱더 주님을 닮도록 변화시켜 주시옵소서. 예수님의 이름으로 기도합니다. 아멘.

여섯 번째 만남

Part 6 읽기.

---- **묻고 답하기** ---

1. 사람들이 하나님께서 실제로 하실 수 있는 일보다 더 적은 것을 기대하게 만드는 요인은 무엇인가? 이런 요인을 접했을 때 어떻게 그것을 극복했는가?

2. 억만장자와 세 사업가들의 이야기를 생각해 보라. 세 번째 사업가가 다른 사업가들보다 훨씬 더 큰 비전을 가졌던 이유가 뭐라고 생각하는가? 과거와 미래에 대한 그녀의 태도를 상상해 보라. 그녀가 투자자와의 만남을 어떻게 준비했을지 상상해 보라. 그녀가 한 일 중, 내 삶에 대한 하나님의 계획에 관해 내 기대를 높이기 위해 할 수 있는 일은 무엇이 있을까?

3. 이 공부를 통해 배운 내용에 근거하여, 세상적인 사고방식을 가진 사람과 하나님의 성숙한 자녀가 분별력에 접근하는 방식이 어떻게 다를지 설명해 보라. 그리스도인이 잘 분별하도록 돕는 도구와 체제들은 무엇인가?

4. 하나님에 대한 경외심이 고난을 겪는 우리 태도에 어떤 변화를 일으키는가? 하나님을 경외하는 사람들은 압박을 받을 때 어떻게 행동하고 말하는가? 그들은 어떤 행위에 가담하지 않는가?

5. 이 공부를 마무리 지으면서, 개인적으로나 한 그룹으로서 깨달은 점들을 말해 보라. 지금부터 내 일상 속에서 어떤 행위와 원칙, 가치들을 실행할 것인가? 이것은 어떤 모습으로 나타날 것인가? 자신의 행동 단계를 실제적이고 구체적으로 정해야만 힘 있게 앞으로 나아갈 수 있다!

겸손과 여호와를 경외함의 보상은

재물과 영광과 생명이니라.

- 잠 22:4

이 공부를 하면서 우리는 몇 가지 무거운 주제들을 살펴보았다. 주 되심, 거룩, 은혜의 참된 본질 등. 당신의 관점과 당신이 살아온 삶에 관한 어려운 질문들에 대답해 왔다. 이제는 당신이 삶 수 있는 삶으로 관심을 돌리길 바란다.

《메시지 신약》의 에베소서 3장 20절을 보라.

여러분도 알다시피, 하나님은 무엇이든지 하실 수 있는 분입니다. 하나님은 여러분이 꿈에서나 상상하고 짐작하고 구할 수 있는 것보다 훨씬 많은 것을 주실 수 있는 분입니다! 하나님은 밖에서 우리를 강요하심으로써가 아니라 우리 안에서 활동하심으로, 곧 우리 안에서 깊고 온유하게 활동하시는 그분의 영을 통해 그 일을 하십니다.

하나님은 우리를 하나님의 사람으로 만드시기 위해 아무것도 아끼지 않으신다. 그분은 아들의 생명을 우리의 몸값으로 지불하셨을 때 가장 비싼 값으로 우리를 사셨다. 지금 하나님이 갑자기 인색해지실 거라고 생각할 이유가 없다.

하나님은 우리를 위한 하나님의 최선을 누리기 위해 우리에게 필요한 것을 모두 주셨다. 즉 하나님 말씀의 진리, 성령의 인도, 은혜의 능력을 주셨다. 그러나 에베소서 말씀처럼 하나님은 강압적으로 우리가 그분의 뜻에 따르도록 하지 않으신다. 우리에게 믿음과 분별력과 겸손을 통해 우리의 가장 큰 꿈보다 더 큰 삶을 발견하라고 권유하신다.

그렇다면 당신을 막고 있는 것은 무엇인가? 무엇이 당신의 상상을 제한하고 있는가? 당신이 무한한 자원을 이용할 수 있는데 적은 것을 구하게 만드는 것은 무엇인가?

이제는 당신이 하나님과 함께 꿈을 꾸어야 할 때다. 당신은 어디에서 기대와 믿음이 그렇게 작아지는가? 어떤 약속을 받아들이기가 두려운가? 왜 그런가? 하나님의 선하심이 당신을 감동시키게 하라. 당신이 이루어질 거라고 믿기 어려운 일들을 구하기 시작하라. 하나님은 더 좋은 것을 주기로 약속하셨다!

: 생각해 보기

어느 누구도 이 같은 것을 보거나 듣지 못했고 이 같은 것을 상상해 본 적도 없다. 그것은 하나님께서 자기를 사랑하는 이들을 위해 마련해 두신 것이다(고전 2:9, 메시지).

: 적용하기

우리는 꿈과 한계에 대해 이야기를 나누었다. 이번 주에 깊이 꿈을 꾸는 시간을 가져보자. 우선 종이를 가져와 당신 삶의 주요 영역들을 적어 보라. 아마 다음과 같은 것들이 포함될 것이다.

- 하나님과의 관계
- 다른 관계들
- 결혼과 가정(현재 또는 미래)
- 재정
- 직장
- 지역교회와 사역
- 특별한 은사나 열정

각 제목 아래, 당신이 그 영역에 대해 기대하는 것들을 적어 보라. 이것은 당신이 개인적으로 생각하는 당신 삶에 대한 기록이어야 한다. 하나님과 당신의 관계에서 정말로 기대하는 것은 무엇인가? 당신의 재정에 대해 예견하는 가장 좋은 미래는 무엇인가? 가정에 대해서는?

이제 기도하며 그 목록들을 살펴보라. 성령님께 그분의 생각과 약속들을 보여 달라고 간구하라. 당신의 관점을 제한하는 두려움은 어디에 있는가? 과거의 상처나 실망들이 어떻게 당신의 상상을 제한해 왔는가? 무엇이 하나님께 중요하지 않다고 생각하는가? 그것에 대해 하나님이 무슨 말씀을 하셔야 한다고 생각하는가? 당신의 비전이 당신의 역량을 결정한다는 사실을 기억하라. 하나님은 당신의 삶에서 한계를 없애셨다. 이제는 당신이 똑같이 그렇게 해야 할 때다!

주

1. Lawrence O. Richards, *New International Encycolopedia of Bible Words* (Grand Rapids, MI : Zondervan, 1991), 315-316.

2. Peter Stoner, *Science Speaks : Scientific Proof of the Accuracy of Prophecy and the Bible* (Chicago : Moody Press; online edition, 2005), Foreword, http://sciencespeaks.dstoner.net.

3. 같은 책., chapter 3.

4. 같은 책.

5. 같은 책.

6. 같은 책.

7. Spiros Zodhiates Th.D., ed., *The Complete Word Study Dictionary : New Testament* (Chattanooga, TN :AMG Publishers, 1992), s.v. "polus."

8. Timothy Keller, *The Timothy Keller Sermon Archive* (New York City : Redeemer Presbyterian Church, 2013). Accessed via Logos Bible Software.

9. *The Complete Word Study Dictionary : New Testament*, s.v. "kosmos."

10. Daily Mail Reporter, "혼전 동거는 더 이상 이혼 확률을 높이지 않는다," *Daily Mail.com*, March 22, 2012, accessed February 26, 2015, http://www.dailymail.co.uk/news/article-2118719/Living-marriage-longer-increases-chances-divorce.html.

11. Jason Koebler, "과거 어느 때보다 더 많은 사람들이 혼전 동거를 하고 있다," *U.S. News & World Report*, April 4, 2013, accessed February 26, 2015, http://www.usnews.com/news/articles/2013/04/04/more-people-than-ever-living-together-before-marriage.

12. Lawrence O. Richards, *New International Encyclopedia of Bible Words* (Grand Rapids, MI : Zondervan, 1991), 639.

13. Charles Spurgeon, "Holiness Demanded" (sermon, Metropolitan Tabernacle, London; published September

22, 1904). accessed vis Logos Bible Software.

14. Messenger International에서 시행한 조사. 참조: John Bevere, *Relentless : The Power You Need to Never Give Up* (Colorado Springs, Co : WaterBrook Press, 2011), 26-27. 존 비비어, 《끈질김》(두란노 역간).

15. "인터넷 음란물에 관한 통계," Daily Infographic, accessed January 2, 2014, http://dailyinfographic.com/the-stats-on-internet-pornography-infographic.

16. "얼마나 많은 여성이 포르노에 중독되어 있는가? 당신을 깜짝 놀라게 할 10가지 통계," Covenant Eyes, accessed March 27, 2014, http://www.covenanteyes.com/2013/08/30/women-addicted-to-porn-stats.

17. 앞의 세 단락은 다음 책에서 각색했다. John and Lisa Bevere, *The Story of Marriage* (Palmer Lake, CO : Messenger International, 2014), 181-182. 존 비비어, 《결혼》(두란노 역간).

18. Covenant Eyes, *Pornography Statistics : 2014 Edition*, 20.

19. Jason Rovou, "Porn & Pancakes' fights X-rated addictions," CNN, April 6, 2007, accessed February 9, 2015, http://edition.cnn.com/2007/US/04/04/porn.addiction/index.html.

20. "Alcohol Facts and Statistics," National Institute on Alcohol Abuse and Alcoholism, accessed February 9, 2015, http://www.niaaa.nih.gov/alcohol-health/overview-alcohol-consumption/alcohol-facts-and-statistics.

21. Steven Reinberg, "Third of Americans Have Alcohol Problems at Some Point," *The Washington Post*, July 2, 2007, accessed February 9, 2015, http://www.washingtonpost.com/wp-dyn/content/article/2007/07/02/AR2007070201237.html.

22. "Alcohol Facts and Statistics."

23. 같은 책.

24. 다음에 나오는 은혜에 관한 내용은 나의 책 《끈질김》에 포함되어 있다. 사역을 하면서 자주 나눈 메시지를 기반으로 하며, 여기서는 핵심적인 부분을 다시 풀어서 썼다.

25. Johannes P. Louw and Eugene Albert Nida, *Greek-English Lexicon of the New Testament : Based on Semantic Domains* (New York : United Bible Societies, 1996), 662.